Ein Plädoyer für Selbstliebe und Selbstbehauptung, das zum Lachen bringt und zu Herzen geht.

Auch wenn die 15-jährige Greer nicht gern im Mittelpunkt steht, könnte sie wetten, dass andere Leute oft über sie reden. Nicht über sie als Person, nicht darüber, dass sie ein Mathe-Ass und verdammt witzig und klug ist. Sondern über ihre Brüste, die sehr groß und ihr in jeder Hinsicht im Weg sind. Beim Schulsport, beim Kleiderkauf, beim Flirten mit einem Jungen. Am liebsten würde sie sich in ihrem übergroßen Hoodie vor der Welt verkriechen, um den Blicken von Fremden und den fiesen Sprüchen ihrer Klassenkameraden zu entgehen. Doch mit Hilfe ihrer besten Freundin Maggie und dem Volleyballteam, in das sie überraschenderweise aufgenommen wird, und in dem sie so viel Rückhalt erfährt, schafft sie es, aus ihrem Versteck auszubrechen. Zum Glück, denn da ist ja auch noch Jackson, der Neue an der Schule, der so charmant und lieb ist, und so viel mehr in ihr zu sehen scheint. Aber ist Greer wirklich mutig genug, ihre Gefühle für ihn zuzulassen?

»Laura Zimmermann erzählt in ihrem Debüt eine Coming-of-Age-Geschichte mit viel Humor und liebevoll gezeichneten Figuren.« Klaus Humann, *DIE ZEIT*

Laura Zimmermann

Meine Augen sind hier oben

Roman

Aus dem Englischen von Barbara König

ARCTIS

Die Originalausgabe erschien 2020 unter dem Titel
My Eyes Are Up Here bei Dutton Books,
ein Imprint von Penguin Random House LLC, New York.

Ungekürzte Taschenbuchausgabe
1. Auflage 2022
© Atrium Verlag AG, Imprint Arctis, Zürich 2022
Alle Rechte vorbehalten
© Text: 2020 by Laura Zimmermann
Übersetzung: Barbara König
Lektorat: Leona Eßer
Umschlaggestaltung: Arctis Verlag unter Verwendung
eines Motivs von Ana Hard
Satz: Greiner & Reichel, Köln
Druck und Bindung: GGP Media GmbH, Pößneck
Printed in Germany 2022
ISBN 978-3-03880-214-3

www.arctis-verlag.de

Folgt uns auf Instagram
unter @arctis_verlag

Prolog

Meine Mutter glaubt, dass es zwei Sorten von Menschen gibt: die, die gerne im Mittelpunkt stehen, und die, die so schüchtern sind, dass sie lieber gar nicht beachtet werden wollen. Sie glaubt, ich gehöre zur zweiten Sorte, findet aber, ich sollte zur ersten gehören.

Was sie nie verstehen wird: Es gibt auch Menschen, die für manches gerne im Mittelpunkt stehen und für anderes nicht. Wie zum Beispiel, beachtet zu werden, weil man hervorragend Klavier spielt, aber nicht, weil man allergisch auf Erdnüsse ist. Oder weil man neue Schuhe trägt, aber nicht, weil man einen Akzent hat. Oder weil man als einzige Schülerin auf der Kennedy Highschool die bestmögliche Note im Leistungskurs Humangeografie erhalten hat, aber nicht, weil man die einzige Schülerin auf der Kennedy Highschool ist, die einen Busen hat, der größer als ihr Kopf ist.

»Na, komm schon, Greer. Vielleicht freundet ihr euch ja an.«

Meine Antwort ist ein genervtes Blinzeln.

»Es ist schön, wenn man jemandem dabei hilft, sich einzuleben. Eine Möglichkeit, etwas zurückzugeben.«

Ich blinzele noch schneller, weil sie so tut, als würde ich das freiwillig machen.

»Eine halbe Stunde. Vierzig Minuten. Höchstens.«

Moms halbe Stunden dauern nie höchstens vierzig Minuten. Moms halbe Stunden können Stunden dauern. Besonders wenn sie ein Publikum hat.

Wir sind wegen eines ihrer Kunden hier. Mom arbeitet für die Firma *Relocation Specialists* und berät Menschen beim Wohnortswechsel. Große Unternehmen engagieren sie dafür, dass sie zugezogenen Mitarbeitern hilft, sich in der neuen Gegend einzuleben. Sie führt sie durch die Nachbarschaft, organisiert Schulbesuche und empfiehlt Kinderärzte, Handwerker oder Waxing Studios.

Sie liebt ihren Job. Er befriedigt ihren ständigen Drang, sich zu allem zu äußern, und rechtfertigt den exzessiven Luxus-SUV mit Babyrobben-Fell-Leder-Ausstattung, den sie geleast hat.

Manchmal, so wie jetzt, hat sie einen Kunden mit einem Kind in meinem Alter. Dann schleift sie mich zu dem Termin mit, als wäre ich ihre Junior-Partnerin. Alle Fragen zum Leben als Teenager in einer Vorstadt in Illinois soll ich ihnen dann beantworten. Sie haben aber nie Fragen.

Es ist immer dasselbe. Es ist sogar immer dasselbe Starbucks. Ich sitze neben Mom und versuche besonders freundlich auszusehen. Die oder der Neue starrt unterm Tisch auf ihr oder sein Handy. So weiß ich, dass sie – egal, wo sie auch herkommen – Freunde haben, die cooler sind als ich. Ist der Kunde eine Mutter, stellt sie mir die Art von Fragen, von denen sie meint, dass ihr schmollendes Kind sie stellen sollte. Wenn es nicht gerade schmollen würde. Sobald ich anfange zu antworten, unterbricht mich meine Mutter, um so zu antworten, wie ich ihrer Meinung nach antworten sollte. Für alle ist das total unangenehm, nur für Mom nicht. Kathryn Walsh ist nie etwas unangenehm.

Ob man es glaubt oder nicht: Meistens nutzt es mir rein gar nichts, ein sanftmütiger, leistungsstarker und überhaupt sehr umgänglicher Teenager zu sein. Besonders nicht bei meiner Mutter. Wenn ich mehr mit ihr streiten würde, so wie Maggie mit ihrer Mutter, oder wenn ich mich peinlich aufführen würde, so wie Tyler, dann würde sie mich nicht zu solchen Sachen zwingen. Dann wäre das zu anstrengend. Aber Kathryn Walsh strengt mich mehr an, als ich sie anstrenge, und hier bin ich also. Sie ist *einfach so*. Ich bin einfach nicht so.

Deswegen gehe ich mit ihr mit, um den desinteressierten Nachwuchs von Menschen zu treffen, die grausam/wichtig genug sind, mit ihrer Familie während der Schulzeit umzuziehen.

Deswegen helfe ich meinem Bruder Tyler bei den Mathehausaufgaben, obwohl er die Antworten online finden könnte.

Deswegen bin ich jedes Jahr brav beim Wiedersehenstreffen mit Leuten aus Moms Geburtsvorbereitungskurs dabei, das immer im Mai in genau diesem Etablissement stattfindet.

Diese Filiale von Starbucks befindet sich auf dem Weg des geringsten Widerstandes. Ich folge Mom nach drinnen.

Der Nachwuchs, den ich kennenlernen soll, ist genau wie ich in der zehnten Klasse an der Kennedy. Das ist ja schon mal was. Meine einzige Gemeinsamkeit mit den anderen Kindern bei den

Treffen von *Natürliche Entbindung und sanfte Geburt* ist die Hebamme. Jackson Oates, wer immer er ist, wird das hier bestimmt genauso peinlich finden wie ich. Dann haben wir das auch schon mal gemeinsam.

Nachdem Mom Mrs Oates zur Begrüßung umarmt hat, stellen sie mir Jackson vor. Wie ein schmollender Schwachkopf sieht er jedenfalls nicht aus. Er macht eigentlich sogar einen nicht schmollenden, nicht schwachköpfigen Eindruck. Hellbraune Haare, dunkelbraune Augen und ein breites Lächeln, als wir uns begrüßen. Er streckt die Hand aus, um meine zu schütteln, als wäre die Familie aus den Fünfzigerjahren hierhergezogen. Ich habe jedoch gelernt, höflich zu sein, also drücke ich ihm fest die Hand. Das scheint ihm zu gefallen.

»Oh, wie gut! Deine Eltern haben dir wohl auch beigebracht, wie wichtig es ist, sich ordentlich die Hand zu geben.« Das sagt er in väterlichem Ton, mit einem kurzen Blick auf seine Mutter, die die Augen verdreht. »Ich habe dabei immer das Gefühl, einen deutschen Geschäftsabschluss zu tätigen«, ergänzt er mit normaler Stimme. Seine Hand ist warm. Nicht schwitzig. Nur warm, wie sich das für einen lebendigen Menschen gehört. Und ich habe den starken Verdacht, dass es bei denen, die immer unterm Tisch mit ihrem Handy spielen, nicht so ist.

»Wir treffen häufig neue Menschen«, sagt seine Mutter zur Entschuldigung.

»Ich werde zwanzig Apfelkuchen und einen BMW kaufen«, sagt er halb auf Deutsch, halb auf Englisch, und wider besseres Wissen bin ich bezaubert.

Das ist gar nicht so peinlich, wie ich dachte.

Das ist auf ganz andere Art peinlich.

Mom klärt schnell, was alle haben wollen, bestellt für uns (sie ist einfach so, *einfach so*) und zahlt. Da sie mich im Prinzip als ihre Assistentin betrachtet, sagt sie zu den anderen: »Wir suchen uns einen Tisch. Greer wartet auf die Getränke.« Mom und Mrs Oates steuern Moms Lieblings-Vierertisch an, direkt neben dem Ausgang. Jackson bleibt jedoch an meiner Seite und sieht dem Barista dabei zu, wie er die Milch schäumt.

Eigentlich ist das der Teil, wo der unbekannte Trottel sich neben seine Mutter setzt und so tut, als hätte ich persönlich dafür gesorgt, dass er hier sein muss. Doch Jackson steht neben mir, wartet auf die Getränke, als gehörten wir zusammen. Ich sehe wohl verwirrt aus. Er sagt: »Du hast nur zwei Hände?« Wie eine Idiotin schaue ich auf meine Hände, als müsste ich die Anzahl überprüfen.

»Ach so, ja, natürlich.«

»Hey, danke, dass du mitgekommen bist. Du würdest bestimmt lieber was anderes machen.«

Das dachte ich zuerst auch, aber das hier ist plötzlich doch interessanter, als mir die Fußnägel zu schneiden. »Kein Problem«, stottere ich. Eine Minute lang stehen wir schweigend nebeneinander und ich frage mich, ob ich in dieser Konstellation jetzt der gesprächsunfähige Trottel bin. Ich ergänze: »Dir ist schon klar, dass das hier der absolute Geheimtipp ist. Hier gehen die Einheimischen am liebsten hin, wenn sie untertauchen wollen.«

Er grinst ein wenig. »Starbucks?«

»Oh, dann hast du davon gehört?«

»Kathryn? Dein Kaffee ist fertig.«

Wir nehmen die Getränke von der Theke mit. Ich stelle den Caffè Latte für Mrs Oates und Moms Oh-das-klingt-irgendwie-französisch-das-nehme-ich auf dem Tisch ab. Dort haben sie schon den Informations-Ordner von *Relocation Specialists* ausgebreitet. Mom sammelt darin all ihre Profi-Tipps zu »dieser ganz besonders familienfreundlichen Gemeinschaft, nur fünfundvierzig Minuten von der Stadtmitte Chicagos entfernt«. Ich bin mir ziemlich sicher, dass auch diese Starbucks-Filiale im Ordner aufgeführt ist (der sich wiederum oft in diesem Starbucks befindet, das damit so etwas wie ein umgesiedeltes Wurmloch ist).

Jackson geht mit meinem Kakao und seinem Chai einfach weiter. »Die beiden Sessel sind frei. Passt dir das?«, sagt er über die Schulter.

Äh, ja?

Ich lasse Mom, Mrs Oates und den Ordner am Tisch zurück. Jackson und ich plumpsen in die Ledersessel voller Kaffeeflecken, die neben einem unangezündeten Kamin stehen. Jackson sieht aus wie jemand, der jeden Tag fremde Mädchen bei Starbucks trifft. Ich versuche auch so auszusehen.

Und er hat Fragen – gute Fragen. Statt mit »Was gibt es für Leistungskurse?« anzufangen (denn das steht auf der Website) oder mit »Kann man auch Punkte sammeln, wenn man Memes macht?« (er gehört ja schließlich nicht zu den Freunden meines Bruders aus der siebten Klasse), fragt er ganz direkt: »Ist das die Sorte Schule, wo ständiges Kommen und Gehen herrscht oder wo es seit der zweiten Klasse keinen neuen Schüler mehr gab?«

»Ich weiß nicht genau, wie viele es jedes Jahr sind«, sage ich. Er beugt sich über die Armlehne zu mir herüber, als wäre ich die Hüterin wichtiger navigatorischer Hinweise. Was ich ja irgendwie auch bin. Ich versuche mich zu erinnern, wie viele neue Schüler letztes Jahr in meinen Kursen waren, frage mich, inwieweit ich sie als repräsentativ betrachten kann, leite eine Gesamtmenge daraus ab und dann wird mir klar, dass er keine Statistiken will. Seine Frage ist ganz anderer Art. Es ist eine richtige Frage. Er möchte wissen, was auf ihn zukommt, und er will das von mir wissen. Es ist Oktober, wir sind mitten im ersten Halbjahr – nicht gerade die beste Zeit, um in einer neuen Schule anzufangen. Alle haben schon längst festgelegt, wo sie sitzen und mit wem sie sich abgeben wollen.

»Oh. Du willst wissen, ob du untergehen oder auf Anhieb berühmt sein wirst.« Er nickt. »Ich weiß es nicht. Ich war noch nie die Neue ...«

»Noch nie?!«

»Nein. Als wir umgezogen sind, konnten wir auf derselben Schule bleiben.«

»Erstaunlich.«

Ich halte eine Sekunde lang inne, bleibe an dem »erstaunlich« hängen. Er sagt nicht, dass *ich* erstaunlich bin. *Immobilität* ist erstaunlich. So wie bizarre Mutationen in der Natur erstaunlich sind. Aber aus irgendeinem Grund fühlt sich dieses »Erstaunlich« aus seinem Mund nett an. Ich schüttele es ab.

»Ja«, sage ich. »Die Tatsache, dass ich nie die Grenzen meiner Postleitzahl verlassen habe, gehört zu meinen größten Errungenschaften. Es sind nicht so viele neue Schüler, aber da es drei Mittelschulen gibt und nur eine Highschool, kenne ich ganz viele Leute auch nicht.« Er nickt, als hätte er auf diese Antwort gehofft. »Ich glaube nicht, dass man als neuer Schüler besonders auffällt. Außer man will auffallen.«

»Was ist mit der Mittagspause? Wenn ich mich nicht an jemanden dranhänge, finde ich dann überhaupt einen Platz?«

Ich kann mir nicht vorstellen, dass Jackson an seinem ersten Schultag nicht mindestens vierzig neue Freunde findet. Schließlich ist er charmant und super nett, aber ganz offensichtlich war er schon oft der Neue und ich nicht, insofern täusche ich mich vielleicht. »Das Beste ist bestimmt, sich nach der vierten Stunde an jemanden dranzuhängen, außer sie sind alle furchtbar. Für alle Fälle kannst du aber Folgendes machen: Vor dem großen Fenster in der Schulmensa ist eine lange Theke, von der aus man auf den Sportplatz gucken kann. Wenn man noch Hausaufgaben machen muss oder sein Handy aufladen will, setzt man sich da hin. Wenn man dort sitzt, sieht man nicht wie ein Loser aus. Alle werden nur denken, dass man Gedichte voller Wehmut schreibt oder so.« Was ich eigentlich hätte sagen sollen, ist: »Sei kein Idiot, du sitzt einfach neben mir!«, aber immerhin kann ich mir zugutehalten, dass ich ihn auf die Theke hingewiesen habe.

»Das klingt gut. Ich wollte als Nächstes fragen, wo ich Gedichte voller Wehmut schreiben kann.«

»Oh Mann. Tut mir ja leid, aber letztes Jahr haben sie die Gedichte-voller-Wehmut-AG gestrichen. Etatkürzungen.«

»Dann können wir ja gleich wieder zurück nach Cleveland ziehen.«

Ich weiß, dass er es nicht ernst meint. Aber dadurch wird mir noch einmal klar, dass das alles neu für ihn ist – gut, Starbucks natürlich nicht und nach Auskunft meiner Mutter auch Umziehen an sich nicht. Aber die Kennedy Highschool ist neu und sein Haus ist neu und alle Leute sind neu für ihn. Ich bin neu für ihn.

»Wie ist Cleveland denn so?«

»Wie überall sonst, denke ich.« Er zuckt mit den Schultern. »Wir haben nur ein paar Jahre da gewohnt.« Irgendetwas an ihm hat sich verändert, ein winziges bisschen. Er ist immer noch nett. Immer noch charmant. Aber auch ein winziges bisschen … traurig vielleicht. »Meine kleine Schwester wollte nicht umziehen. Wirklich überhaupt nicht umziehen.«

»Mochte sie Cleveland so sehr?«

»Nicht besonders. Aber sie hasst Umziehen.«

»Und du?«

»Ich bin daran gewöhnt«, sagt er mit einem Achselzucken. »Und Starbucks gibt es ja überall.«

»Was? NEIN! Aber das hier ist wenigstens das echte, stimmt's?«

Und schon sind wir wieder da, wo wir angefangen haben. Für einen kurzen Moment konnte ich einen kleinen Riss in seiner Selbstsicherheit aufblitzen sehen. Glaube ich jedenfalls. Das macht mich neugierig. Noch neugieriger. Ich wünschte, wir wären woanders. Ich wünschte, ich könnte ihm etwas zeigen, was er nicht schon tausendmal gesehen hat.

Wir holen unsere Stundenpläne raus, um sie zu vergleichen. Zum größten Teil belegen wir die gleichen Kurse, aber zu anderen

Zeiten. Außerdem hat er Deutsch und ich Spanisch als Fremdsprache und er ist im Schnelllernerkurs Mathe 1 und ich in Mathe 2. Ich starre in meinen Becher, damit er nicht sieht, wie enttäuscht ich bin.

»Du bist wohl ziemlich gut in Mathe«, sagt er.

Ich trinke und pruste gleichzeitig. Nicht, weil ich eine Mathe-Göttin bin oder so. So gut, dass ich zu diesen Schülern gehöre, die schon Mathekurse an der Uni nehmen müssen, weil sie in der Schule unterfordert sind, bin ich nicht. Letztes Jahr hat Mom einem Kunden meine Dienste als Mathe-Nachhilfelehrerin angeboten. Sie hatten ein Kind in der Mittelschule, das Mathe liebte, aber einen kleinen »Schubs« brauchte. Sie würde mich nur zu gerne im Ordner unter akademischen Ressourcen aufführen – oder wenigstens als Babysitter oder so was, damit ich mal aus dem Haus komme. Es stellte sich heraus, dass das Nachhilfekind so eine Art Genie war und zweimal die Woche nach Chicago an die Uni fuhr, um Ergodentheorie zu studieren. Ich weiß noch nicht einmal, was das ist. Ich stehe nur an der Spitze der ganz normal schlauen Schüler.

Gut in Mathe zu sein – in jedem Fach, eigentlich –, macht so ziemlich meine gesamte Identität aus. Es ist komisch, sich mit jemandem zu unterhalten, der das nicht weiß.

In der Schule wissen die anderen über mich, dass ich gute Noten bekomme; dass ich Maggie Cleavers stillere, umgänglichere Freundin bin und dass ich Klamotten trage, die sogar für einen ausgewachsenen Bären dreimal zu groß wären. Das war's. Ich mache keinen Sport, keinen Ärger, spiele nicht Theater. Ich bin nicht die Sorte Mädchen, mit dem man ausgehen will. Ich bin nur das kluge Mädchen. Das kluge Mädchen, das immer die Arme vor der Brust verschränkt.

Aber Jackson weiß das nicht. Er weiß nur, dass meine Mom versucht hat, meinen Kakao mit fettarmer Milch zu bestellen. Aus Jacksons Sicht könnte ich alles sein. Das kluge Mädchen plus. Für den neuen Schüler bin auch ich neu. Irgendwie macht es Spaß, sich vorzustellen, mal ganz anders sein zu können, auch wenn er mich sofort durchschauen wird, sobald er in der Schule ist.

»Wir haben also nicht einen einzigen Kurs gemeinsam? Komisch, denn ich bin davon ausgegangen, dass du mich am Montag als zertifizierte Relocation-Spezialistin zu Anfang jeder Stunde vorstellen wirst. Nicht gut ...«, ergänzt er mit seiner deutschen Geschäftsmann-Stimme.

Er sitzt in diesem klumpigen, abgewetzten Sessel, in dem vor ihm Tausende andere Menschen gesessen haben, der aber aussieht, als wäre er nur für ihn gemacht; als hätten alle, die es sich in dem Sessel bequem gemacht haben, hier nur geschlafen, sich gestreckt und gelümmelt, damit er sich Jackson anpasst. Ein Knie liegt halb auf der Lehne, sein Kopf ist in die Hände gestützt – er sieht aus, als wäre jede Faser seines Körpers vollkommen entspannt. Als würde er dort hingehören. Als würde er überall hingehören, egal, wo er auch hingeht.

Er ist klug und lustig und scheint sich einfach wohl in seiner Haut zu fühlen, was ich für mich nicht behaupten kann. Ich habe mich geirrt, als ich dachte, unsere einzige Gemeinsamkeit wäre, dass er das hier genauso peinlich finden wird wie ich. Damit war ich wohl allein.

Und aus irgendeinem Grund führt das dazu, dass ich mich öffne. Bis eben saß ich mit angezogenen Knien auf meinem Sessel, beide Hände um meinen Becher gelegt. Nun lasse ich ein Bein los und dann das andere und lege sie über die Armlehne. Ich lehne mich zurück, nur ein bisschen, und richte mein Sweatshirt, damit es immer noch weit über meinen Körper schlackert. Ich höre mich sagen: »Du machst das schon. Aber dein Deutschkurs ist im selben Flur wie mein Mathekurs, erste Stunde, falls du also Panik bekommst, ruf nach mir. ›Greer! Ich weiß nicht, wo ich bin!‹« Auf seinem Gesicht breitet sich ein großes, echtes Lächeln aus. »Greer! Helpen me por favor!« Ich spreche so laut, dass Mom neugierig rüberschaut. Nicht genervt, neugierig. Jetzt lacht Jackson laut auf. »Du musst es aber auf Englisch sagen«, ergänze ich. »Mein deutscher Wortschatz besteht aus *Gesundheit*.«

* * *

Als es Zeit ist zu gehen, sagt Mom: »Oh, Jackson! Schreib dir doch Greers Nummer auf. Vielleicht hast du ja noch weitere Fragen, was die Schule angeht.« Ich hasse und liebe sie dafür.

Mom rattert meine Telefonnummer runter und ich frage mich, ob Jackson nur so tut, als ob er sie eintippt.

Aber noch bevor sie zum Ende kommt, reicht er mir sein Handy. »Tipp du sie lieber ein.« Er hat mich schon als neuen Kontakt hinzugefügt: Greer Walsh. Und er hat Greer richtig geschrieben. Das hat auf Anhieb noch nie jemand geschafft.

Ich gebe die Nummer zweimal neu ein, nur um sicherzugehen, dass ich mich nicht vertippt habe. Aber ich schätze mal, dass er sie sowieso nur benutzen wird, wenn er aus Versehen mit dem Hintern auf seinem Handy landet. Ich gebe ihm das Smartphone zurück, er drückt auf ein paar Tasten und dann ertönt ein wunderbares *Ping!* aus meiner Tasche. »Jetzt hast du meine auch.« Er lächelt und mein ganzer Körper läuft rot an. Ich bin froh, dass er nur mein Gesicht sehen kann.

Auf dem Weg nach draußen sagt Mom: »Deine Tochter hätte auch mitkommen sollen.«

Die Stimmung ändert sich schlagartig. Jackson und seine Mutter schauen einander an, als hätte Mom gerade gesagt, es gäbe Leber-Sardellen-Brötchen als Willkommensgeschenk.

»Wir haben …«, beginnt Mrs Oates, »sie, äh, hat beschlossen, lieber mit dem iPad im Auto zu bleiben.« Sie sieht verlegen aus. Teilnahmsvoll zuckt Mom zusammen. »Wenn sie jemanden nicht kennt, ist sie ein bisschen ängstlich.«

In dem Wissen, dass das Kind trotzdem mit umziehen muss, ist es sogar für Mom schwer, darauf etwas zu erwidern. Ich kann mich nicht erinnern, dass Drittklässler besonders mitfühlend sind, also viel Glück am Montag in der Schule, Oates-Mädchen.

»Eigentlich war das genauso geplant«, sagt Jackson schließlich. »Wir heben uns Quinlan immer auf, bis die Leute sich entschieden haben, uns zu mögen. Ich meine, wenn sie sich dafür entscheiden.« Er hebt die Schultern und wirft mir einen trotteligen Blick zu.

»*Natürlich* mögen wir euch«, sagt Mom mit einem kleinen Lachen. Dabei guckt sie mich die ganze Zeit an.

Und das tun wir. Das tun wir wirklich.

Bevor sich die Garagentür hinter Moms Land Rover geschlossen hat, bin ich schon auf dem Weg in mein Zimmer, um das zu tun, was ich immer tue, wenn ich nach Hause komme: Tür abschließen, Shirt und BH ausziehen, aufs Bett, auf den Rücken legen. Ich habe so eine alte Wolldecke, der Rand ist mit einem Satinband eingefasst und das ist immer glatt und kühl, auch wenn die übrige Decke warm ist. Ich lege mich so hin, dass das Band genau da liegt, wo sich der BH in meinen Rücken gegraben hat, und wälze mich ein paarmal hin und her. Es fühlt sich ähnlich gut an wie ein kalter Waschlappen auf einer heißen Stirn. Ich strecke mich und lasse meinen Körper, der den ganzen Tag angespannt war, einfach in die Matratze sinken. Mein Rückgrat entblättert sich, so wie es sein soll. Nur fünf, sechs Minuten, mehr nicht. Fünf, sechs Minuten, um meinen Schultern eine Pause zu gönnen, meinem Nacken, mir selbst. Um atmen zu können.

Normalerweise kann ich dabei fast alles andere ausschalten. Ich höre nicht die Musik von Wilco, die mein Dad in der Küche streamt, und auch nicht, wie meine Mom zum tausendsten Mal fragt, ob das die Band sei, die sie das eine Mal im Grant Park gesehen haben. Ich denke nicht an die Hausaufgaben für Geschichte; nicht daran, ob Tyler der Grund ist, dass meine Zahnbürste heute Morgen schon nass war; und nicht daran, dass Maggie den Klub der Veganer Heuchler genannt hat, weil deren Katzen Vögel töten. Ich versuche an gar nichts zu denken, sondern einfach nur zu fühlen.

Hier halb nackt rumzuliegen, fühlt sich heute aber anders an als sonst. Weil ich heute nämlich doch an etwas denke: an Jackson. Und ich fühle mich ... locker, frei, am Anfang von etwas. Nicht entspannt, ganz im Gegenteil. Aber auf eine gute Art. So, dass ich ausnahmsweise mal gerne in meinem Körper stecke.

Meine Brüste rutschen zur Seite und ich kann zwischen ihnen bis zu meinem Bauchnabel und meinem Jeansbund gucken. Ich habe noch einen ganzen Körper, der nicht Busen ist. Das vergesse ich manchmal. Ich mache ein Hohlkreuz. Ich hebe meine Beine und hänge sie über den Bettrand. Mit einer Hand fahre ich über meinen Bauch. Er ist glatt und weich und kühl. Dann stelle ich mir vor, dass eine andere Hand meinen Bauch berührt.

Und halte inne.

Das ist Blödsinn.

Das ist Blödsinn, denn ich kenne ihn gar nicht. Und er kennt mich nicht. Er ist nett, weil er neu ist, und wenn man neu und nicht nett ist, dann steht einem ein hartes Jahr bevor. Selbst wenn sich herausstellen sollte, dass er die komische Eigenart oder auch eine Krankheit hat, deren Symptom es ist, unbeholfene Mädchen, die sich schlecht anziehen, zu mögen, ist das Blödsinn. Denn wenn du den Bauch von jemandem berührst, ist es nur eine Frage der Zeit, bis deine Hand sich weiter nach oben bewegt und – Tadaa – du das Gebirge entdeckst. Und zwar nicht die wunderbaren Skipisten in den Rocky Mountains. Nein, du verlierst dich im ungastlichen Himalaja und obendrein wirst du auch noch höhenkrank. Es ist massiv, schmerzhaft und verschwitzt. Okay, Letzteres betrifft wohl nicht den Himalaja, sondern nur mich. Aber dennoch, niemand macht Urlaub im Himalaja. Man erklimmt es, macht ein Foto und sieht zu, dass man wieder lebend rauskommt, mit einer guten Geschichte, die man dann posten kann.

Ich rolle vom Bett runter und hole einen sauberen BH aus der Schublade. Der andere ist zu verschwitzt. Ich ziehe mir ein riesengroßes T-Shirt über, unter dem auch mein restlicher Körper verschwindet.

Wer meinen Bauch immer und jederzeit berühren darf? Meine Brüste. Sie können gar nicht anders.

3

Maggie ist außer sich. Wie immer.

Wir sollten eine Seite zu einem Gedicht von Dylan Thomas schreiben, in dem es um das Sterben und das Aufbegehren dagegen geht. Das Ganze ist etwas komplizierter, aber das Wesentliche findet sich in den berühmten Zeilen »Geh nicht gelassen in die gute Nacht«.

Maggie hat fünf Seiten darüber geschrieben, dass leidende Menschen, die dem Tode nahe sind, das Recht auf ärztlich begleitete Sterbehilfe haben sollten.

»Maggie, das hier ist ein Literaturkurs. Deine Aufgabe war es, das Gedicht zu analysieren, und nicht, mit ihm zu streiten.«

»Wie soll ich es analysieren, wenn ich ihm widerspreche?«

»Wie widerspricht man einem Gedicht?«

Die anderen Schüler sind schon gegangen, also bleiben nur Maggie, Ms Mulder und ich im Kursraum zurück. Die Hälfte der Zeit, die ich mit Maggie verbringe, höre ich ihr dabei zu, wie sie mit einem Lehrer diskutiert. Oder einem Schüler. Oder einem Elternteil. Oder einem achtjährigen Kind im Halloweenkostüm, das behauptet, Hermine sei nicht so cool wie Harry oder Ron, weil sie kein Quidditch spielt.

Deswegen habe ich ihr nicht erzählt, dass ich dieses Wochenende Jackson kennengelernt habe – obwohl er jetzt gerade irgendwo in diesem Gebäude ist. Weil sie zu sehr damit beschäftigt ist, zu streiten. Oder vielleicht, weil sie dann vorschlägt, dass ich ihn frage, ob er mit mir ausgeht. Und dann werde ich sagen: »Nein, ich ziehe es vor, meine Gefühle tief in diesem überdimensionierten Sweatshirt zu vergraben, um mir die Demütigung zu ersparen, wegen eines normal gebauten Mädchens abgelehnt zu werden.« Dann wird Maggie mit mir streiten wollen. In der Regel vermeide ich es, mit Maggie zu streiten.

»Wenn ich also ein Gedicht analysieren muss, das Folter propagiert, dann soll ich einfach das Reimschema untersuchen und mich über den Sprachstil auslassen? Dann soll ich nicht gegen Folter Stellung beziehen?«

»Ich habe euch kein Gedicht über Folter aufgegeben, sondern einen Klassiker von Dylan Thomas, der von einer allgemein menschlichen Erfahrung handelt.«

Maggie schaut Ms Mulder an, als hätte sie uns aufgetragen, ein Massengrab zu schaufeln und es mit Welpen zu füllen. Ms Mulder wirft einen Blick auf das Lunch-Paket auf ihrem Schreibtisch. Sie wird nie zum Essen kommen, wenn sie nicht nachgibt.

»Also dann. Du hast nicht das analysiert, worum ich dich gebeten habe. Aber dein Text ist ganz gut geschrieben und du hast dich eindeutig ausführlich mit dem Gedicht beschäftigt. Ich gebe dir eine Zwei plus, aber ich erwarte, dass deine nächste Hausaufgabe formvollendet ist. Wenn du Hilfe brauchst, dann wende dich an Greer.«

Genau deswegen will ich nicht mit Maggie über Jackson reden. Maggie bekommt Leute dazu, das zu tun, was sie will. Wie eine Drei minus in eine Zwei plus zu verwandeln oder zuzugeben, dass man sich total in den Sohn der Kundin seiner Mutter verknallt hat.

»Das klingt wie ein guter Kompromiss«, sage ich, bevor Maggie wieder das Wort ergreifen kann. Ich hake meinen Finger durch die lockeren Schlaufen ihres Schals und ziehe. Ich möchte zwar nicht mit ihr streiten, aber ich werde ihren gestrickten Schal auftrennen, wenn sie jetzt nicht voranmacht. »Bis morgen«, sage ich zu Ms Mulder und führe uns nach draußen.

»Geh nicht gelassen in die vierte Stunde«, sagt Maggie, als wir im Gang stehen, »glüh, rase, verfluche, wüte …«

»Gegen alles?«

»Wenigstens gegen irgendwas, Greer. Man muss wenigstens gegen irgendetwas wüten.«

4

Gegen was würde ich wüten, wenn ich ein Mensch wäre, der wütet?
Donna und Doria.

Und wer sind Donna und Doria? Das sind meine Brüste.

Mein Busen.

Hupen.

Möpse.

Holz vor der Hütte.

Melonen.

Boobs.

Oberweite.

Hanni & Nanni.

Wunderäpfel.

Die Zwei.

Wenn man bedenkt, wie es sich mit mir und Mathe verhält:
Wenn meine Brüste Mathe wären, dann wäre ich nicht einfach besser als alle anderen in meiner Klasse. Ich wäre eine dieser abnorm
begabten Schülerinnen, die ihre Brüste mit zur Uni bringen müssen, weil sie für die Schule zu groß sind. Nur dafür, dass ich ein
Tanktop trage, würden sie mir lauter Einsen geben.

Ich würde mit ihnen zwar keinen Weltrekord erzielen, aber um
es einfach mal mathematisch auszudrücken: Sie sind signifikant
größer als der Mittelwert, der Median, der Modalwert.

Nicht alle bekommen das gleich mit, da ich seit der neunten
Klasse Oberteile in XXL trage. Und zwar XXL für *Männer*. Denn
nicht mal XXL-Damen haben solche Hupen.

Würde ich solche Oberteile tragen wie meine Freundinnen, würden sie wie beim unglaublichen Hulk einfach zerplatzen.

Meine Mom findet, dass mich die schlabberige Kleidung fett aussehen lässt. Nicht fett. »Füllig«. Das ist Moms Wort für fett. (Sie würde nie »fett« sagen, doch sie kennt wahrscheinlich das optimale Verhältnis von Körpergröße und Gewicht.)

Sie selbst hat durchschnittliche Brüste. Wahrscheinlich Körbchengröße D. Ich habe diese Dinger demnach wohl von einer vollbusigen Dame aus Dads Familie geerbt.

Das sagen die anderen dazu:

Genau. Nichts. Wir reden nicht über sie. Nicht meine Mom. Noch nicht einmal Maggie. Maggie weiß, dass ich nicht begeistert bin. Aber wenn ich ihr sagen würde, wie es mir wirklich mit ihnen geht, wäre sie enttäuscht. Sie würde versuchen, mich dazu zu überreden, mich stolz im Bustier vor unsere Mitschüler zu stellen und einen Vortrag über Belästigung zu halten, oder sie würde beschließen, dass ich mit knapp sechzehn Jahren genau im richtigen Alter für körperverändernde Reduktionsplastik bin, und Fachärzte für plastische Chirurgie befragen, wie viel Brustgewebe entfernt werden kann. Weder für das eine noch für das andere bin ich bereit. Ich würde gerne erst einmal mit der Schule fertig werden.

Ich bin nicht die Einzige, die nicht über ihren Körper reden will. Klar, über Kleinigkeiten wird gesprochen. Jemand, der besonders groß ist, sagt vielleicht: »Die Hosenbeine sind immer zu kurz.« Wir weisen uns auch gegenseitig auf den einen oder anderen Pickel hin. Aber wenn etwas intimer oder besonders eigenartig wird, dann reden wir nicht mehr darüber.

Ein Beispiel. Während der jährlichen Aufklärungswoche zum Thema Essstörungen im Februar kommt eine Krankenschwester. Sie sagt uns, dass wir auf Essstörungen achten sollen. Sie tut so, als wäre das ganz einfach zu erkennen. Als würde eine Schülerin in der Schulmensa stehen und verkünden: »Von nun an esse ich nur noch Radiererkrümel. Und wenn die Verlockungen zu groß werden, dann benutze ich nur noch die kleinen Bleistifte von IKEA, die gar keinen Radiergummi haben.« Daraufhin bilden wir einen Kreis des Vertrauens um die Schülerin und sie isst ein Sandwich.

Aber so ist es nicht. Die meisten Menschen behalten ihre Probleme für sich.

Im Herbst unseres ersten Schuljahres auf der Highschool hatten wir Schwimmen. Ich war da schon befangen wegen meines Körpers. Aber wenigstens werden bei allem, was Aufklärung, Badeanzüge oder Schlafsäcke angeht (so wie beim *Lernen durch Engagement*-Projekt am Schnell-versteck-dein-Gras-Wochenende), die Geschlechter getrennt. Einige der Mädchen besaßen nur Triangelbikinis. Nicht gerade praktisch, wenn man Schmetterlingsschwimmen lernt. Deswegen mussten wir die Badeanzüge der Kennedy-Schwimmmannschaft von 1975 tragen. Der Kennedy-Badeanzug ist ein dunkelroter Einteiler, der so hochgeschnitten ist, dass er im Prinzip als Rollkragen durchgeht, und so ausgeleiert, dass er bis zu den Knien hängt. Damals passte ich noch in eine 36, solange ich nicht zu tief einatmete.

Wir zogen uns um, rannten durch die Duschen, stellten uns in einer Reihe an der Wand auf und froren uns den Hintern ab, während Ms Reinhold die Baderegeln durchging.

Ich versuchte meinen Blick von Nella Woster abzuwenden. Aber ich kam einfach nicht dahinter, wie sie den gleichen hässlichen, alten Badeanzug wie wir anderen tragen und dabei trotzdem so aussehen konnte, als würde sie in einer Rum-Werbung auftreten. Jede ihrer Kurven war vollkommen. Mit ihr shoppen zu gehen, muss die Hölle sein. Ich wette, sie kann sich nie entscheiden, weil einfach alles an ihr gut aussieht. *Ich nehme wohl alles.« »Du kannst alles umsonst haben, wenn du unsere Marke auf Instagram bewirbst.«*

Das war ungefähr auch der Moment, in dem Jessa Timms, totale Sportskanone und möglicherweise Bodybuilderin, an mir vorbeiging, stehen blieb, auf meine Brust guckte und sagte: »Mannomann, Greer! Hast du einen Vorbau! Und ich dachte, du wärst einfach kräftig.«

Mein Gesicht nahm dieselbe Farbe an wie der Badeanzug. Ich ließ die Schultern so sehr hängen, dass ich fast den Boden berührte. Niemand lachte, alle keuchten nur irgendwie, als könnten sie nicht fassen, was Jessa da gesagt hatte. *Es gibt Regeln, Jessa! Wir kommentieren die Körper anderer Leute nicht in ihrem Beisein!* Aber für den Rest der Stunde fiel mir auf, dass die Mädchen mich auscheckten, sich versicherten. *Ja, sie hat recht. Greer hat ganz schön viel Holz vor der Hütte.* Dabei hatten meine Brüste damals nicht im Entferntesten die Größe, die sie jetzt haben.

Ich habe noch nie ein längeres Gespräch über die Zwei geführt als an diesem Tag beim Schwimmen. Aber ich wette, andere Leute reden oft über sie.

Es gibt im Internet so einen Fragenbogen: »Ist Brustverkleinerung das Richtige für Ihren Teenager?« Bei den meisten Fragen geht es um den Schmerz, das Wachstum, die Erbanlagen, die Narbenbildung »Ihres Teenagers«, um die erste Monatsblutung und die Regelmäßigkeit der Menstruation, die körperliche und seelische Bereitschaft, die psychische Reife und eine Menge anderer Dinge, die keinen Menschen etwas angehen. Es gibt auch eine Liste von Sachen, die man seine Ärztin fragen soll. Wenn ich wirklich mehr über die Operation erfahren will, sollte ich mich dazu überwinden, das ist mir klar. Obwohl ich es vorziehen würde, ihr keine dieser Fragen zu stellen. Als Mom und ich also, bevor die Schule wieder anfing, zu meiner Routineuntersuchung gegangen sind, habe ich beschlossen, die Frage »Greer, möchtest du, dass deine Mutter den Raum verlässt, während ich dich untersuche?« mit Ja zu beantworten.

Ich hatte bis dahin mit keinem Menschen über meine Brüste gesprochen, geschweige denn darüber, wie es mir mit ihnen geht, und es würde auch nicht einfach sein, mit Dr. Garcia zu reden. Aber wenigstens würde unser Gespräch vertraulich sein. Bestimmt haben andere Patientinnen schon viel seltsamere Sachen mit ihr besprochen. Ich hatte vor, total profimäßig damit umzugehen. Dann würde sie wissen, dass ich die »psychische Reife« besaß, die man haben sollte, wenn man als Fünfzehnjährige über eine OP nachdenkt, weil man mit Brüsten rumläuft, die die Größe von Seekälbern haben. (Wenn man als Erwachsener plastische Chirurgie in Anspruch nehmen will, muss man anscheinend keine »psychische Reife« besitzen. Nur genug Geld.) Sobald meine Mutter den Raum verlassen würde, würde ich sagen: »Ich habe recherchiert, welche chirurgischen Möglichkeiten es im Hinblick auf Brustverkleinerungen gibt, und möchte für mich alle möglichen Wege prüfen.« Sie würde einen Stuhl heranziehen, meine Fragen beantworten und keine von uns würde stottern oder rot werden, überhaupt nicht. Vielleicht würde sie mir sogar ein Faltblatt mit folgender Überschrift aushändigen: *Geheime, kostenlose Brustverkleinerung, die man im Zeitrahmen von einer Unterrichtsstunde machen lassen kann.*

Ich saß da, versuchte meine verschwitzten Hände an diesem Papier abzuwischen, mit dem sie die Untersuchungsliege abdecken, als Dr. Garcia nach ihrem Stethoskop griff. Ich dachte schon, sie würde vergessen zu fragen und ich müsste Mom selbst bitten zu gehen. Aber dann, in letzter Minute, fragte sie: »Greer, möchtest du, dass deine Mutter den Raum verlässt, während ich dich untersuche?« Mein Herz schlug wie wild. Anstatt mich durch das Gesundheitsportal zu klicken und die Erfahrungsberichte von ein paar YouBoobies zu sehen, würde ich dieses Gespräch mit einem echten Menschen führen. Ich wollte unbedingt und gleichzeitig auf keinen Fall mit ihr darüber sprechen.

Nur muss ich vergessen haben, wer meine Mutter ist, denn bevor ich antworten konnte, sagte die: »Ach, stimmt ja! Ich habe vergessen, dass Sie das fragen. Greer, möchtest du dieses Mal irgendetwas Persönliches mit Dr. Garcia besprechen?« Sie schaute mich an, als wäre sie modern und unterstützend und würde meine Privatsphäre respektieren, aber weder machte sie Anstalten, ihr Handy zurück in ihre Handtasche zu tun, noch, ihre Jacke zu nehmen. Sie sagte es so, als wüsste sie schon die Antwort, und die Antwort war, natürlich: »Natürlich nicht.« Dr. Garcia schaute mich jedoch weiter an, und alles, was mir durch den Kopf ging, war: Deswegen verhüten Leute nicht, die eigentlich verhüten sollten. Weil im Grunde schon die

Bitte an deine Mutter, den Raum zu verlassen, ihr alles sagt, was sie nicht wissen soll. Ich schüttelte den Kopf. Und wenn ich recht darüber nachdenke: Wenn es mir schon so schwerfällt, meiner Mutter zu sagen, sie soll abhauen, damit ich die Ärztin fragen kann, ob ich reif genug bin, mir die Brüste abhacken zu lassen, wie soll ich dann die nächsten sechzehn Fragerunden mit Krankenschwestern, Chirurgen, Versicherungen, Krankenhauspersonal, meinem Dad und um Himmels willen mit Tyler überleben?

Mom blieb im Raum. Ich hielt still. Dr. Garcia sagte, mein Herz und meine Lungen seien gesund, ich solle den Sonnenschutz nicht vergessen und ich hätte im letzten Jahr zwei Kilo zugenommen. (Mindestens die Hälfte davon ist bestimmt Brustgewebe.) Und dann druckte sie das Genehmigungsformular aus, das man an unserer Schule für Sport braucht. Ja. Genau.

»Eine meiner Kundinnen kommt gleich vorbei. Räum mal dein Zeug vom Tisch.«

Tyler wirft einen Blick auf den Esszimmertisch. Darauf stehen eine skandinavische Holzschale und etwa zwölf Kubikmeter von seinem Zeug: Bücher, Hausaufgaben, Elektrokram, Papierfußbälle, leere Verpackungen, Socken und halb leere Wasserflaschen. Er geht in die Küche.

Er öffnet den Kühlschrank, holt eine weitere Wasserflasche raus, bleibt davor stehen und starrt hinein, als würde er darauf warten, dass ein Paket im Gemüsefach auftaucht. Ich sitze an der Kücheninsel, beobachte das Ganze und sage mir, dass ich hier nicht zuständig bin. Es ist Moms Problem, dass Tyler ein Trottel ist, nicht meins. Ich habe versucht, ihr das zu sagen, als sie ihn vor dreizehn Jahren aus dem Krankenhaus mit nach Hause gebracht hat.

Okay, ich halte es nicht aus: »Mom hat gesagt, du sollst dein Zeug wegräumen.«

Tyler wirft einen Blick über seine Schulter auf den Esstisch.

»Das ist nicht alles meins.«

»Doch, ist es.«

»Nein, ist es nicht.«

Ich schiebe meinen Hocker zurück und gehe zum Esstisch. Tyler schlendert herbei und stellt sich neben mich.

»Was davon gehört nicht dir?«

Er wirft einen kritischen Blick auf alles, was über den Tisch verteilt ist. »Das da gehört nicht mir.«

Ja. Stimmt. Die Kjerstønagsrud-Holzschale, die Mom für 175 Dollar im Museumsshop gekauft hat, gehört nicht Tyler.

»Ich glaube, das da gehört dir«, versucht er es und winkt mit einer Hand Richtung Tisch, während er mit der anderen durch die Stories seiner Freunde scrollt.

»Das soll meins sein?« Ich will das Ding noch nicht einmal anfassen. Ich lasse meine Finger nur darüber schweben.

»Nicht?« Er guckt noch immer auf sein Handy.

»Du meinst wirklich, das ist meins?«

»Äh, ja, dachte ich?«

»Tyler, das ist ein Eierbecher. Eine Plastikschale, die man sich in die Sporthose steckt, um die Hoden zu schützen.«

Er schaut endlich hoch und kräuselt die Nase: »Mmh, und?«

»Und du glaubst noch immer, der gehört mir? Wenn man bedenkt, dass ich keinen Hodenschutz trage, weil ich keinen Hoden habe? Und wenn man bedenkt, dass ich, selbst wenn ich einen hätte, sowieso keinen Sport treibe? Und wenn man bedenkt, dass ich kein Schwein bin, das verschwitzte Plastiksachen, die in meiner Unterhose waren, auf einem Tisch liegen lasse, an dem Menschen essen?«

Meine Stimme wird höher und schärfer und Tyler und ich hören beide, dass ich wie Mom klinge.

»Oder vielleicht denkst du auch, ich könnte einen Hodenschutz gebrauchen, wenn ich Hausaufgaben mache, falls mir das Mathebuch in den Schoß fällt und meinen imaginären Hoden zerquetscht. Es ist ein sehr schweres Buch. Es könnte einigen Schaden anrichten. Bietest du mir das deswegen an? Wirklich sehr süß von dir, Tyler.«

Und dann steht Jackson Oates im Durchgang zum Esszimmer und winkt verlegen. Er begrüßt mich mit einem zweisilbigen »Hihey« und bestätigt damit, dass er ein sehr seltsames Gespräch unterbrochen hat. Na toll. Er wird denken, dass Ty und ich den ganzen Tag lang unsere Hoden vergleichen. Genau der Eindruck, den ich vermitteln will.

»Oh! Hallo! Meine Mom hat gesagt, dass deine Mom vorbei-
schauen will – ich wusste nicht, dass du auch mitkommst.«

»Wir holen meinen Dad vom Flughafen ab. Tut mir leid, dass
ich hier so hereinplatze.« Jackson schiebt seine Hände so tief in
die Hosentaschen, dass seine Schultern noch breiter aussehen als
sowieso schon. Ich frage mich, ob er Schwimmer ist oder Baseball-
spieler oder so.

»Alles gut. Tyler und ich überlegen gerade, wo wir seinen Eierbecher am besten aufbewahren: mitten auf dem Esstisch oder
gleich im Kühlschrank.« Tyler stößt mich mit dem Ellbogen in die
Seite. Es ist ihm nicht peinlich, seinen Penisschutz einfach so rum-
liegen zu lassen, aber er möchte nicht, dass ich mich vor anderen
über ihn lustig mache. Wenigstens hat er einen Funken Anstand.

»Vielleicht wäre eine Kristallvase das Richtige?«, sagt Jackson mit
überschwänglicher Geste.

»Wie soll das denn bitte funktionieren?«, fragt Tyler. Er nimmt
immer alles so wörtlich.

»Jackson, das ist mein Bruder Tyler. Ty, das ist Jackson Oates.«
Ich hoffe, man merkt nicht, dass ich die Wendung »Jackson Oates«
hundertmal am Tag im Kopf wiederhole, seit ich ihn kennengelernt habe.

»Du spielst Lacrosse?«, fragt Jackson mit Blick auf den Ball in
Neonrosa. Im Ernst, Tyler? Es ist noch nicht einmal die richtige
Jahreszeit, um einen Lacrosseball auf dem Tisch liegen zu lassen.

Dass er beachtet wird, muntert den schmollenden Tyler wieder
auf. »Ja, du auch?«

Jackson schüttelt den Kopf. »Als wir in Virginia gelebt haben,
wollte ich, aber wir sind umgezogen, bevor die Saison anfing. Ich
habe Baseball und Fußball gespielt und war mal im Schwimmteam.
In den letzten Jahren habe ich hauptsächlich Tennis gespielt. Hängt
immer davon ab, wo wir gerade leben. Und was ist mit dir, Greer?
Was ist dein Sport?«

Auch mich muntert es auf, dass ich beachtet werde. »Oh. Sport ist nicht so mein Ding.«

Ich erkläre nicht, dass Sport, anders als die anderen Schulfächer, voraussetzt, dass dein Körper und du zusammenarbeiten, anstatt zu wabbeln und zu schwabbeln und im Weg zu sein. Erst gestern Abend hat Tyler mein Handy geklaut und ich musste ihm im Schlafanzug und ohne BH hinterherlaufen. Doria ist hochgehüpft und hat mir fast ein blaues Auge verpasst.

»Wie sind denn die ersten Tage so gelaufen?« Ich habe ihn ein paarmal von Weitem gesehen, zuerst, als er von den Fachbereichsleitern rumgeführt wurde, dann von ein paar wohlmeinenden Schülern aus der Schülervertretung. Heute beim Mittagessen war er dann Teil einer Gruppe von Jungs, die jeden Tag dem Taco-Foodtruck einen Besuch abstatten. Ich bin nicht überrascht, dass er so schnell Freunde gefunden hat. Aber ein bisschen enttäuscht schon, weil wir jetzt die Jahre unserer Jugend nicht mehr gemeinsam verbringen werden.

»Ganz gut. Ich habe mich weder verlaufen, noch bin ich verprügelt worden. Und niemand hat mein Taschengeld geklaut.«

»Wie gut. Der Taco-Foodtruck akzeptiert nämlich die Mensakarten nicht.« Er legt den Kopf schief und ich merke, dass ich rot werde. Er soll nicht denken, ich hätte ihn beobachtet. »Ich habe gesehen, wie du mit Max und den anderen gegangen bist. Ich wollte nur sichergehen, dass du nicht an der Gedichte-voller-Wehmut-Theke festsitzt.«

»Du hättest mit uns mitkommen sollen. Das Barbacoa war göttlich.«

Den Riss im Universum möchte ich sehen, wenn ich einfach mit Maggies älterem Bruder und seinen Kumpels, die Jackson adoptiert haben, zum Taco-Foodtruck gehen würde. »Ich musste ein paar Gedichte zu Ende schreiben«, sage ich so wehmütig, wie ich kann.

»Von wegen. Max sagt, du isst immer mit seiner Schwester.«

Jackson hat mit Max über mich geredet? Jetzt lege ich den Kopf schief, aber er wird nicht rot. Er lächelt einfach. Na, wahrscheinlich war das so: *»Ich hoffe, diese komische Tante mit dem Riesenbusen folgt mir nicht auch noch zum Essen, die läuft mir schon die ganze Zeit hinterher.« »Keine Sorge, die isst immer mit meiner Schwester und sie verlassen nie das Schulgelände, weil Maggie zu faul ist, irgendwo hinzulaufen.«* Aber wenigstens hat er da an mich gedacht.

»Na ja, falls Max oder jemand anders versucht, dein Taschengeld zu klauen, weißt du ja, wo du mich finden kannst. Erste Stunde, Raum eins-eins-drei«, bekomme ich heraus.

Eine blonde Elfe versetzt Jackson einen üblen Schlag in den Rücken. Er langt nach hinten und greift nach ihren Armen, bevor sie es noch einmal machen kann.

»*AUAAAA!*«, knurrt sie.

»Hör auf damit, Q.«

»Ich. Hab. Nix. Gemacht.« Meine Mom hat mir erzählt, dass Jacksons Schwester in der dritten Klasse ist. Sie ist groß für ihr Alter und dünn, eine richtige Bohnenstange. Wenn ihr Outfit sie nicht verraten würde, könnte man denken, sie geht in die Mittelschule: rosa Ugg-Boots – im Haus von Kathryn Walsh! Auf dem Teppich von Kathryn Walsh! –, zu kurze Leggings und ein T-Shirt, auf dem in Glitzerschrift steht: *Das Problem gefällt mir nicht! Das nächste bitte!* Sie entreißt Jackson ihren Arm und wirft ihm einen wütenden Blick zu.

Jackson macht sich nicht die Mühe, uns Quinlan vorzustellen. »Wo ist Mom?«

»Die ist langweilig.«

»Wir sind auch langweilig. Geh und such Mom.«

Tyler und ich mögen uns nicht, er ist eklig und ich bin es nicht. Aber wir hassen uns nicht. Meistens jedenfalls. Ich ärgere mich, wenn er Dinge auf dem Tisch liegen lässt, die seine Eier berührt haben, und er findet, ich sollte das Abführmittel, das er manchmal nimmt, nicht vor seinen Freunden erwähnen. Aber normalerweise vertragen wir uns ganz gut.

Die Spannung zwischen Jackson und Quinlan ist ganz anders. Jackson ist normalerweise locker und lässig. Würde man zufällig in ihn hineinrennen, dann würde er erst ein bisschen in die eine und dann ein bisschen in die andere Richtung schwanken und dann seine langen Arme um einen legen, damit man nicht umkippt. Sobald Quinlan auf der Bildfläche erschienen ist und ihm eins draufgegeben hat, ist er wie verwandelt. Ein Stahlpfeiler. Angespannt und auf alles gefasst.

»Haben sich alle kennengelernt?«, fragt Mom und schwebt in den Raum. Was sie eigentlich sagt, ist: »Greer Eleanor Walsh, ich habe dich zu einer höflichen Gastgeberin erzogen, auch gegenüber gewalttätigen Elfen-Mädchen, und ich gehe davon aus, dass du den Oates-Kindern eine Erfrischung angeboten hast.« Ihr Blick gleitet zu der Ansammlung auf dem Esstisch und sie zuckt zurück.

»Bitte entschuldige die Unordnung«, seufzt sie Mrs Oates zu. »Jungs!«

Mrs Oates, groß und blond wie Quinlan, aber perfekt angezogen und entspannt wie Jackson, lächelt mitfühlend. Ich wette aber, dass Jackson seine alten Hausaufgaben abheftet und sein Sportzeug in beschrifteten Fächern verstaut, wenn er es gerade nicht braucht. Genauso wie ich.

»Möchte jemand etwas trinken? Wir haben Sirup da – Himbeere und Blaubeere-Vanille, glaube ich«, sage ich, viel zu spät.

»Blaubeere ist alle«, sagt Tyler und rülpst. Seit wir einen Soda-Stream haben, ist er ständig voller Kohlensäure. Von Mom bekommt er einen Ich-könnte-dich-erwürgen-Blick. So geht es uns mit Tyler meistens.

»Wir müssen los«, sagt Mrs Oates. »Wir holen Ben ab. Er war zwei Wochen in Dubai.«

»In Dubai selbst holen wir ihn aber nicht ab«, sagt Jackson. Doch ich bin zu abgelenkt, um mich darüber zu amüsieren. Quinlan steht mit dem Rücken zu uns vor dem Bücherregal. Sie macht irgendwas, ich kann nicht genau sehen, was.

»Hoffentlich nicht!«, dröhnt Mom, als wäre es der beste Witz aller Zeiten und nicht einfach eine beiläufige Bemerkung gewesen. Sie wirft mir einen Blick zu, wohl um zu sehen, ob ich auch mitbekommen habe, wie charmant Jackson ist.

Als die Oates weg sind, nimmt Mom sich sofort Tyler vor, weil er sein Zeug nicht aufgeräumt hat (und klingt dabei tatsächlich erschreckend wie ich). Ich gehe währenddessen zum Bücherregal.

Vor den Büchern steht eine Reihe von kleinen Glasfiguren: Schneewittchen und die sieben Zwerge. Mom hatte sie schon als kleines Mädchen. Die Figuren sind mundgeblasen und sehr zerbrechlich. Als ich sieben oder acht Jahre alt war, erlaubte sie mir zum ersten Mal, mit ihnen zu spielen. Aber nur am Tisch und nur mit einem dicken Geschirrhandtuch darunter und bloß nicht zusammen mit anderem Spielzeug oder Lego. Und die Figuren durften sich nicht berühren. Also habe ich nicht wirklich mit ihnen gespielt, sondern sie vielmehr vom Regal auf den Tisch bewegt und sie angeguckt. Und dabei im besten Fall die Luft angehalten.

Ich habe sie geliebt. Ich tue es noch. Ich liebe sie, weil sie so winzig, so vollkommen und so berechenbar sind. Der eine schläft immer ein. Der andere ist zu schüchtern, um etwas zu sagen. Der da am Ende ist immer wütend. Das Leben wäre so viel einfacher, wenn man alles über sich selbst so einfach erfassen könnte. Wenn man einfach nur *Schlafmütze* oder *Brummbär* oder *Happy* wäre. Aber selbst Tyler ist nicht die ganze Zeit ein *Seppel*. Manchmal ist er einfach nur ein Stinktier.

Mir wird schlecht. Da ist Schneewittchen, da die zwei Häschen, das Nest mit den winzigen Vögeln und da sind sechs Zwerge.

Brummbär ist verschwunden.

»*Oh, hallo, Jackson. Es war echt toll, dich zu sehen und deine nette Schwester kennenzulernen. Übrigens, ich bin mir ziemlich sicher, dass der goldige Engel einen winzigen Zwerg aus Glas gestohlen hat. Der ist mir aus vielen Gründen, die alle sehr erwachsen und vernünftig sind, sehr wichtig und ich habe mich gefragt, ob ich ihn wiederhaben kann? Geschwister, stimmt's?*«

Ja. Das klappt bestimmt. Er wird wahrscheinlich sagen: »*Ich habe mich schon gefragt, wo der kleine Kerl herkommt!*«, und einen Kasten hervorzuziehen, in dem *Brummbär* sicher in Dodo-Daunen gewickelt liegt. »*Ich habe einfach schon mal seinen Hut abgeschliffen und auch den kleinen Splitter in seiner Spitzhacke repariert. Ich hoffe, das ist okay.*« Und dann wird er mir sagen, dass er schon immer mit jemandem ausgehen wollte, der größere T-Shirts trägt als er.

»Du hast mir gar nicht erzählt, dass du den Neuen kennst.« Ich fahre zusammen, als Maggie neben mir ihr Tablett auf den Tisch knallt.

»Meinst du Jackson?« Ich sage es so, als gäbe es massenweise neue Schüler und nicht so, als hätte ich ihn gerade dabei beobachtet, wie er zusammen mit Max Cleave und einem anderen Zwölftklässler aus der Schulmensa gegangen ist.

»Er hat meinem Bruder erzählt, dass du der erste Mensch bist, den er hier kennengelernt hat. Er hat gesagt, dass du sehr hilfsbereit warst.«

»Hilfsbereit? Na ja, wie man's nimmt. Ich musste meine Mom zu dem Treffen begleiten. Du weißt ja, wie sie ist. Das ist so nervig.«

Falsch. Nichts, um das sie mich je gebeten hat, war so wenig nervig, wie Jackson zu treffen. »Warum gibt Max sich mit einem Zehntklässler ab?«

»Max möchte, dass Jackson im Frühjahr Baseball spielt. Sie brauchen einen neuen Feldspieler an der zweiten Base, oder so ähnlich, weil dieser Wieheißternoch von der Schule abgegangen ist und Max den Typ mit dem fusseligen Bart nicht gut findet.«

»Ich glaube, er spielt hauptsächlich Tennis.«

Maggie zuckt mit den Schultern. Sport interessiert sie nicht die Bohne. Als ich einmal gesagt habe, dass ich zu Tylers Eishockeyspiel gehe, hat sie gefragt: »Im Winter?«

»Wie ist er denn so?«

»Jackson?«

»Nein, Max«, sagt sie sarkastisch.

»Ach so. Ja, nett.«

Maggie wirft mir einen missbilligenden Blick zu. »Nett?«

»Ich meine, er ist freundlich. Und lustig.« Sie guckt mich weiter an. »Ich weiß es nicht. Ganz offensichtlich ist er besser darin, Freunde zu finden, als ich?« Sie hört nicht auf, mich anzugucken. »Ich kann ihn dir vorstellen.«

»Warum hast du mir nichts von ihm erzählt?«

»Ich dachte, ich hätte ihn erwähnt.«

Sie sieht skeptisch aus, aber bohrt nicht weiter nach. »Vielleicht hast du das und ich habe es vergessen.«

Ein tiefer, erleichterter Seufzer entfährt mir.

Dann sagt sie noch: »Findest du ihn nicht irgendwie süß? Den Neuen?«

»Oh. Darüber habe ich noch gar nicht nachgedacht«, antworte ich. Jetzt seufzt sie, weil sie denkt, ich denke nie darüber nach.

Es ist nicht so, dass ich nicht darüber nachdenke. Ich denke darüber nach und dann denke ich an die vielen Gründe, warum ich lieber nicht darüber nachdenke.

Als wir in der Mittelschule waren, hatten Maggie und ich immer eine Zahnbürste bei der anderen zu Hause stehen. Falls wir in letzter Minute entschieden, beieinander zu übernachten, war das das Einzige, was wir nicht miteinander teilen konnten. Maggie hätte im Notfall aber auch gar nicht oder mit dem Finger geputzt. Bei mir war es zu sehr Gewohnheit, als dass ich es hätte auslassen können, nicht einmal für einen Tag. Auf meiner Zahnbürste bei ihr zu Hause stand »GEW«. Und um ihre bei uns zu Hause war ein winziges gelbes Haarband um den Griff gewickelt, um sie zu kennzeichnen. Als würden die Bissspuren nicht ausreichen.

Alles andere konnten wir teilen: Schlafanzüge, Kissen, Gesichtsseife, Handykabel, Stoffgeschöpfe, Dornwarzenmittel, Haarbürsten und Kleider. Heute ist die Vorstellung, irgendwelche Klamotten mit Maggie zu tauschen, lächerlich. Abgesehen von dem gewaltigen Unterschied im Umfang unserer Oberkörper, bin ich zudem noch fast zehn Zentimeter größer als Mags und neun davon sind nur Beine. Es kommt einem nicht so vor, weil ich immer eine krumme Haltung habe und weil Maggie immer so aufrecht dasteht, als wollte sie bei einer Anti-Waffen-Kundgebung den Überblick behalten.

Das letzte Mal, dass ich etwas von Maggie getragen habe – von einem Stirnband mal abgesehen –, war an dem ersten Wochenende, nachdem wir in die neunte Klasse gekommen waren. Donna und Doria waren schon eingezogen, hatten sich aber noch nicht so unverschämt breitgemacht wie heute. Ich bin am Freitag nach der

Schule zu Maggie gegangen und aus Freitag wurde Samstag und aus Samstag wurde Sonntag. Meine Kleider von freitags bis zum Sonntagsfrühstück zu tragen, war zu viel des Guten. Als ihre Mutter uns losschickte, um Bagels zu besorgen, lieh ich mir also ein Tanktop und eine Jeansjacke. Darunter trug ich noch immer einen der BHs, die ich im Sommer mit Mom gekauft hatte (es war das letzte Mal, dass wir zusammen Unterwäsche gekauft haben), einen hellblauen Balconette-BH mit Lochspitze, süß, nicht sexy, der nachträglich betrachtet schon längst hätte aussortiert werden sollen. Ich war entweder zu naiv, um zu kapieren, dass er nicht mehr passte, oder zu beschämt, um es zuzugeben, oder beides.

Maggie verzichtete zu der Zeit schon auf Gluten, also war es an mir, die Bagel-Auswahl für die Cleave-Familie zu treffen, während sie im Café nebenan die Getränke besorgte und Max mit laufendem Motor im Auto wartete. Das war ja schon stressig genug. Aber dass diese Familie zu allem und jedem eine entschiedene Meinung vertrat, setzte mich noch mehr unter Druck.

»Du siehst aus wie jemand, der dringend einen Bagel braucht.« Der Typ hinterm Tresen war ein, zwei Jahre älter als ich, mit einem Kopf voller Locken, die von seiner Bagel-Laden-Kappe in Schach gehalten wurden. Falls das mit dem Bagel-Laden keine Zukunft hatte, könnte er auch für Abercrombie modeln. Er schenkte mir die Andeutung eines gierigen Lächelns.

»Ich brauche tatsächlich einen Bagel oder vielmehr ein Dutzend davon.«

»Ein Dutzend heißt dreizehn. Die meisten denken, das bedeutet zwölf, aber hier sind es dreizehn. Du bekommst einen Extrabagel.«

Heute würde ich wohl sagen: »Das nennt sich Bäckersdutzend und ist nichts Besonderes. Das ist überall so. *Vierzehn* Bagels, das wäre etwas Besonderes.« Aber seine Wangenknochen waren so markant und seine Arme sahen aus, als hätten sie viel schweren

Bagel-Teig geknetet, und ich war noch hoffnungsfroh, was Buben, Busen und Bagels anging. »Ich liebe Extrabagels!«, piepste ich.

Ich bestellte jeweils zwei von den Klassikern: Natur-, Mohn-, Ei-, Sesam-, Alles-Bagel. Was die restlichen anging – würde Maggies Mom Leinsamen-Apfel schmecken? Pfeffer-Parmesan? Mochte ihr Bruder Zimt-Rosine?

»Hast du jemanden, mit dem du all diese Bagels teilen kannst?«, sagte er und machte mir schöne Augen. Ich kaufte ihm alles ab.

Ich lehnte mich über den Tresen und überlegte, wer welcher Bagel-Typ in der Familie Cleave war. Mir gefiel, dass der Typ mit mir flirtete, selbst wenn seine Sprüche schrecklich waren. Pfeffer-Parmesan, Zimt-Rosine, die Jacke steht mir wohl. Noch einen Sesam-Bagel, mit einem einfachen Bagel kann man nichts falsch machen, meine Haare sehen wirklich besser aus, wenn ich sie nicht wasche. Vollkorn ist langweilig, versuch etwas Neues.

Wo er wohl zur Schule geht? Ich konnte mich nur dafür entscheiden, mich weiter nicht zu entscheiden.

Eltern und Lehrer mochten mich schon immer. Mit den meisten Mädchen verstand ich mich gut, außer sie hassten Maggie so sehr, dass sie auch auf mich wütend waren. Aber Jungs, vor allem ältere Jungs, hatten mich noch nie bemerkt. Oder zumindest merkten sie nie, dass ich ein Mädchen war. Aber vielleicht wurde das jetzt anders. Oder vielleicht gefiel diesem Typen im Bagel-Laden einfach, wie selbstständig ich über das Frühstücks-Schicksal von bis zu dreizehn Menschen entschied. Bialy, Honig-Hafer, Salz, vielleicht ist er jeden Sonntag hier.

Während ich über den Tresen in die Bagel-Körbe spähte, bemerkte ich irgendwann, dass der heiße Typ mit den Plastikhandschuhen mir direkt in den Ausschnitt guckte, noch immer mit dieser Andeutung eines Lächelns. Ich folgte seinem Blick auf meine Brust und sah, dass mein Busen nicht nur wie frisch gebackene Bagels aus dem Tanktop herausquoll, sondern so sehr überschwappte, dass man bei beiden Brüsten ein Stück der dunkelrosa Brustwarze sehen konnte. Ich war nicht charmant und bezaubernd. Ich busenblitzte den Bagel-Bäcker.

»Die übrigen einfach Natur«, sagte ich und zog die Jeansjacke zusammen. Erst da wurde mir klar, dass sie gar nicht richtig zuging, was Bagel-Bubi sicher vor mir kapiert hatte.

»Bist du sicher? Die mit Honig-Hafer sind …«

»Ja. Einfach die normalen. Und einen Becher Frischkäse.«

»Okaaaaay«, sagte er. Und packte alles zusammen, ohne weiter mit mir zu flirten.

Sobald wir wieder bei Maggie waren, zog ich mein eigenes, dreckiges Freitags-Shirt an.

Seitdem passiert so etwas nicht mehr, weil ich es nicht mehr passieren lasse. Jeden Flirtversuch ersticke ich sofort im Keim, mit einem riesigen grauen Sweatshirt und null Toleranz gegenüber übermäßiger Freundlichkeit. Ich ersticke ihn, bevor er anfängt, Donna und Doria ins Visier zu nehmen, und entweder dümmlich in Aufregung gerät oder krankhafte Neugier zeigt. Bevor ich mich fragen muss, ob sie oder ich gemeint sind.

Das tat ich jedenfalls, bis Jackson in unserem Starbucks auftauchte und ich mir diese Frage nun doch irgendwie stelle.

Im Sportunterricht ist Volleyball dran.

Wenn man Volleyball spielt, muss man viel springen.

Wenn es nicht unbedingt erforderlich ist, springe ich eigentlich nicht.

Die meisten Mädchen ziehen sich ganz fix und ungeniert in der Umkleide um – Pullis aus und T-Shirts über ihre süßen kleinen BHs. Es ist nur Sport. Ich dagegen verschwinde in einer Klokabine, hole zum letzten Mal für die nächste Stunde richtig Luft und kämpfe mich in einen schwarzen Sport-BH, den man nur über den Kopf ziehen kann und der mindestens eine Größe zu klein ist. Ich ziehe ihn trotzdem über meinen normalen BH. Der Sport-BH quetscht alles zu einer einzigen Masse zusammen – sozusagen zu einem Uni-Busen. Oder einem Super-Busen. Darüber kommt das alte Shirt von Dad – sein Renn-für-den-Zoo-5-Kilometer-Lauf-Shirt von 2008. Er hat eine ordentliche Sammlung von T-Shirts aus den letzten zwei Jahrzehnten. Als ich kleiner war, habe ich sie als Nachthemd benutzt, weil sie eingetragen und weich und aus atmungsaktiven Funktionstextilien waren. Jetzt passt mir nur noch dieses eine. Aus dem Jahr, als Dad zu spät zum Lauf kam und nur noch XXL übrig war. Ich trage es eigentlich immer, wenn ich weiß, dass die Besessenheit des Bildungsministeriums von Illinois für tägliche Sportstunden mich ins Schwitzen bringen wird.

Ich verlasse die Toilette und stelle mich vor den Spiegel. Das Shirt hüllt den eingequetschten Super-Busen ein, meine Schultern hängen nach unten, meine Arme sind vor dem Bauch verschränkt.

Ich ziehe an dem Shirt und wünschte, es würde einfach von allen Seiten um mich herumschweben, anstatt – welche Gesetze der Physik oder Bekleidung auch immer dafür verantwortlich sind – an mir zu kleben. Ich sehe aus wie ein riesiger, formloser Flatschen, aus dem unten dünne Beinchen rausgucken. Ich sehe aus wie eine von diesen absurd unproportionierten Zeichentrickfiguren.

Was ich ganz offensichtlich bin.

»Walsh! Auf geht's!«, sagt Ms Reinhold und fegt durch die Umkleide, ohne meinen Zeichentrickkörper eines Blickes zu würdigen. Ich schleppe mich in die Sporthalle und höre, wie sie hinter mir weitere Nachzügler zusammentreibt. »Woster, nein, nein. Jeggings sind keine Sportkleidung. Du bekommst eine Jogginghose.«

Eine Minute später erscheinen Nella Woster und Ms Reinhold in der Sporthalle, Nella in ein paar ausgeleierten dunkelroten Jogginghosen, eng um ihre Taille gezogen. »Schöne Jogginghose, Nella!«, ruft Griffin Townsend. Nella streckt ihm die Zunge raus, während sie durch die Halle geht, als wäre sie auf dem Laufsteg.

Sie macht das nicht mal extra – wer auch immer definiert, was Vollkommenheit ist, Nella entspricht dieser Definition. Sie kann nichts dafür. Sie könnte eine Clownperücke aufhaben und würde heiß aussehen. Wenn ich eine Clownperücke aufhätte, wäre das nicht mal das Komischste an mir.

Nach dem Aufwärmen werden wir in zwei Reihen aufgestellt, um den Aufschlag von unten zu lernen. Abgesehen von Jessa Timms Aufschlag, die in der Volleyballmannschaft ist, schießen die meisten anderen Bälle wild in alle Richtungen, fallen auf den Boden oder fliegen so hoch, dass sie wie ein langsam schwebendes Blatt auf der anderen Seite des Netzes runterkommen. Und zwar so langsam, dass die andere Mannschaft genug Zeit hätte, sich mit einem Notizbuch hinzusetzen, die Flugbahn auszurechnen, zu diskutieren, wer den Ball abwehren soll, aufs Klo zu gehen und den Ball dann volle Kanne abzuschmettern.

Meine Aufschläge fliegen genau übers Netz, einer nach dem anderen. Ms Reinhold nickt anerkennend.

»Jetzt versuchen wir mal den Aufschlag von oben.«

Wieder schaffen es ein paar, die meisten aber nicht. Nach einigen Versuchen kapiere ich, wo der Ball sein muss, damit ich ihn zum richtigen Zeitpunkt mit meiner Hand treffe. Die meisten werfen ihn zu hoch oder zu nah vor sich. Obwohl ich noch nie gespielt habe, fühlen sich Größe, Gewicht und die Rundung des Balls in meinen Händen genau richtig an. Tatsächlich gehen fast alle meine Versuche übers Netz. Jessa Timms springt pausenlos in die Luft, um jeden Ball zu treffen, und ballert ihn dann wie ein Maschinengewehr durch die Halle.

Ms Reinhold beobachtet mich ganz genau und etwas unbehaglich trete ich von einem Fuß auf den anderen. Ich weiß, dass sie der Volleyball-Coach ist und dass der Mädchenmannschaft in dieser Saison ein paar Spielerinnen fehlen. Ein Teil von mir will sich jetzt dumm anstellen, damit sie aufhört zu denken, ich sei gut. Ich möchte nicht erklären müssen, warum ich keinen Sport treiben will.

Aber ein anderer Teil von mir haut die Bälle weiter übers Netz, schlägt immer härter zu, weil es sich wirklich super anfühlt, etwas gut zu können, das nicht Mathe ist.

»Dann wollen wir doch mal ein richtiges Spiel versuchen, Leute«, sagt Ms Reinhold. Sie lässt die eine Hälfte der Klasse auf die eine, die andere Hälfte auf die andere Seite des Netzes gehen und erklärt uns die Rotationsfolge. »Seht mal, wie lange ihr den Ball oben halten könnt.« Ich habe mich dazugesellt, aber Ms Reinhold sagt: »Nicht du, Walsh. Timms, komm auch mal her.«

Sie zieht uns in eine Ecke der Halle. Hinter uns hört man Klatschen, Schmerzenslaute und Gelächter, es klingt, als hätte niemand Verständnis für die Spieltechnik. Irgendjemand ruft: »Verdammte Scheiße«, und Ms Reinhold ruft zurück: »Nicht mit offener Hand zuspielen. Und etwas weniger Kraftausdrücke!«

»Hast du schon mal gespielt?«, fragt sie mich.

Ich schüttele den Kopf.

»Ich möchte, dass du siehst, wo die Kraft beim Aufschlag herkommt.« Sie wirft Jessa den Ball zu und sagt: »Zeig ihr den Anlauf, aber schlag den Ball nicht.«

Jessa wirft den Ball in die Luft und stürzt sich dann irgendwie drauf. Ich zucke instinktiv zusammen, als würde sie ihn mir ins Gesicht schmettern, aber sie fängt ihn einfach und grinst.

Ms Reinhold lässt sie das noch ein paar Mal wiederholen und dann versuche ich es auch. Als ich das erste Mal hochspringe, hebt und senkt sich der Uni-Busen und es fühlt sich an, als würde sich die Schwerkraft verdoppeln. Der Sport-BH ist halb nach oben gerutscht und steckt jetzt so fest, dass mir im Prinzip ein enges Gummiband quer über die Brust schneidet. Ich ziehe es wieder nach unten und werfe schnell einen Blick auf die anderen, aber die versuchen immer noch ein Spiel in Gang zu bringen oder machen sich über Nellas Jogginghose lustig.

Coach Reinhold und Jessa Timms beobachten meine Füße, bitten mich wieder und wieder, nach oben zu springen, und korrigieren meine Fußstellung. Ich bin ganz schön verschwitzt und nach jedem Sprung muss ich meinen BH wieder zurechtrücken. Jedes Mal, wenn ich auf dem Boden aufkomme, tut mir die Brust weh und der BH zieht an meinen Schultern, als würde ich einen Rucksack voller Ziegelsteine falsch herum tragen. Aber ich merke, dass ich das mit dem Anlauf allmählich begreife. Sie beschließen, dass ich jetzt einen richtigen Aufschlag versuchen soll.

Bei meinem ersten Versuch treffe ich noch nicht einmal den Ball.

Beim nächsten klemme ich mir den gekrümmten kleinen Finger ein und der Ball schlingert nach rechts.

Beim dritten Mal prallt er von meiner Hand ab und knallt mit solcher Kraft nach unten, dass er fast einen Krater in den Boden der Sporthalle schlägt. (Okay, natürlich nicht, aber er schlägt wirklich hart auf.) Der Ball wäre nur übers Netz gekommen, wenn es direkt vor mir und dreißig Zentimeter hoch wäre, aber trotzdem lässt das Geräusch des Aufschlags meinen ganzen Körper kribbeln.

Ms Reinhold lacht. »Jetzt hast du es kapiert. Es geht nicht nur um deinen Arm. Die Kraft kommt von deinem ganzen Körper.« Ich ziehe meinen BH an beiden Seiten zurecht, während sie der Klasse zuruft: »Das war's – ab in die Umkleide.« Die anderen lassen die Bälle einfach über das Spielfeld kullern und marschieren aus der Halle.

»Das war ganz schön cool, oder?« Jessa stößt mit ihrer Faust gegen meine und verzieht sich auch in die Umkleide.

»Walsh«, ruft Ms Reinhold. Ich strahle sie aufgeregt an. Jetzt fragt sie mich bestimmt, ob ich mich in der Volleyballmannschaft versuchen will. Aber mein Glücksgefühl hält nicht lange, denn mein Hals und meine Schultern tun schon nach dieser einen Stunde weh und dann fällt mir auch noch ein, wie die Volleyballtrikots aussehen.

Sie sagt aber gar nichts über die Mannschaft. Sie sagt noch nicht einmal, dass ich das gut gemacht habe. Sie hat ihr Handy in der Hand und fragt mich nach meiner E-Mail-Adresse. »Ich schicke dir einen Link.« Sie drückt mit ihrem Daumen ein paarmal aufs Display und steckt ihr Handy wieder zurück in die Tasche. »Genau genommen ist das keine Schulangelegenheit, also verpetz mich nicht«, sagt sie und zwinkert mir zu.

Ich drehe mich um und sehe, dass Nella noch mit einigen Jungs unterm Basketballkorb steht. Ms Reinhold ruft rüber: »Der Letzte in der Halle nimmt die Netze ab und räumt die Bälle weg, und nein, ich entschuldige euch nicht, wenn ihr zu spät zur nächsten Stunde kommt.«

Alle Jungs bis auf Griffin gehen zum Ausgang. Nella hält ihn am Arm fest, hindert ihn daran, die Sporthalle vor mir zu verlassen. »Lauf, Greer. Ich halte ihn fest«, ruft sie und lacht. »Lauf!«

Im Sommer nach der zweiten Klasse habe ich ein Video von Emma Watson gesehen, als sie richtig kurze Haare hatte, und habe meiner Mutter gesagt, dass ich mir die Haare schneiden lassen will. Kurz bevor die Schule wieder anfing, brachte sie mich zum Friseur und der verpasste mir einen Kurzhaarschnitt. Am Hinterkopf und über meinem rechten Ohr scherte er mir die Haare auf nur wenige Millimeter zurück und ließ auf der linken Seite eine lange Strähne stehen, so eine, die mir immer ins Gesicht fiel. Ich weiß noch, wie leicht sich mein Kopf danach anfühlte und wie schnell die Haare nach dem Baden trockneten. Wenn ich jetzt Fotos von damals sehe, gefällt mir die Frisur ausgesprochen gut. Ich sah aus wie ein süßer kleiner Junge.

Nella, die damals vor den Sommerferien ganz lange Haare gehabt hatte, kam zufällig auch mit einem Kurzhaarschnitt wieder zur Schule. Mit einer langen Strähne auf einer Seite. Es war nicht exakt die gleiche Frisur, weil ihre Haare dunkler sind als meine und ihre Strähne ihr rechts und meine mir links ins Gesicht fiel. Außerdem hielt sie niemand für einen Jungen, da sie schon Ohrlöcher hatte.

Die Frisuren waren sich aber doch so ähnlich, dass uns andere Eltern und Vertretungslehrer für das restliche Schuljahr ständig verwechselten. Sie nannten mich Nella und sie Greer (oder mich Ella und sie Gwen, weil sich die Leute unsere Namen nicht merken konnten). Schüler aus anderen Klassen sagten häufig: »Du siehst genauso aus wie dieses andere Mädchen.« Und manchmal wurden wir gefragt: »Habt ihr das so geplant?«

Bei manchen Kindern hätte das zu einem Konkurrenzkampf geführt. Das coolere oder süßere oder gemeinere Kind würde sich gegen den Vergleich wehren, versuchen, sich abzuheben, oder behaupten, es wurde nachgeahmt. So etwas passiert, wenn Leute, die sich ähnlich sind, in einen Topf geworfen werden. Die zwei kleinsten Jungen in der Klasse hassen sich immer. Die drei Kinder mit der Erdnussallergie können sich gegenseitig nicht ausstehen.

Aber Nella hat diesen Zufall gefeiert. Gleich am ersten Tag, als wir uns gesehen haben, kam sie zu mir und rief: »Greer! Wir sind Frisur-Zwillinge! *WIR SIND FRISUR-ZWILLINGE!*«, nahm mich bei den Händen und hüpfte auf der Stelle, als wäre es das Tollste, was sie je erlebt hatte. Dabei kannten wir uns nicht mal richtig. »*UND WIR HABEN FAST DEN GLEICHEN RUCKSACK!*« Ihr Fjällräven-Rucksack war hellgrün mit gelben Trägern, meiner hellblau mit gelben Trägern.

So richtig befreundet waren wir dadurch zwar nicht. Aber zumindest für die nächsten Monate waren wir, jedenfalls aus ihrer Sicht und der aller anderen, die Frisur-Zwillinge.

Und deshalb ist es jetzt auch besonders komisch, dass sie der schönste Mensch auf meiner Schule ist und dass ich … ich bin. Die Vorstellung, dass jemand Nella und mich heute noch verwechseln würde, ergibt genauso viel Sinn, wie eine Gazelle mit einem Nashorn zu verwechseln. (Ich bin natürlich das Nashorn. Ein Sumatra-Nashorn, das mit zwei Hörnern.)

Wir ließen unsere Haare aber beide wieder wachsen, denn wenn man ein Kind ist, ist so eine Frisur irgendwie Quatsch. Man kann die Haare nicht zusammenbinden, sodass sie einem ständig im Gesicht hängen, was total nervt. Hätte ich Stirnbänder nicht für mich entdeckt, hätte ich die dritte Klasse nicht überlebt. Nellas Haare wuchsen schneller, und als wir in die vierte Klasse kamen, konnte sie sich winzige französische Zöpfe flechten. Nella wuchs in jeder Hinsicht schneller, aber bei ihr hörte es da auf, wo es aufhören sollte.

Wir haben nie darüber geredet, aber ich glaube, sie fühlt sich durch die Sache mit mir verbunden. Wir haben eine gemeinsame Geschichte. Wir hängen deswegen nicht zusammen rum oder sind über die sozialen Medien hinaus befreundet. Aber irgendwas sind wir. So ist das mit Nella und allen anderen. Sie hat so eine Art, anderen Menschen zu begegnen, dass die gerne in ihrer Nähe sind. Sie wollen nicht nur mit ihr ausgehen, sie wollen auch einfach an ihrer Seite sein, um mit ihr rumzuflachsen oder ihr Frisur-Zwilling zu sein. Alle sind willkommen in ihrem Universum, in dessen Zentrum sie sich sehr wohlfühlt.

Vielleicht ist es das, worum ich sie noch viel mehr beneide als um ihren vollkommenen Busen.

Sollte ich eines Morgens in Nellas Körper aufwachen, wäre ich vielleicht noch immer ein einziges Durcheinander. Aber bei Gott, ich würde es gerne ausprobieren.

11

Seit der Sache mit Tylers Eierbecher letzte Woche redet Jackson jeden Morgen vor der ersten Stunde mit mir. Deutsch III ist drei Türen von meinem Mathekurs entfernt und wir sind beide meistens früh da. Er berichtet von seinen Fortschritten bei der Eingewöhnung und ich versuche nicht die ganze Zeit auf die bezaubernde Locke hinter seinem Ohr zu starren.

Wir reden über Quinlans Probleme in der dritten Klasse. Alle mussten ein Plakat machen, auf dem drei Tatsachen über einen Bundesstaat stehen sollten.

»An die Hausaufgabe kann ich mich noch erinnern«, sage ich. Quin geht auf dieselbe Grundschule, auf der Tyler und ich waren, aber inzwischen gibt es viele neue Lehrer. »Alle wollten Illinois, deswegen hat meine Lehrerin gesagt, niemand bekommt es. Ich habe dann schnell Delaware gemacht und dann noch Illinois.«

»Nicht alle fünfzig?«

»Es gab nicht genug Stifte.«

»Quin wollte aus irgendeinem Grund Maine, aber zwei Mädchen hatten schon Maine, deswegen hat die Lehrerin ihr Ohio gegeben. Ich glaube, das war nett gemeint, weil wir ja da herkommen. Aber Quin hat über ganz Ohio Kackhaufen gemalt, das Plakat hinterher in kleine Stücke geschnitten und sie dem Klassen-Meerschweinchen in den Käfig gestreut. Dann hat sie die Lehrerin als Vollidiotin beschimpft und ist gegangen.«

Nach dem, was Jackson mir über den Anruf der Schule bei seiner Mom berichtet hat, fand das wohl niemand sonst so lustig wie ich. Obwohl ich so etwas nie gemacht hätte. Selbst wenn ich alles hinterher hätte wegradieren können, hätte ich mich nicht getraut, Kackhaufen zu malen. »Deine kleine Schwester hat echt Eier.«

»Eklig. Aber wahr.«

»Warte mal, warum hatten denn zwei Mädchen Maine? Konnte man sich zusammentun?«

»Wenn zwei Schüler denselben Bundesstaat hatten, wohl schon.« Er zuckt mit den Schultern.

»Vielleicht wollte Quin ja nur mit jemandem zusammenarbeiten. Vielleicht wollte sie deshalb Maine.« Was ist das für eine Lehrerin, die eine neue Schülerin nicht mit jemandem zusammentut?

»Na ja, keiner wird jetzt noch mit ihr zusammenarbeiten wollen, nachdem sie sich so verhalten hat.« Er klingt entnervt, als würde so was nicht zum ersten Mal passieren. Und er hat recht, Maine hin oder her, niemand mag das Kind, das auf Ohio scheißt und es dann über die Tiere im Klassenzimmer verteilt.

»Sie hätten sich mit ihr zusammengetan, wenn sie Delaware gewählt hätte. Coole Leute entscheiden sich für Delaware.«

»Ich würde mich immer mit dir zusammentun«, sagt er und alle meine inneren Organe setzen einen Moment lang aus. »Du würdest die ganze Arbeit machen.«

»Stimmt«, sage ich und hoffe, dass die ganze Schule so ein Plakat als Hausaufgabe bekommt, damit Jackson und ich zusammen Delaware bearbeiten können.

»Das habe ich fast vergessen.« Jackson kniet sich hin, um seinen Rucksack aufzumachen. »Ich habe was für dich.«

Ich vermute, es ist irgend so was Langweiliges wie eine Mitteilung von seiner Mutter an meine, aber eigentlich hoffe ich auf Brummbär. Ich habe nicht nach ihm gefragt und werde das auch nicht tun. Ich werde den Zwerg nur wiedersehen, wenn ich bei Jackson einbreche. Oder eingeladen werde. Ha.

Max Cleave bleibt neben uns stehen und fragt: »Kommst du nachher mit zu den Käfigen?«

Jackson steht auf und ich kann sehen, dass er ein zerknülltes Küchentuch in der Hand hält. Eindeutig keine Mitteilung, aber auch nicht die beste Art, einen Miniatur-Bergarbeiter aus Glas aufzubewahren. Vielleicht hat Quinlan noch etwas anderes gestohlen? Vielleicht gibt er mir Tylers Eierbecher zurück?

»Ja. Wir treffen uns beim Westeingang.« Der Schulgong ertönt zum ersten Mal, um die Rindviecher in den Unterricht zu treiben. Ich weiß gar nicht, was meine Neugier mehr weckt – zu erfahren, was Jackson in der Hand hält, oder was er mit Max Cleave vorhat.

Jackson beobachtet mich dabei, wie ich Max beim Weggehen beobachte. »Baseball. Schlagtraining. Ich werde wohl im Frühling versuchen, in die Mannschaft zu kommen.«

»Ich dachte, du spielst Tennis?«

Er zuckt mit den Schultern. »Wäre vielleicht schön, mal wieder in einer Mannschaft zu spielen.«

Das scheint für ihn alles so einfach zu sein. Von einer Sportart zur nächsten, von einer Mannschaft zur nächsten, von einer Schule zur nächsten, von einem Freund zum nächsten.

Die Flure leeren sich. Ein Lehrer am anderen Ende des Gangs macht gerade die Tür zu seinem Klassenraum zu und wirft uns einen bösen Blick zu.

Jackson hält mir das zusammengeknüllte Küchentuch hin. »Ich hoffe, er ist nicht zu zerquetscht.« Ich nehme es entgegen und mache es auf. Darin ist ein Schokomuffin. Den ich bekommen habe. Von Jackson Oates. »Hat meine Mutter gebacken.« Ich blinzele den wunderschönen Muffin an und will ihn mir am liebsten auf einmal in den Mund stopfen und gleichzeitig nicht einen Bissen davon essen. »Ich dachte, die magst du vielleicht«, ergänzt er, weil ich noch immer nichts gesagt habe. Natürlich mag ich ihn. Ein selbst gebackener Muffin voller Schokolade, der nach Butter und Vanille und braunem Zucker duftet. Außerdem hätte es auch das Meerschwein-chen aus Quins Klassenraum sein können, am Spieß gebraten, und ich würde es trotzdem mögen, weil Jackson Oates es in ein Küchen-tuch gewickelt und mir mitgebracht hat. Doch dass es ein Muffin ist, übersteigt alles.

»Danke«, bekomme ich heraus.

»Guten Appetit«, sagt er auf Deutsch. Und dann ist er weg und ich trage den Muffin wie ein Meerschweinchenbaby in den Mathe-unterricht. (Ein sehr leckeres Meerschweinchenbaby.)

12

Das Auswahlverfahren für die Volleyballmannschaft findet nächste Woche statt. Jessa Timms hat mich schon viermal daran erinnert. Ms Reinhold hat es gar nicht erwähnt. Ich habe Jessa gesagt, dass ich darüber nachdenke. Das werde ich. Ich werde darüber nachdenken, dass ich nicht versuchen werde, der Volleyballmannschaft beizutreten.

Wieder klicke ich auf den Link, den Ms Reinhold mir geschickt hat. Sie hatte recht. Das, was sich auf meinem Handy öffnet, ist keine Angelegenheit der Schule. Und mit Volleyball hat es auch nichts zu tun.

Es ist eine Website namens *Sport Stütze*.

Das Logo sieht aus, als hätte es jemand zu Hause am Computer entworfen, und zwar zu der Zeit, als meine Eltern noch zur Schule gingen. Die Schrift erinnert an die Formel 1 und die Buchstaben sind so hervorgehoben, dass man zunächst *Port Tütz* liest. Der restliche Text auf der Seite ist hauptsächlich gelb auf blauem Untergrund. Es ist die billigste Website, die ich je gesehen habe, und zwar einschließlich der, die Tyler und seine Freunde in der dritten Klasse gemacht haben, damit sie Videos von ihren Matchbox-Auffahrunfällen posten konnten.

Es ist eine billige Website, die eine sehr teure Sache verkauft: einen Sport-BH.

Nur ist es nicht irgendein Sport-BH. Er hat einen speziellen Namen. Er nennt sich *Der Stabilisator* und auf der Seite steht, dass er für »aktive Frauen mit Körbchengröße F bis J« konzipiert ist. Da steht außerdem, dass sein »einzigartiges Design« und seine »patentierte Fasermischung« »die Brust stützt und für perfekten Halt sorgt«. Er »lässt Nacken- und Schulterschmerzen verschwinden«, »reduziert unkontrollierte Bewegung«, »nimmt Feuchtigkeit auf und transportiert sie nach außen« und »sorgt für einen schlank machenden und figurschmeichelnden Sitz«. Es gibt ihn in einer Farbe: beige. Und es gibt auch ein Foto von ihm. Er sieht aus wie ein riesiger Knoten aus elastischen Bandagen, in die zwei große beige Schutzschilder hineingenäht wurden. Er sieht weder schön noch bequem aus.

Der Stabilisator klingt wie der Titel eines Films mit Denzel Washington, nicht wie etwas, in das ich meine Brüste schnalle.

Aber es gibt 267 Kundenrezensionen, die durchschnittlich 4,9 von 5 Sternen haben.

Seit ich den Link das erste Mal geöffnete habe, lese ich die überschwänglichen Bewertungen wieder und wieder.

Alter: 30 – 35
Größe: 70G/H
Gerade bin ich mit dem Stabilisator meinen ersten Halbmarathon gelaufen und kann gar nicht fassen, wie gut ich mich fühle! Ich habe überhaupt keine Schmerzen. Und ich musste nicht ständig alles wieder zurechtrücken!!! Alles blieb, wo es bleiben sollte. Und kein Mono-Busen! Unglaublich!! Absolut seinen Preis wert.

Alter: 50 – 59
Größe 95I
Ich habe jeden Damenbüstenhalter ausprobiert, den es gibt, und als der kam, hat eine Freundin zu mir gesagt: »Mach halt, du kriegst ja zur Not dein Geld wieder.« Ich sag euch, ich werde mein Geld NICHT zurückverlangen. Der beste BH,

den ich in 50 Jahren getragen habe, von allen Büstenhaltern. Ich mach keinen Sport, aber ich trag ihn immer, außer wenn ich schlafe. In Weiß würd ich ihn auch kaufen, wenn sie ihn hätten.

Alter: 12 – 18
Größe 70J

Ich liebe, liebe, liebe diesen BH. Ja, hübsch ist er nicht. ABSOLUT nicht hübsch. Aber so was wie Victoria's Secret oder trägerlose BHs kann ich, seit ich elf bin, sowieso nicht mehr tragen. Er hält alles zusammen und wenn ich renne oder Beifall klatsche, hüpft nicht mehr alles durch die Gegend. LOL. Ständig werde ich jetzt gefragt, ob ich abgenommen habe. Lieber ein BH, der funktioniert, als ein hübscher, der nicht tut, was er soll. Und ich kann mir ja immer noch hübsche Slips kaufen. LOL.

»Was guckst du dir gerade an?«

Ich versuche so hastig den Browser zu schließen, dass mir das Handy runterfällt. Und als Jackson sich bückt, um es aufzuheben, trete ich ihm auf die Hand, damit ich zuerst darankomme.

»Tut mir leid! Tut mir wirklich so leid!«, sage ich und stopfe das Handy schnell in meine Tasche.

»Aha, was Unangemessenes«, folgert Jackson.

»Nein! Nur … irgendwie persönlich.« Sobald ich das gesagt habe, fürchte ich, er könnte jetzt denken, dass ich Nacktbilder sende oder empfange. »Aber es sind keine Bilder!«, platzt es aus mir heraus.

»Oh-kaaaaaayyyyy.« Jetzt klingt es definitiv so, als wären es Bilder. Aber ich habe keine Ahnung, was ich sagen könnte, um es nicht noch schlimmer zu machen. Also stehen wir einfach schweigend vor dem Matheraum.

»Dann bis später, schätze ich«, sagt er mit einem Achselzucken.

Es sind noch sechs Minuten, bis der Unterricht anfängt, und ich möchte nicht, dass er schon geht. Also sage ich das Erste, was mir durch den Kopf geht. »Ich will versuchen, in die Volleyballmannschaft zu kommen.« Nein, will ich nicht. Warum sage ich so was?

»Volleyball?«, hakt Jackson nach.

»Ja, aber ich komme wohl eh nicht rein. Jedenfalls bestimmt nicht in die Auswahlmannschaft. Wahrscheinlich nicht mal in die Junior-Auswahlmannschaft.«

Mich so kleinzumachen, sieht mir sonst eigentlich gar nicht ähnlich. Aber ich habe mich ja sowieso schon entschieden, gar nicht in die Mannschaft zu wollen, weil viel zu viel gehüpft wird und weil ich nicht vorhabe, mich von dem Volleyballtrikot zerquetschen zu lassen.

»Ist die Konkurrenz denn groß?«

»Ich … ich habe keine Ahnung, ehrlich gesagt.«

»Und warum denkst du, dass du es nicht in die Mannschaft schaffst?«

»Ich weiß es nicht. Ich wollte einfach nicht davon ausgehen.«

»Du solltest an dich glauben.« Er klingt wie eine Meerjungfrau bei Disney, die ihrem Seelöwen-Freund Mut zuspricht. Als es zum Unterricht klingelt, rührt er sich nicht vom Fleck. »Sprich mir nach: Ich bin.«

»Ich bin.«

»Die beste.«

»Die beste.«

»Volleyballerina.«

Ich pruste: »Volleyballerina.«

»Die je die Hallen der Kennedy Highschool mit ihrer Anwesenheit beehrt hat, so wahr mir das Olympische Komitee helfe.«

»Die je die Hallen was auch immer.«

»Sag, du wirst es schaffen.«

»Du wirst es schaffen.«

»Sag, ich, Greer, werde es in die Mannschaft schaffen.«

Ich verdrehe die Augen, aber er gibt nicht nach. Wir stehen uns gegenüber und ich fühle mich unter seinem Blick federleicht, so als würde ein kleiner Schmetterling in meinem Bauch seine Fühler aus seinem Kokon strecken. Schließlich sage ich: »Ich, Greer, werde es in die Mannschaft schaffen. Verdammt noch mal«, ergänze ich noch, um das Maß voll zu machen.

»Das ist die richtige Einstellung«, meint er und stößt mich mit seiner Schulter kurz an. Ich bin mir ziemlich sicher, dass mir ein sehnsüchtiger Seufzer entfährt, so wie der Meerjungfrau, wenn der Meerprinz ihr eine Perle schenkt und sie sich in ihn verliebt.

Als die Tür zu meinem Kursraum hinter mir zugeht, merke ich, dass ich ganz offiziell zu spät bin, obwohl ich schon seit fast fünfzehn Minuten im Gebäude bin.

»Scheiße«, sagt Jackson auf Deutsch und stürzt davon.

Tja, dann werde ich wohl versuchen, in die Volleyballmannschaft zu kommen.

Im letzten Frühjahr hat mich Maggie zusammen mit Natalie, Tahlia und ein paar anderen Mädchen an einem Wochenende ins Kino geschleift. Meine Neigung, Ansammlungen von Teenagern zu vermeiden, hatte gegenüber dem Versprechen, Seth Rogen wäre irre komisch, den Kürzeren gezogen. Wer immer gesagt hatte, ihre Mutter würde uns abholen, hatte vergessen zu erwähnen, dass die Mutter bis halb sechs arbeiten musste. Also saßen wir nach der Mittagsvorstellung zwei zusätzliche Stunden mit einer Meute Mädchen im Einkaufszentrum fest. Maggie und ich fühlten uns wie der Inbegriff des Klischees. Als ich das zu Tahlias Freundin Kiki gesagt habe, meinte die daraufhin: »Oh, das wird Klicke ausgesprochen, auch wenn es mit ›q‹ geschrieben wird.« Dann fühlte ich mich noch schlechter, denn wenn ich schon Teil einer Clique war, dann sollte es wenigstens eine sein, in der alle wussten, was ein Klischee ist. Und wenn ich jetzt darüber nachdenke, war es auch Kiki, die davon ausgegangen ist, dass wir alle die restliche Zeit durchs Einkaufszentrum schlendern wollten. Quiqui wird nicht in meiner Quichee sein.

Mags und ich gingen den anderen eine Weile hinterher. Ich schaute mir ab und zu eine Hose an, denn bei Hosen fühle ich mich nicht wie eine Mutantin, und Maggie sagte mir, welche Marken Kinderarbeit in Anspruch nehmen (die meisten).

Der Nachmittag war langweilig, aber okay, bis Tahlia uns alle in einen Laden namens *Dessous Du!* führte, ein Unterwäschegeschäft für Leute unter fünfundzwanzig. Alles dort ist grell, gemustert, süß, voller Spitze und winzig. Wäre man kurzsichtig und würde einen Blick auf einen Tisch voller BHs werfen, könnte man glatt meinen, dass man an einem Tisch voller Cupcakes vorbeigeht. Die Atmosphäre in dem Laden lässt sich am besten mit »Sexy Schulmädchen feiern Pyjamaparty« beschreiben, und sollte dein Vater dir dort einen Gutschein besorgen, würde er den Rest des Tages von Sicherheitskräften verfolgt werden. Mich nerven solche Läden einfach nur noch, seit ich mich damit abgefunden habe, immer wieder dieselbe flächendeckende, praktische Unterbekleidung ohne Schnickschnack im Internet zu bestellen, damit ich nicht weiter über dieses Thema nachdenken muss. Der Laden ist nichts für mich. Die anderen Mädchen haben alle gegirrt und gegurrt und sogar Maggie hat einen Stapel Unterhosen durchgeguckt. Meine Brüste haben allein durch meine Anwesenheit dort ein Kilo zugelegt. Jeweils.

»Ich gehe in den Buchladen«, habe ich gesagt.

»Ich komme mit«, schloss Maggie sich an und warf ein paar Unterhosen mit *MIAU* auf dem Hintern einen wütenden Blick zu.

Aber gerade als wir schon fast aus der Tür waren, fiel mein Blick auf ein Plakat: ein Mädchen in einem süßen karierten BH mit passendem Slip. Und anstatt so dünn zu sein, dass man nicht nur ihre Knochen, sondern auch ihre inneren Organe unter der blassen Haut erkennen konnte, hatte dieses Model Kurven. Richtige Kurven. Als wäre sie aus Fleisch, und zwar aus ganz schön viel davon. *Dessous Du!: BHs in großen Größen – unsere Kollektion ist jetzt noch größer!*

Ein billiger Slogan, aber darunter stand in kleiner Schrift: *Ausgewählte Modelle in 26AA bis 40G.* Wenn es den süßen BH auch in großen Größen gab und die großen Größen auch groß genug für meinen großen Busen waren, dann bedeutete das, dass auch ich einen süßen, karierten BH haben könnte anstatt ein beiges Anstaltsmodell.

Ich wollte ihn nicht anprobieren, während die anderen Mädchen dabei waren. Aber gleich am nächsten Tag ließ ich mich von

Mom ins Einkaufszentrum fahren. (Sie dachte, ich müsse ein Geburtstagsgeschenk für Maggie besorgen.) Ich war in dem Laden, sobald er aufmachte, während die Rentner noch ihre Morgenrunden drehten und die Kundinnen von *Dessous Du!* noch in ihren Spitzenhemdchen und den dazu passenden Schlafshorts schliefen.

»Wennde was brauchst, sag Bescheid«, murmelte die *Dessous Du!* Verkäuferin, ohne von den Mädchen-Tangas aufzuschauen, die sie gerade sortierte.

Erst habe ich nicht kapiert, wo die großen Größen sein sollten, aber unter den ausgestellten BHs im hinteren Teil des Ladens waren Schubladen mit zusätzlicher Unterwäsche, BH neben BH wie seidige Matroschkas. Körbchen von A bis B bis C und D und E bis hin zu J! Und da war er, der BH *de résistance*: rosa- und orange- und cremefarbenes Karo mit passenden Boxershorts in (fast, vielleicht?) meiner Größe. Ich nahm noch einen spitzenbesetzten Bralette in Zartlila mit, den man über den Kopf ziehen musste, weil mich das Mädchen auf dem Plakat und der karierte BH so optimistisch gestimmt hatten, dass ich wie von Sinnen war.

Ich ging mit den Teilen in die Umkleidekabine. Dort hing ein Schild, auf dem stand: *Bei Dessous Du! findest DU die ideale Passform!* Auf einer Zeichnung darunter nahm eine freundliche Verkäuferin mit einer eleganten Intellektuellenbrille Maß bei einer freudestrahlenden Kundin, die den Körperumfang einer Zahnbürste hatte. Nein, danke.

Ich probierte den Bralette zuerst an, weil er so bequem aussah.

Wenn bequem bedeutet, dass man ein kratziges Unterhemd trägt, das aus alten Laken und Dornen besteht und nur halb über deine Brust geht. Okay, es war einen Versuch wert, macht nichts.

Ich nahm den Karo-BH in die Hand. Hinten waren nur zwei Haken (meiner hat vier) und die Träger sahen aus wie dünne rosa Schleifen, die man einem Baby um den Kopf binden würde, um zu zeigen, dass es ein Mädchen ist. Aber die Körbchen waren wie zwei

Rührschüsseln. So als würde man die Segel von einem Piratenschiff nehmen und daraus einen Bikini machen.

Ich öffnete den Verschluss und schob meine Arme durch die Träger. Zum Glück gefiel mir das Karomuster so gut, denn davon gab es eine Menge – genug, um den größten Teil von Donna und Doria zu bedecken ohne überquellende Reste an der Seite. Er passte! Sozusagen.

Zumindest bis ich mich bückte, um den zartlila Bralette aufzuheben, der auf den Boden gefallen war, und beide Brüste aus den Körbchen rutschten. Ich richtete mich auf und stopfte sie wieder rein. Also kein BH, in dem ich einen Handstand machen konnte. Aber das war sowieso nicht mein Ding. Er war weder bequem noch billig noch verlieh er optimalen Halt. Aber er war etwas, das eine Fünfzehnjährige und keine Oma tragen würde, und das war genug.

Ich lehnte mich ein wenig nach vorne. Sie blieben drin.

Noch ein bisschen weiter. Noch immer drin!

Ich lehnte mich so weit nach vorne wie nötig, um jemandem Geld auszuhändigen. Plutsch! Doria entkam. »Was geht hier draußen vor?«, fragte sie.

Wenn ich vollkommen stillhielt und ganz gerade stand, dann hatte *Dessous Du!* also recht – der übergroße BH passte über meinen übergroßen Busen. Aber die dünnen Träger schnitten schon jetzt in meine Schultern ein und selbst beim kleinsten Hüpfer sprangen D & D durch die Gegend wie eine Matratze auf dem Dach eines VW-Busses.

Im Grunde wurde hier einfach eine größere Version des süßen BHs hergestellt, ohne dabei die physikalischen Gesetze zu beachten, die eine Brust wie meine mit sich bringt. Das ist wie einen Schneemann nicht aus drei, sondern aus dreißig Schneekugeln zu bauen und zu erwarten, dass er genauso stabil ist wie ein durchschnittlicher Schneemann. Oder wie die Matratze auf dem VW-Bus mit einem Freundschaftsarmband zu befestigen.

Ich starrte mein kariertes Selbst im Spiegel an.

Dieser BH hob, hielt und half gar nicht und Donna und Doria hingen beunruhigend nah an meinem Bauchnabel. Du, Dessous, das war nix.

Aber zum ersten Mal seit meinen D-Körbchen-Tagen trug ich etwas Hübsches.

»Alles gefunden?«, fragte die Verkäuferin, die aufgehört hatte, Unterwäsche auszuzeichnen, und stattdessen mit ihrem Handy spielte.

Ich kaufte den nutzlosen karierten BH und die dazu passenden Boxershorts. Keine Ahnung, warum. Sie liegen hinten in meiner Schlafanzugschublade, die Preisschilder hängen noch dran und dort werden sie für immer bleiben.

»Tyler muss zum Friseur.«

»Ich auch. Ich nehme ihn mit.«

»Er braucht keinen Fünfzig-Dollar-Haarschnitt.« Damit meint Mom, dass Dad ebenso wenig einen Fünfzig-Dollar-Haarschnitt braucht. Er hat schöne Haare, welliger und dunkler und dicker als die der anderen Väter, aber es ist nicht irgendwie ein komplizierter Schnitt oder so.

»Soll ich ihm die Haare ein bisschen im Badezimmer schneiden?« Dad grinst. Als Tyler klein war, hat er ihm auch einmal »ein bisschen« die Haare im Badezimmer geschnitten, was letztendlich dazu führte, dass er ihm eine Glatze scheren musste. Alle haben dann gedacht, dass er derjenige war, der die Läuse in die Vorschule eingeschleppt hat, und wir ihm deswegen den Kopf rasieren mussten. Für Mom eine Schmach. Ty hat nur gesagt, dass seine Ohren frieren.

Die Diskussion darüber, ob es sinnvoll ist, fünfzig Dollar für Haare auszugeben, die sowieso meistens unter einer Mütze leben, geht eine Weile hin und her. Aber Mom knickt ein, als Dad sie daran erinnert, dass Ty auch eine gründliche Haarwäsche bekommen wird, die der Junge dringend braucht und bei einem billigen Friseur nicht bekommen würde.

Ich will, dass Dad und Tyler endlich gehen, denn ich muss unbedingt mit Mom reden und sie irgendwie davon überzeugen, einen BH von einer Website zu kaufen, die aussieht wie eine ukrainische Betrugsmasche. Und ich will wirklich, wirklich nicht, dass Dad bei diesem Gespräch dabei ist. Einmal musste ich Binden kaufen, als er den Einkaufswagen schob, und habe mich dann die ganze Zeit gefragt, wann Mom ihm wohl erzählt hat, dass ich meine Tage bekommen habe, denn ich habe das ganz bestimmt nicht getan.

Als die Männer weg sind, setze ich mich neben Mom. Sie hockt vor ihrem Laptop und liest Bewertungen über Feng-Shui-Anbieter, die sie in den Ordner packen will.

Sie schaut von ihrem Computer auf. »Ich muss einen Feng-Shui-Fachmann finden, aber das sind alles weiße Frauen mittleren Alters.« Das sagt sie so, als wäre sie selbst nicht eine weiße Frau mittleren Alters.

Über ihre Schulter gucke ich mir die Tabs an. Alle Anbieter haben Namen wie *Die Reichtümer der vier Winde* oder *Wege zum Frieden* und *Das Chi'-cago Zentrum*. »Ich will die Empfehlungen im Ordner diverser gestalten, weißt du?«

»Was ist das für ein Bewertungsportal?«

»Nachbarsleute.«

»Sind nicht alle auf Nachbarsleute weiße Frauen mittleren Alters?« Gewöhnlich beklagt sich Mom über die Nachbarschafts-App, weil sie sie als Konkurrenz betrachtet, aber vielleicht wildert sie auch nur in den Informationen der Schwarmintelligenz.

Sie seufzt. »Deswegen verwende ich sie auch nicht gerne«, sagt sie und verwendet sie weiter. Sie klickt auf ein Foto von einer Frau mit einem langen grauen Zopf und einem Vogel auf der Schulter: Pamela Holly Desrosiers.

»Ich überlege, in der Volleyballmannschaft mitzuspielen«, fange ich an.

Sie schaut nicht vom Bildschirm auf. »Volleyball? Kannst du denn Volleyball spielen?«

»Wir haben es im Sportunterricht gespielt und ich war ziemlich gut.«

Sie nickt und schreibt etwas in ihr Notizbuch. »Das tut dir bestimmt gut. Du solltest mehr unternehmen.« Ich weiß, dass Mom enttäuscht darüber ist, dass ich nicht mehr »unternehme«. Sie ist ein »unternehmerischer« Mensch.

»Ich hätte jeden Tag nach der Schule Training.«

»Vielleicht sollten wir hier bei uns mal einen von denen ausprobieren«, sagt sie und schaut sich um. Die Fünf-kleine-Häuser-Bewertung, die Pamela Holly Desrosiers erhalten hat, muss sie inspiriert haben. Was Pam wohl zu dem Haufen Zeug von Tyler sagen würde, über den man jedes Mal klettern muss, um überhaupt ins Haus zu kommen? Für unseren Energiefluss ist das bestimmt nicht von Vorteil.

Ich versuche das Gespräch auf den BH zurückzubringen. »Also, wegen Volleyball und allem brauche ich einen neuen Sport-BH.«

»Okay. Dann gehen wir dieses Wochenende zu Master's.« Master's ist ein großes Sport- und Freizeitgeschäft an der Autobahn. Man kann da alles vom Golf-T-Shirt und No-Show-Socken bis hin zu Jurten und Jagdgewehren kaufen. Es ist Tylers Lieblingsort.

»Eigentlich …«, fange ich an.

»Oh! Der hier sieht chinesisch aus!« Sie schreibt seinen Namen in ihr Notizbuch und ist dabei genauso aufgeregt, wie wenn sie Ballerinas von Tory Burch in Größe 39 im Ausverkauf findet. Ein gutes Angebot für Designerschuhe = der Anschein kultureller Kompetenz. Ich bin froh, dass Richard Lin nicht hier ist, um diesem Gespräch zu lauschen.

»Eigentlich«, fange ich noch einmal an, »habe ich schon einen im Internet gefunden. Er hat wirklich gute Bewertungen.«

»Solltest du ihn nicht vorher anprobieren?«

»Ich habe die bei Master's angehabt. Keiner passt richtig. Aber der im Internet ist extra für Frauen mit, ähm, also die mehr Stütze brauchen.« Über dieses Thema reden auch Mom und ich nicht wirklich.

»In Ordnung. Willst du ihn mir zeigen?«, sagt sie und schiebt mir den Laptop hin.

Ich rufe die Website auf und finde die Seite mit dem Stabilisator. Mir ist dabei bewusst, wie schrecklich die Seite aussieht, und ich überlege kurz, ob ich nicht einfach zu Master's gehen, mir irgendeinen BH kaufen und auf das Beste hoffen soll. Aber dann denke ich an die Bewertungen und sie klingen für mich echt, so als hätten richtige Mädchen und Frauen sie geschrieben. Keine Schmerzen mehr, kein Gehüpfe, kein Mono-Busen ... Ich drehe den Computer wieder zu Mom hin und beobachte ihr Gesicht.

Sie schürzt die Lippen, als würde sie sich auf Facebook einen Fahrradunfall anschauen, einen mit Eiter und Hautlappen. Sie klickt sich durch ein paar Ansichten und sagt: »Nun, er sieht auf jeden Fall *anders* aus.« Sie scrollt runter, liest ein paar Bewertungen und ihr Gesichtsausdruck wird interessierter. Und dann schnellen ihre Augenbrauen nach oben.

»Ich weiß, er ist ein bisschen teuer.«

»Ein bisschen? Ich habe meinen bei Target für zwanzig Dollar bekommen.« Moms Sport-BH ist total hübsch, wie ein rosa-grünes Stirnband.

»Die Bewertungen sagen, dass es sich lohnt.«

»Mensch. Wie viel besser als ein normaler kann der schon sein?« Erst dann wird ihr klar, was sie da gerade gesagt hat. »Ich meine, äh, als, äh, ein üblicher BH.«

Plötzlich und völlig unerwartet füllen sich meine Augen mit Tränen und mein Gesicht wird ganz heiß. Es ist nicht nur, weil sie »normaler« gesagt hat, also ein BH für »normale« Brüste, die zu einem »normalen« Körper gehören. Es ist auch, weil ich mir auf einmal blöd vorkomme, so viel Hoffnung in einen doofen Sport-BH zu stecken. Als würde so ein bizarres Ding dabei helfen, dass mein Körper aussieht und sich anfühlt wie bei anderen Mädchen. Als würde ich deswegen Volleyball spielen und richtig gut darin sein können. Als würde ich dann aufrecht stehen, ohne dass jemand – geschweige denn ich – einen zweiten Gedanken an meine

Brust verschwendet. Und wenn ich den Flur runterlaufen muss, weil ich zu lange mit Jackson geredet habe, und deswegen spät dran bin, würde es sich plötzlich nicht mehr anfühlen, als wären meine Brustwarzen wund gescheuert und als würde die Haut über meinen Rippen zerplatzen. Und falls jemand mich je nett finden würde, müsste ich keine Angst davor haben, dass *mein* Busen *ihn* zur Witzfigur macht und uns dann beide in Verlegenheit bringt.

Aber es ist blöd zu denken, dass ich all das haben könnte – dass ich mir ein normales Leben erkaufen könnte –, von einer Website, die noch nicht einmal Grammatik beherrscht: *FRAGE SIE UNSERE KUNDINNEN.*

Ich kann nicht weiter mit meiner Mom sprechen, weil ich sonst wirklich anfange zu weinen. Ich kann den Laptop nicht zumachen, weil ich sonst auch weine. Richtig weine. Ich gucke zum Bücherregal rüber, wo Brummbär fehlt, und wische mir mit dem Handrücken über die Augen.

Aber was immer sie auch ist, Kathryn Walsh ist nicht dumm und guckt jetzt mich an und nicht die Feng-Shui-Liste.

»Möchtest du den wirklich ausprobieren?«, fragt sie.

Ich kann noch immer nichts sagen, aber ich nicke.

Und Mom sagt: »Dann hol mal meine Handtasche aus der Küche.«

Und endlich ist der Stabilisator auf dem Weg zu mir, versandkostenfrei.

In dem Jahr, als ich in der siebten Klasse war, sind meine Großeltern von Long Island nach Florida gezogen und haben uns im Winter besucht. Dad und Ty haben an dem Tag noch Mario Kart gespielt. Ich lag auf dem Sofa, meine Füße in Dads Schoß, las zum wiederholten Mal »Die Tribute von Panem« mit einem halben Auge auf dem Wettrennen. Das Flugzeug meiner Großeltern sollte in wenigen Minuten landen, was bedeutete, dass wir – da sie erst noch ihr Mietauto abholen, ins Hotel einchecken und zu uns fahren mussten – noch zwei Stunden Zeit hatten, um uns und das Haus auf Vordermann zu bringen.

»Zusammenlegen!«

Mom stellte sich vor uns, ließ den Wäschekorb vor ihre Füße fallen und schaute uns alle der Reihe nach an, damit wir nachher nicht sagen könnten, wir hätten sie nicht gehört. Erst dann gab sie die Sicht auf den Fernseher wieder frei und widmete sich einer Tätigkeit, die sie uns nicht zutraute.

»Eine Sekunde«, murmelte Daddy. Ich rutschte vom Sofa, zog den Wäschekorb näher und griff mir ein paar meiner Sachen, bevor die Jungs sie in die Finger bekamen. Dad raste mit Baby Peach über die Ziellinie und zog eine von Moms Yogahosen raus. Ty klickte sich durch das Menü, um zum Einzelspieler-Modus zu wechseln.

»Ty. Na los.« Dad wollte nach dem Controller greifen, aber Ty wand sich außer Reichweite.

»Sie ist noch waaaaaarm«, lockte ich ihn.

Ty grinste mich von der Seite an. Mein Bruder hat eine Schwäche für Wäsche, die direkt aus dem Trockner kommt. Er ließ den Controller fallen und kippte die Wäsche über sich aus.

»Oh mein Gott. So warm. Ist das geil.« Er zog sich Moms Fleece übers Gesicht und wedelte mit seinen Armen im Haufen hin und her, als würde er Schnee-Engel machen.

Dad sah mich an und verdrehte die Augen.

»Na komm, du Dussel.« Ich zog Moms Sweatshirt von ihm runter. Dad und ich arbeiteten uns durch den Wäscheberg, falteten und stapelten. Da Ty nur rechteckige Sachen zusammenlegen konnte, übernahm er die Socken. »Würdest du gerne näher bei Oma wohnen?«, fragte ich Dad. Ich hatte schon oft darüber nachgedacht. Moms Mutter starb, als ich klein war, und mein Großvater lebte mit seiner neuen Frau in Madison, etwa zweieinhalb Stunden entfernt. Aber mein Vater war weit weg von dem Ort, wo er aufgewachsen war, und weit weg von seinen Eltern.

»Manchmal.« Das klang nicht wie ein Ja, doch Dad war schon immer taktvoll gewesen. Heute verstehe ich, dass er seine Eltern liebt, aber dass er das besser aus der Ferne tut.

»Wem gehört das?« Tyler hielt einen meiner BHs an einem Träger hoch. Ich hatte eigentlich all meine Unterwäsche rausholen wollen, bevor er sich hineinschmiss. Hauptsächlich, weil er ein Schmutzfink ist und die Wäsche sauber war, aber den hatte ich übersehen. Er war einer meiner ersten – winzig, weiß und nutzlos, mehr wie die Idee eines BHs als ein BH selbst. Die Körbchen waren eigentlich keine, mussten aber auch keine sein. Wären sie größer gewesen, hätten sie von meinem Körper abgestanden wie ein ungefüllter Ballon.

»Meiner.« Ich riss ihn an mich.

»Greer hat BHs?!« Ty sagte das so, als wäre das ein Skandal. »Oh mein Gott.«

Mit offenem Mund guckte er meinen Dad an. Der zuckte mit den Schultern, als würde er nicht verstehen, was Ty für ein Problem hatte, und verkniff sich dabei ein Lächeln.

»Ja, so ist das, Ty«, sagte er. »Mädchen tragen BHs.«

»Und das ist dein BHs? Er sieht anders aus als Moms.« Ich versetzte ihm damit einen Schlag. Es dauerte lange, bis Ty lernte, einen BH nicht BHs zu nennen. Da die Körbchen ja Platz für zwei Brüste hatten, ging er wohl davon aus, dass es Plural sein musste. Vielleicht hatte er recht. Bei Hosen ist schließlich auch der Plural für den Singular gebräuchlich. Ein Paar BHs? Vielleicht. Inzwischen kennt Tyler die richtige Begrifflichkeit zwar, aber in meinem Beisein spricht er nicht mehr über BHs.

Das Komische ist, dass ich damals viel unbefangener damit umgehen konnte. Wäre Tyler aufmerksamer gewesen, dann hätte er gemerkt, dass ich kaum genug hatte, um den BH zu füllen, nicht so wie heute, wo die Notwendigkeit unbestreitbar ist. Oder vielleicht ist es auch gar nicht komisch. Vielleicht rede ich gerade deswegen so ungern über BHs. Weil Brüste nicht mehr nur eine Vorstellung in meinem Kopf sind. Sondern Realität. Eine Realität, die mir mitten auf der Brust sitzt, genau zwischen mir und meinem kleinen Bruder. Genau in meinem BH.

Ich vergrub den BH im Greer-Stapel und schmiss mich auf Ty. Ich setzte mich auf ihn, drückte seine Arme mit meinen Knien auf den Boden, bis ich ihm eine seiner Unterhosen über den Kopf gezogen hatte. »Seht euch das an! Tyler trägt *UNTERHOSEN*? Dad! Ist das zu fassen? Guck mal, Tys Unterhosen! Oh mein Gott!«

Das Foto war Dads Sperrbildschirm, bis Mom ihm sagte, er müsse etwas Angemesseneres finden. Jetzt ist es ein Foto von Ty und mir im Restaurant, unsere Köpfe lehnen aneinander, aber sonst berühren wir uns gar nicht.

Es klingelt zum Unterricht und Jackson ist nicht aufgetaucht. Ich stapfe ins Klassenzimmer und bin enttäuscht. Alle anderen sind aufgeregt. Wir schreiben heute einen Test.

Carlisle Patone hat seinen Bleistift messerscharf angespitzt und schreibt in winziger Schrift, damit er so viel Information wie möglich auf die Notizblätter bekommt, die wir verwenden dürfen.

»Du machst es nur schlimmer. Da wirst du nichts finden können«, warne ich ihn.

»Du hast leicht reden«, sagt Carlisle und überträgt weiter Unsinn von seinem Heft auf seinen Pfuschzettel. Jemand sollte Carlisle erlösen und ihn wieder in den normalen Mathekurs stecken.

Drei Jungs reichen sich lachend einen Taschenrechner hin und her. Die meisten von uns haben in der fünften Klasse entdeckt, welche Wörter man auf einem Taschenrechner lesen kann, wenn man ihn umdreht. Aber es gibt noch immer ein paar Idioten, die es witzig finden, sich Gleichungen auszudenken, deren Antworten blödsinnige Wörter ergeben, auch auf einem multifunktionellen Taschenrechner, der sowieso eine Tastatur mit Schrift hat.

377304 – HOELLE

7353 – ESEL

5508 – BOSS

38537 – LESBE

Was ich nicht verstehe: Es ist Menschen möglich, einen Schimpansen derart realistisch am Computer zu animieren, dass mein Großvater denkt, die Filmstudios würden tatsächlich Affen dazu abrichten, auf dem Rücken eines Pferdes zu kämpfen. Wieso kann *Texas Instruments* dann keinen grafikfähigen Taschenrechner erfinden, auf dem man nicht »BOOBS« liest, wenn man die Zahlen 58.008 auf den Kopf stellt? Oder korrekterweise »BOO.BS«.

Vielleicht sind die Ingenieure bei *Texas Instruments* pubertierende Jungs. Pubertierende Jungs, die zu schlau für Schulmathe waren, direkt auf eine besondere Mathe-Uni gehen mussten und dann Jobs als Taschenrechnerhersteller bekommen haben.

Aus dem Augenwinkel sehe ich, wie Kyle Tuck auf mich zeigt. Wahrscheinlich hat er gerade eine Gleichung gefunden, die 58.008 ergibt. Boobs, Brüste – vor allem besonders große oder besonders kleine und ganz besonders meine – sind eine unendliche Quelle der Belustigung für Kyle.

Dafür, dass Kyle so schlau ist, ist er ganz schön dumm.

Der Test ist einfach. Bei zwei Aufgaben muss ich auf meinen halb voll geschriebenen Notizzettel zurückgreifen. Ich bin als Zweite fertig, ganze vierzig Minuten vor Carlisle. Ich hole mein Handy aus meiner Tasche und spiele unterm Tisch Zombie-Sudoku (das ist einfach Sudoku, aber anstatt mit Zahlen muss man die Kästchen mit neun Varianten von Untoten füllen.) Natürlich dürfen wir keine Handys im Klassenzimmer haben, aber was soll ich sonst tun?

Ich sehe sofort, dass Jackson mir ein Foto geschickt hat. Ich tue so, als würde ich meine Schnürsenkel binden, damit ich nah genug an mein Handy komme, um es mir anzugucken.

Es ist ein Foto von seiner Stirn und über seinen Augenbrauen ist eine etwa fünf Zentimeter lange rote Linie, die von einer Reihe Fäden zusammengehalten wird. Tyler hat inzwischen so viele Schnittwunden auf seinem ganzen Körper gehabt, dass ich sofort weiß, dass Jackson fachgerecht genäht worden ist. Und ich schicke einen stillen Dank an Relocation Specialist Kathryn Walsh, weil sie »Beste Notaufnahme« in ihre Liste von Empfehlungen aufgenommen hat. Sie hat wahrscheinlich Jacksons wunderschöne Stirn gerettet.

Was ist passiert?

Q-Monster.

Quinlan war das?

Jep.

???

In meinem Kopf dreht sich alles. Zum Teil, weil ich mich frage, was der brummige Brummbärdieb ihm angetan hat, aber hauptsächlich, weil er mir gerade ein Foto geschickt und sich gemeldet hat. Bevor ich richtig antworten kann, schreibt er:

Kommen grade aus der NA.
Erzähl dir alles beim Mittagessen?

Mittagessen? Er weiß schon, dass er gerade nicht an Max Cleave schreibt, oder? Und auch nicht an den Taco-Foodtruck?

»Greer? Sehe ich da ein Handy?«

Die ganze Klasse, die, die schon fertig sind, und die, die noch nicht fertig sind, starrt mich an, als würde ich gerade mit einem blutigen Messer in der Hand über einem Mordopfer stehen.

»Bring es mir, bitte.«

Ich lasse den Kopf hängen, damit niemand meinen Gesichtsausdruck sehen kann, gehe nach vorne und händige Ms Tanner mein Handy aus. Seit Menschengedenken habe ich keinen Ärger in Mathe oder in irgendeinem anderen Kurs gehabt. Alle denken jetzt, ich bin rot im Gesicht, weil ich mich schäme. Sie irren sich.

Ms Tanner legt mein Handy in einen Korb auf ihrem Schreibtisch, der extra dafür gedacht ist.

Aber nicht, bevor ich ein Sandwich- und ein Daumen-hoch-Emoji geschickt habe.

»Was machst du da? Komm schon«, fordert Maggie. Sie hält ein Tablett in der Hand, darauf stehen eine Portion Schul-Mensa-Salat (ein Blatt Salat, vier Babykarotten und ein riesiges Alupäckchen Ranch-Dressing) und ein Trinkjoghurt. Natalie und Tahlia schlendern mit ihrer Auswahl zu uns rüber. Das sind die Leute, mit denen ich seit der achten Klasse mittagesse und mit denen ich wohl immer mittagessen werde, ob es uns gefällt oder nicht. So läuft das eben. Ich halte uns meistens einen kleinen runden Tisch frei, da ich mein Essen von zu Hause mitbringe und als Erste da bin, aber heute stehe ich am Rand der Mensa und halte nach Jackson Ausschau.

»Jackson musste heute Morgen genäht werden und hat gesagt, dass er mir alles beim Mittagessen erzählt.« Ich kann sehen, wie Natalie eine Augenbraue hochzieht und Tahlia anschaut. Und ich kann förmlich hören, wie sie denken: Interessante Entwicklung.

Maggie bleibt ganz locker. Inzwischen hat sie Jackson kennengelernt und scheint mir abzukaufen, dass er mehr oder weniger ein Kunde von mir ist. »Okay, wir holen uns einen Tisch. Bring ihn mit, wenn du ihn gefunden hast.« Sie geht schnurstracks auf den letzten freien runden Tisch zu, die anderen Mädchen im Schlepptau. Sekunden bevor ein Paar aus der Elften ihn erreicht, knallt sie ihr Tablett auf den Tisch.

So habe ich mir das nicht vorgestellt: Mittagessen mit Jackson *und* Maggie *und* Natalie *und* Tahlia. Eigentlich habe ich gehofft, dass wir beide an einem schmiedeeisernen Cafétisch in einer sonnengesprenkelten Grotte in Italien sitzen. Aber es gibt nur die mayonnaisegesprenkelte Schulmensa der Kennedy Highschool und die ist viel zu voll, um einen Tisch für nur zwei Personen zu beanspruchen.

Ich sehe ihn auf der anderen Seite des Raums. Ein viereckiger Verband klebt auf seiner Stirn, was die Aufmerksamkeit der anderen auf sich zieht. Maggies Bruder und seine Jungs halten ihn auf und ich kann von Jacksons Lippen ablesen: »Acht Stiche.« Alle lachen und Max legt seine Hand auf Jacksons Schulter, als hätte er eine große Leistung vollbracht, weil er sich den Schädel aufgeschlagen hat. Einen Moment lang glaube ich, er wird mit ihnen verschwinden, aber dann sehe ich, wie er in meine Richtung zeigt und sich durch die Menge zu mir schlängelt.

»Hi«, sagt er mit einem fast schon zu strahlenden Lächeln angesichts der Tatsache, dass sein Kopf gerade zugenäht wurde.

»Und wir bekommen sie nicht mal zu sehen?«

»Sie haben gesagt, sie soll bedeckt sein. Außerdem sieht es ganz schön eklig aus.«

»Du solltest allen sagen, du hättest ein neues Tattoo.«

»Auf meiner Stirn?«

»Es ist *dein* Tattoo.«

»Greer!«, ruft Maggie. Wir sehen zu ihr hin und sie klopft auf einen der zwei freien Stühle an ihrem Tisch.

»Maggie hat uns Plätze frei gehalten.«

»Cool«, sagt er ganz gefasst und geht voran, auf den Kreis der Mädchen zu. Wie sich herausstellt, hat er Chemie mit Tahlia und Englisch und Mathe mit Natalie, also kennen sich alle.

Jackson isst nichts. Er sagt, dass er »so was wie zwölftausend Milligramm Paracetamol« bekommen habe und sich bestimmt übergeben müsse, wenn er was zu sich nimmt.

»Paracetamol? Gibt es da nicht was Stärkeres, wenn man sich den Kopf aufschlägt?« Ich habe mal ein Video gesehen, in dem ein Mädchen von ihrer Brustoperation gesprochen hat. Sie meinte, die Schmerzmittel hätten ihr das Gefühl gegeben, sich durch eine Wolke geschmackloser Zuckerwatte zu essen, aber wenigstens hätte ihre Brust nicht mehr ganz so wehgetan. Bevor ich so weit bin, erfinden sie hoffentlich ein Mittel, das alle Schmerzen verschwinden lässt und außerdem bitte wie normale Zuckerwatte schmeckt.

Jackson langt über den Tisch und greift in meine Tüte Reiscracker. »Solange dein Auge nicht mit einem Grapefruitlöffel ausgestochen wurde oder so, geben sie dir nichts, was du verkaufen könntest.«

»Das war jetzt erschreckend anschaulich«, sage ich und nehme mir einen Reiscracker. Jackson pflückt ihn mir gleich aus den Fingern und grinst mich an.

Natalie sagt: »Genau das ist meinem Cousin passiert!«

Schockiert wenden wir uns ihr zu. »Das Auge deines Cousins wurde mit einem Grapefruitlöffel ausgestochen?«, fragt Maggie.

»Nein, seine Weisheitszähne wurden gezogen und er hat alle Tabletten, die sie ihm gegeben haben, verkauft.«

Maggie verdreht die Augen.

»Wurde er erwischt?«, fragt Tahlia.

»Nein, aber er hatte echt ziemliche Schmerzen und konnte dann nichts anderes nehmen als, äh, also, Paracetamol.«

Alle schauen wieder zu Jackson. »So schlimm ist es nicht. Und sie haben mir eine richtig heftige Antibiotikasalbe gegeben.« Er zieht ein weißes Röhrchen mit dem Aufdruck einer Apotheke aus seiner Tasche und hält es hoch. »Das hier hat Krankenhaus-Güte. Das ist nicht die übliche lahmarschige Drogeriesalbe. Meine Salbe tötet Ebola!« Natalie lacht locker, ihr leidender Cousin ist vergessen und Tahlia kichert, um mitzuhalten. Ich spüre einen leichten Stich im Bauch, weil ich sehen kann, wie sehr er sie in seinen Bann zieht und wie gut ihm das gelingt. Ich wusste ja, dass es nicht nur mir so geht, aber ich wollte trotzdem nicht, dass es ihnen auch so geht.

Jackson senkt die Stimme: »Aber mal im Ernst, glaubt ihr, ich kann das verkaufen? Es ist reines Zeug, unvermischt ...« Er dreht das Röllchen in seinen Fingern. »Eigentlich habe ich keine Ahnung, was da drin ist. Uran? Vibranium?« Er schaut völlig verwirrt drein und da lacht sogar Maggie. Ich kann sehen, dass ihr Lachen echt ist, weil ihr Joghurt vom Kinn tropft. »Greer, würdest du das mit in dein privates Labor nehmen und die chemischen Bestandteile für mich analysieren?«

Ich werfe ein Stück Cracker nach ihm, das er mit dem Mund aufzufangen versucht, was ihm aber nicht gelingt. Er zieht eine Grimasse, als wäre es meine Schuld, dass er nicht fangen kann, und der Stich in meinem Bauch verwandelt sich in ein warmes Gefühl, als hätte ein kleiner Schmetterling gerade auf meine Leber gepinkelt.

»Aber was ist denn eigentlich passiert?«, entfährt es Natalie. Wenn aus dem Röhrchen mit Antibiotikasalbe jetzt angereichertes Plutonium austreten und mich und Maggie in radioaktiven Pudding verwandeln würde, Natalie und Tahlia würden es nicht einmal merken. Tahlia hält buchstäblich die Luft an, bis Jackson wieder anfängt zu sprechen.

»Er hat sich ›Ich bin der Neue‹ auf die Stirn tätowieren lassen.«

Jackson tut so, als würde er die Augen verdrehen, aber unterm Tisch stößt er mich mit dem Knie an.

»Meine Schwester hat mich geschlagen.« Inzwischen zieht er sich einen Reiscracker nach dem anderen rein. »Vielleicht habe ich doch Hunger.«

Ich schiebe ihm die Tüte hin. »Hast du es verdient?«

Jackson lächelt mich an. »Sie findet schon. Ich wollte vor der Schule meinen Aufsatz über ›Das Herz der Finsternis‹ fertig schreiben ...«

»Ich habe noch nicht mal angefangen!«, quietscht Natalie. Jackson hält inne, um sich mitfühlend zu schütteln, und sie wird sofort wieder in seinen Bann gezogen.

»Und Quin kommt mit Doktor Bibber an, ihr wisst schon, dieses Spiel? Es hat bei ihr gar keinen Sinn, Nein zu sagen, weil sie einfach nie lockerlässt. Greer hat sie kennengelernt. Sie weiß Bescheid.« Die Mädchen werfen mir etwas neugierige und neidische Blicke zu. Der kneifende/pinkelnde Schmetterling flattert auf und streckt ihnen die Zunge raus. »Also spielen wir. Sie fängt an, das Ding summt sofort und ihr Zug ist beendet. Ich entferne mein Teil und dann ist sie wieder dran.«

»Ich schaffe es immer nur, diesen kleinen Korb aus dem Bauch zu holen«, teilt uns Tahlia mit.

»Ich schaffe noch nicht mal das!«, sagt Natalie.

Wäre Jackson ein süßes Mädchen, das diese Geschichte erzählt, und Natalie und Tahlia wären Jungs, dann würden sie damit angeben, wie gut sie das Spiel können (oder Fußball oder Call of Duty oder Parkour-Spiele oder was auch immer noch), anstatt zu sagen, wie schlecht sie darin sind. Maggie verdreht die Augen. Sie denkt genau das Gleiche wie ich.

»Das ist kein Korb, das ist ein Eimer«, sagt sie genervt.

»Bei Quin summt es jedenfalls wieder, aber ich lass es sie noch mal versuchen. Und noch mal. Und noch mal. Sie hat es überhaupt nicht hinbekommen. Ich glaube, sie findet es toll, wenn die Nase des Patienten aufleuchtet, sobald sie mit der Pinzette den Rand berührt. Ich will ja meinen Aufsatz fertig kriegen, also lasse ich sie es immer wieder versuchen. Aber dann wird sie wütend auf mich, sagt, ich würde gar nicht richtig mit ihr spielen. ›Du musst zugucken, Jackson! Du musst zugucken, wenn ich dran bin!‹«

Tahlia lehnt sich so weit nach vorne, dass ich ihr in den Ausschnitt gucken kann. Sie trägt ein weißes Henley-Shirt mit kleinen schwarzen Knöpfen, nichts Besonderes, aber man kann den Rand ihres spitzenbesetzten lavendelfarbenen BHs sehen. Ihre Brüste sind eingekuschelt, wie Zwillinge bei einer *Dessous Du!* – Pyjamaparty. Süß. Kess. Sollte jemand je einen Blick in meinen

Ausschnitt erhaschen, würden er einen weißen Oma-BH sehen. Ganz schlicht, abgesehen von einer Satinschleife in der Mitte. Und die ist so winzig, dass eine Maus sie um ein Geburtstagsgeschenk binden könnte. Sie hat den gleichen Effekt wie ein Löwenzahn vor einem Atomkraftwerk, der den Anblick weniger industriell und schöner machen soll. Ich verschränke die Arme vor der Brust und lehne mich zurück.

»Schließlich bekommt sie das letzte Teil raus – es summt sogar nur einmal ...«

»War es der Korb?«, fragt Tahlia.

»Der Eimer«, korrigiert Maggie.

»Das Herz.« Ich bin mir nicht sicher, ob er eine Show abzieht und alle am Tisch sitzenden Mädchen die Zuschauer sind oder ob er eine Show abzieht und wir einfach sein Werkzeug sind, aber auf jeden Fall zieht er eine Show ab. Natürlich war es das Herz. »Und dann sagt sie: ›Ich habe gewonnen. Jetzt darf ich mir einen Gewinn aussuchen.‹ Und dann sehe ich, dass sie sich schon« – er macht eine winzige Pause, die niemandem sonst auffällt – »etwas aus meinem Zimmer genommen hat. Ich nehme es wieder an mich und fünf Minuten später kommt sie und haut mir mit dem Dosenöffner ins Gesicht.«

»Oh mein Gott. Sie klingt genau wie meine kleine Cousine. So eine Nervensäge«, kommentiert Natalie. Die hört ja heute gar nicht mehr auf mit ihren Cousins. Aber Maggie sieht so aus, als würde sie gerade angestrengt über etwas nachdenken, und ich glaube, ich weiß auch, worüber. »Einmal an Weihnachten ... nee, wartet mal, es war Ostern ...«, erzählt Natalie weiter.

Maggie unterbricht sie: »Jackson, das ist ja richtig schlimm.«

»Ja, ich weiß«, sagt er.

»Nein, wirklich. Es klingt so, als wäre sie ...« Und ich sehe es kommen und schicke ein stilles Gebet an Maggie: *Sag jetzt nicht, Jacksons Schwester ist voll psycho.* Letzten Sommer haben wir uns hintereinander alle drei Staffeln einer Serie über einen Wahnsinnigen reingezogen und seitdem hält Maggie nach Psychopathen Ausschau. *Bei allem, was gut und rein und heilig ist auf dieser Welt, sag jetzt bitte nicht, Jacksons Schwester ist …* »wütend. Sehr, sehr wütend.«

Wenigstens hat sie nicht ›voll psycho‹ gesagt.

»Kann sein.« Jackson rutscht auf seinem Stuhl rum, lässt für einen Augenblick mein Mittagessen in Ruhe und schaut nach unten. Mir fallen die anderen Dinge ein, die ich über Quin weiß, und dass sie an dem Tag, als ich Jackson und seine Mom kennengelernt habe, nicht aus dem Auto aussteigen wollte, weil sie wütend war, dass sie schon wieder umziehen mussten. Maggie hat vielleicht recht. Obwohl ich finde, dass Quin das nicht an Jacksons Stirn auslassen sollte, versteht ein Teil von mir, warum sie wütend ist. Auf alle wütend ist.

Ich glaube, so denkt auch Jackson, und ich glaube, deswegen ist er nicht besonders wütend auf sie. Wenn Tyler mich je so schlagen würde, sogar aus Versehen, würde ich verlangen, dass meine Eltern ihn zum Tierarzt bringen und einschläfern lassen. Aber Jackson starrt nur auf das Röhrchen mit Nitroglyzerin, oder was immer da drin ist, und schürzt die Lippen, während alle darauf warten, dass er den Moment wieder auflockert. Los, lass deinen Charme spielen, Jackson! Das ist es, was wir von dir wollen!

»Hast du je daran gedacht«, sage ich schließlich und wende den Blick nicht von ihm ab, »dass sie eine Werwölfin sein könnte?«

Er schaut auf und lächelt nur mit den Augen. Dankbar. »Habe ich nicht. Aber jetzt, wo du es sagst, ergibt das einen Sinn. Die gewalttätigen Ausbrüche, das Geheule, das ständige Haarekämmen …«

»Der rabiate Umgang mit Brettspielen«, ergänze ich. »Im Ordner meiner Mom gibt es bestimmt eine Selbsthilfegruppe dafür.«

»Meinst du, wir sollten das Gluten weglassen?«

»Ich weiß es nicht. Funktioniert das bei dir, Maggie?«

Maggie bewirft mich mit einer Babykarotte.

»Worüber redet ihr eigentlich?«, zwitschert Natalie, die dem Gespräch offenbar nicht gefolgt ist und, viel wichtiger, nicht weiß, an welcher Stelle sie oder ihre Cousins reinpassen.

Rate mal, Natalie? Nirgendwo, sagt mein übermütiger kleiner Schmetterling.

Es klingelt, was bedeutet, dass wir noch vier Minuten bis zur nächsten Stunde haben. Tahlia zieht Natalie vom Stuhl. »Los, komm. Deinetwegen bin ich immer zu spät.«

Maggie bringt ihr Tablett weg.

»Danke, dass du dich endlich zu mir gesetzt hast, Greer«, sagt Jackson.

»Tja, du tust mir so leid mit deiner Kopfverletzung und deiner Werwolf-Schwester. Und weil du neu und ohne Freunde und aus Cleveland bist und all das.« Jackson schiebt mir die leere Crackertüte zu. Klassischer Ältere-Geschwister-Trick: Schieb den Müll den anderen zu. Ich werfe meine Hände hoch, um zu zeigen, dass ich da nicht mitmache.

Er geht Richtung Treppenhaus, aber nicht, ohne sich vorher umzudrehen und zu sagen: »Morgen werde ich wohl an der Theke sitzen und Gedichte voller Wehmut über diese gemeinsame Mittagspause mit dir schreiben.« Ich werde tomatenrot und der kleine Schmetterling macht sich wieder in die Hose.

Maggie taucht neben mir auf und schaut zwischen mir und dem entschwindenden Jackson hin und her. Sie grinst, sagt aber nichts. Nur: »Er ist cool. Aber seine Schwester klingt voll psycho.«

»Hmmmm-hmmm.«

Das Auswahlverfahren für die Volleyballmannschaft fängt an und der neue BH ist noch nicht angekommen. Daher werde ich wohl erst mal mit der Sport-BH-über-normalem-BH-unter-riesigem-T-Shirt-Strategie spielen müssen. Maggie ist ganz aufgeregt darüber, dass ich versuchen will, ins Team zu kommen. Sie sagt, sie hätte schon immer gedacht, Mannschaftssport würde gut zu mir passen, weil ich Anweisungen befolge und mir Regeln merke. Ich male mit blauem Stift einen finster guckenden Kackhaufen auf ihren Arm. Und dann ergänzt sie noch, dass ich ja auch sehr stark sei. Da Maggie nichts Schwereres tragen kann als eine 500-ml-Kombucha-Flasche, wirke ich in ihren Augen wie eine Gewichtheberin. Ich glaube, sie hat auch ein schlechtes Gewissen, weil sie jeden Tag nach der Schule zur Theaterprobe geht und ich allein nach Hause, um halb nackt in meinem Zimmer rumzuliegen. (Sie weiß nicht, dass ich das mache, aber das Alleinsein kann sie sich denken, und ihr gefällt die Vorstellung, dass ich bald auch etwas zu tun haben könnte.)

Das Auswahlverfahren dauert die ganze Woche. Jessa hat mir erklärt, dass jeden Tag nach der Schule Training ist und Ms Reinhold und die Mannschaftskapitäninnen die Leute dabei ständig bewerten. Vor zwei Jahren hätte eine Anfängerin wie ich keine Chance gehabt, aber da Volleyball und Basketball jetzt gleichzeitig Saison haben, sind einige gute Spielerinnen gewechselt, sagt Jessa.

Bevor wir überhaupt in die Nähe eines Volleyballs dürfen, müssen wir ohne Ende Aufwärmübungen machen: Liegestütze, Liegestützsprünge, Kniebeugen. Keine davon ist leicht und alle davon lassen meinen Super-Busen herumschwingen, als wäre er ein unfallgefährdeter Trapezkünstler. Ständig muss ich beide BHs wieder zurechtrücken, ein Träger verdreht sich und fängt an zu scheuern.

Die schlimmste Übung ist eine, die die Mädchen, die letztes Jahr schon dabei waren, »zur Hölle und zurück sprinten« nennen. Man muss bis zum Ende der Sporthalle laufen, sich runterbeugen und die Linie berühren, zurückrennen, die Linie berühren, dann drei Viertel der Strecke rennen, die Linie berühren, zurückrennen und die Strecke so immer weiter verkürzen, bis es nur noch ein paar Meter sind – und dann muss man wieder anfangen, die Strecke zu verlängern, bis man wieder den ganzen Weg zurücklegt. Es ist furchtbar.

Wenn das hier normaler Sportunterricht wäre, würden sich vielleicht ein paar Leute ein Wettrennen liefern, aber die meisten würden neben einer Freundin vor sich hertraben und sich gar nicht die Mühe machen, die Linie zu berühren. Diese Mädchen hier allerdings a) wissen, dass sie sowohl im Hinblick auf ihr Können als auch auf ihre Einstellung bewertet werden; b) unterliegen einem harten Konkurrenzkampf und c) sind möglicherweise eine Schläferzelle, die in Themiskyra, der Hauptstadt der Amazonen, ausgebildet wird, um das Patriarchat allein mit brachialer Gewalt und Stirnbändern zu besiegen.

Man kann sich dem nicht entziehen. Ich schaue zu, wie die erste Gruppe lossprintet, und als ich dran bin, bin ich mittendrin, mit pochendem Herzen und quietschenden Schuhen renne ich auf die Linie zu, als wäre ich Katniss Everdeen und Prims Leben würde davon abhängen. Ich renne die Sporthalle runter, mache kurz vor der Linie einen tiefen Ausfallschritt, klatsche meine Hand auf den Boden und schieße zurück. Für die Knie ist es höllisch und ein Mädchen, das sich die Schuhe nicht richtig zugebunden hat, rutscht beim zweiten Halt plötzlich weg. Je länger die Übung dauert, desto mehr teilt sich die Gruppe. Ich bin hinter ein paar Mädchen, aber vor dem großen Mittelfeld. Donna und Doria sind gar nicht glücklich, doppelt eingepfercht in ihrem Alltags- und Sport-BH. Sie sind heiß und wund und die Stelle, wo der Träger scheuert, tut wahnsinnig weh. Es fühlt sich an, als würde ein Stück Baumrinde gegen eine Blase reiben. Mit einer Hand ziehe ich den Träger von meiner Haut weg und benutze gleichzeitig den Oberarm, um das Gehüpfe zu vermindern.

Als ich kehrtmache, um meinen letzten Lauf in voller Länge zu beginnen, bin ich direkt hinter Jessa. Sie gibt wirklich alles und ich versuche dranzubleiben. Dann sind wir fertig und sacken gegen die Wand, während die dritte Gruppe startet.

»Was ist mit deinem Arm?«, keucht sie zwischen zwei Schluck Wasser aus ihrer Flasche.

»Der Träger von meinem BH nervt.«

Sie nickt, als wüsste sie, wovon ich spreche. Jessa hat nicht gerade kleine Brüste, aber sie sehen aus, als wären sie so muskulös wie ihr restlicher Körper. »Du kannst was von meinem Glide haben.«

Ich gucke sie verständnislos an.

»Das ist so ein Gel, das man benutzt, wenn irgendwas unangenehm reibt.« Ich starre sie noch immer verständnislos an. »Viele Leute nutzen es bei neuen Schuhen. Ich zum Beispiel für meine Oberschenkel. Die reiben aneinander, wenn ich laufe.«

»Danke.« Ich nicke und Jessa steht auf, um sich eine Spielerin wegen ihrer schlechten Sprints zur Hölle und zurück vorzuknöpfen.

Und mal ganz eben so hatte ich mit Jessa Timms gerade das intimste Gespräch, das ich je über meinen Körper geführt habe.

»Melinda Oates hält mich für einen rettenden Engel«, sagt Mom und schwenkt ihr Weinglas. Sie trinkt nie mehr als ein paar Schlucke. Meistens redet sie zu viel.

»Wer ist Melissa Oates?«, will Dad wissen und gleichzeitig frage ich: »Warum bist du ein rettender Engel?«

»Melinda, nicht Melissa. Melinda ist eine Kundin von mir und ich bin ihr rettender Engel, weil sie in fünfzehn Jahren sieben Mal umgezogen ist und dabei wohl noch nie so viel Unterstützung erfahren hat wie jetzt durch mich.«

Dad nimmt sich mit der Gabel eine Stange Spargel von Moms Teller. »Das ist ja großartig, Kits.« So nennt er sie und niemand anderes darf diesen Namen benutzen. »Ich hoffe, sie findet das nächste Mal jemanden, der nur halb so gut ist wie du.« Mom strahlt.

»Warum sollte es ein nächstes Mal geben?«, frage ich. Ich ärgere mich über mich selbst, weil ich ein bisschen in Panik gerate.

»Jemand, der in fünfzehn Jahren sieben Mal umgezogen ist«, sagt Dad, »wird es wohl kaum lange in einer Vorstadt in Illinois aushalten.« Er betont »Illinois« ein bisschen so, dass ich mich frage, ob er selbst auch lieber an einem interessanteren Ort wäre.

Es ist mir gar nicht in den Sinn gekommen, dass die Kennedy möglicherweise nicht die letzte Schule sein könnte, an der Jackson der Neue ist. Ich bin irgendwie davon ausgegangen, dass sie bestimmt bis zu seinem Abschluss bleiben würden, jetzt, wo sie schon einmal hier sind. Aber vielleicht hat irgendein naives Mädchen in Cleveland das auch gedacht.

Mom beunruhigt dieser Gedanke nicht, denn für sie sind die Oates Kunden. Die Firmen bezahlen sie dafür, den Leuten beim Einzug zu helfen, nicht beim Auszug. Ob sie bleiben oder nicht, ist also irrelevant. Genau genommen braucht meine Mom solche Familien sogar, Familien, die ständig entwurzelt werden und dafür sorgen, dass sie immer Aufträge hat.

Die Vorstellung, dass Jackson nicht lange genug hier sein könnte, um sich in mich zu verlieben, stimmt mich nachdenklich. Ich habe keine Erfahrung damit, aber ich habe den Verdacht, dass es lange dauert, sich in mich zu verlieben. Andererseits verliebt er sich vielleicht auch nicht in eine andere, wenn er so schnell wieder umzieht, es gibt also einen Silberstreifen am Horizont.

»Wie läuft es denn mit dem Volleyball, Greer?«

Ich zucke mit den Achseln. »Acht, neun Mädchen sind unglaublich gut, olympiamäßig gut. Und dann gibt es einige aus der Neunten, die noch nie was anderes gespielt haben als PlayStation. Alle anderen sind irgendwo in der Mitte.«

»Und in welchem Teil der Mitte bist du? Im oberen?«

»Ich bin ganz gut«, sage ich. Was ich nicht sage, ist, dass Coach Reinhold mich angebrüllt hat, weil ich einen ganz einfachen Wurf verpasst habe, während ich den Träger an meinem BH richten musste. Oder dass ich schlecht blocke, weil ich immer mein riesiges T-Shirt festhalte, während ich hochspringe. Ein Superstar auf dem Feld bin ich nicht gerade.

Aber jetzt, da ich das ganze Training mitgemacht habe, will ich auch spielen. Auch wenn meine Brüste am Ende jeder Trainingsstunde so wehtun, als wären sie zwischen eine Aufzugtür gequetscht worden. Und meine Schultern von dem Gewicht brennen. Und ich jetzt unter beiden Armen, da, wo der BH gerieben hat, auch noch rote Stellen habe, wie bei einem Ausschlag.

Und dann ist da noch das Trikot.

Eigentlich wäre es viel besser, wenn ich nicht in die Mannschaft komme. Dann könnte ich mich auf die Sachen konzentrieren, bei denen ich mich wohlfühle: den allgemeinen Notendurchschnitt zum Missfallen meiner Mitschüler in die Höhe zu treiben; Maggie davon abzuhalten, eine Revolution zu starten; mich über Tyler lustig zu machen. Und heimlich vom Sohn der Kundin meiner Mutter zu schwärmen.

»Du warst bestimmt besser als ganz gut.« Dad tätschelt meine Schulter und aus Gewohnheit rücke ich ein Stück weg. »Wo ist denn dein Selbstvertrauen?«

In Mathe, glaube ich.

»Können wir mir nachher noch ein Paar Schuhe besorgen?« Tyler fragt das mit dem Mund voller Brot und es klingt wie: »Gönnwürnucheenpoagschbsorgen?«

»Du brauchst schon wieder Schuhe?« Mom legt die Hälfte ihres Hähnchens auf seinen Teller. Er hat keine riesigen Brüste, die dafür sorgen, dass er »füllig« aussieht, deswegen glaubt Mom, er ist zu dünn.

»Ja«, sagt er zwischen zwei Bissen.

»Muss das noch heute sein?«

»Ja.« Er schluckt und erklärt: »Meine Sportlehrerin hat gesagt, ich soll ihr mit diesen Schuhen nicht noch einmal unter die Augen treten.«

»Was soll das heißen?«

»Weiß nich«, sagt er, aber ohne die Wörter wirklich auszusprechen, mehr als würde er nur die Melodie von »weiß nich« singen.

Mom geht in den Flur, um sich die Schuhsituation anzuschauen. Eine Sekunde später ertönt ein Schrei, als hätte sie eine Leiche entdeckt. »Oh mein … Oh mein Gott.« Schlimmer. Als hätte ein Kunde eine Leiche entdeckt und in Moms Ordner keine Müllcontainer gefunden, in denen man Leichen loswerden kann. Dad eilt ihr zur Hilfe: »Oh, Schei…benkleister …«

Ty und ich bleiben am Tisch sitzen. »So schlimm?«, frage ich ihn.

»Ich denke schon.«

»Sind sie nass geworden oder so?«

»Ich bin vor ein paar Tagen damit im Bach gelandet, aber ich hab sie danach in eine Plastiktüte getan, damit alles andere in meinem Spind trocken bleibt.« Er klingt ganz stolz, weil er so gut auf seine Schuhe achtgegeben hat.

»Tyler, nasse Sachen muss man aus der Plastiktüte *rausnehmen*, damit sie trocknen können. Ansonsten fängt da irgendein Zeug an zu wachsen.«

Wir hören, wie meine Mutter aufschreit: »*WIE* kann das überhaupt *SEIN*?«, und mein Dad ruft: »Raus mit den Dingern!«

»Was für Zeug?«

»Bakterien? Schimmel?«

»Das ist ja widerlich«, sagt Tyler, als wäre ich widerlich.

Die Haustür öffnet und schließt sich und meine Eltern gehen durchs Esszimmer in die Küche, um sich die Hände abzukochen.

»Ich bekomme den Gestank nicht aus der Nase«, sagt mein Dad und schnäuzt sich wieder und wieder die Nase mit der Serviette.

»Tyler, diese Schuhe haben hundertzwanzig Dollar gekostet.«

»Ist das viel?«

»Wenn sie weniger als einen Monat halten, dann ja«, sagt Mom, völlig entnervt. »Los geht's. Master's schließt in einer Stunde. Oh mein Gott. Jetzt kann ich es auch hier drin riechen. Hast du diese Socken mit den Schuhen angehabt? Schmeiß die sofort weg.« Ausnahmsweise leert sie ihr Weinglas in einem Zug. »*IN DEN MÜLL-EIMER, TYLER, NICHT AUF DEN ESSTISCH.* Oh, Greer, das Paket, das du bestellt hast, ist angekommen.« Sie wirft mir einen gepolsterten Umschlag zu.

»Was hat Greer bestellt?«, plärrt Tyler, während er Mom hinterherschlurft.

Der Stabilisator ist da.

So ziehe ich gewöhnlich einen BH an: Ich lege ihn um meine Taille wie einen Gürtel. Hake jeden der vier Haken ein. Drehe ihn nach vorne. Stecke meine Arme durch die Träger. Hebe die Vorderseite an und rüber. Stecke alles rein. Ihn erst richtig herum anzuziehen und die Haken dann am Rücken zu schließen, bekomme ich nicht hin, weil das Ganze zu eng ist. So gelenkig bin ich nicht.

Der untere Rand meines BHs steht immer einen guten Zentimeter von meinem Körper ab, weil die Körbchen nicht wirklich groß genug sind. Meine Brüste quellen an allen Seiten heraus, wie aus einer überfüllten Kuchenform. Und ich habe keinen kleinen sexy Ausschnitt, wie man das von Models aus der BH-Werbung kennt. Stattdessen habe ich einen Ausschnitt, der aussieht wie ein Po-Ritze, die mir bis zum Hals geht.

Ich sehe auf den ersten Blick, dass der Stabilisator ganz anders ist als mein alter Sport-BH. Es gibt eine ganze Reihe von Haken und die Träger sind irgendwie geflochten. Wenn man an einer Stelle zieht, zieht sich alles andere auch zusammen. Eine Konstruktion aus Hebeln, Flaschenzügen, dehnbaren Riemen – als hätten der Künstler M. C. Escher und der Cartoonist Rube Goldberg zusammen einen BH entworfen.

Zum Glück ist eine Anleitung dabei. Ja. Eine Anleitung. Für einen BH. Leider ist sie nicht so leicht zu verstehen. Eine Seite ist voller Abbildungen von Frauen, die Breite, Höhe und Tiefe einstellen, und ganz unten der Link zu einem YouTube-Video »Die verschiedenen Arten, den Stabilisator zu tragen«. Aber erst mal muss ich in das Ding überhaupt reinkommen, und wie das geht, ist nicht so ersichtlich, wie man meinen könnte. Ich lege ihn um meine Taille und stecke einen Arm durch ein Loch, aber es gibt kein weiteres für meinen anderen Arm, also kann das nicht stimmen. Ich drehe ihn um, vielleicht war er verkehrt rum. Jetzt sind alle Haken innen. Ich starre die Abbildung an und versuche, das Durcheinander der verschiedenen Riemen dem Gewirr von Elasthan in meinen Händen zuzuordnen.

Ich schlinge, binde, hake, versuche jede Variante, bis ich ihn schließlich anhabe – mehr oder weniger. Anstatt hinten sind die Haken an der Seite, und wenn man die Träger einstellt, die über die Schultern gehen, dann passen sich auch die Körbchen an. Angezogen sieht er in etwa aus wie ein BH, aber wie ein sehr komplizierter. Als hätten die Ingenieure bei der NASA einen BH erfunden. Es wäre sehr viel einfacher, das Ding anzuziehen, wenn jemand anderes dabei helfen würde, aber der Einzige, der außer mir zu Hause ist, ist Dad. Und mein neuer Sport-BH ist nicht das Richtige für einen schönen Vater-Tochter-Moment.

Sobald ich ihn an- und eingestellt habe, fühlt er sich ziemlich gut an. Er sitzt eng, ja, aber nicht so eng, dass ich keine Luft bekomme. Wenn ich meinen zu kleinen Sport-BH über meinem zu kleinen normalen BH trage, habe ich meist das Gefühl, im Würgegriff einer Königsboa zu stecken. Das hier ist mehr wie eine herzliche Umarmung.

Ich mache einen kleinen Hopser. Fühlt sich okay an. Dann hüpfe ich richtig. Ich weiß nicht so recht, also springe ich ein paar Mal hoch und runter. Sie wackeln nicht! Es ist nicht so, als würden sie sich gar nicht bewegen, ich bin schließlich nicht aus Stein. Aber sie bewegen sich mit mir, wie meine Arme, wie meine Nase. Als wären sie Teil meines Körpers und nicht wie ein Rucksack oder ein paar Säcke Kartoffeln, die ich mir über die Schultern geworfen habe.

Ich hebe die Arme. Der Stoff dehnt sich, rutscht aber nicht hoch. Ich winke mit beiden Armen, als wollte ich ein Rettungsflugzeug auf mich aufmerksam machen, aber alles bleibt dort, wo es bleiben soll. Auch als ich die Arme fallen lasse, ist alles noch da, wo es sein soll. Und nichts reibt aneinander. Der Stoff ist weich.

Außerdem hatten die Frauen auf der Website recht: Es sind eindeutig zwei Brüste und nicht ein Monster-Busen. Was für eine Erleichterung, denn ich habe das Gel von Jessa schon benutzen müssen und Donna und Doria waren trotzdem rot und wund.

»Greer?«, ruft mein Dad von unten. »Hast du Lust, mit mir die *The Great British Bake Off* zu sehen?«

»Ich bin gleich unten!« Ein Teil von mir würde ihm das Ding gerne zeigen, denn er liebt technische Spielereien, aber die anderen 99 Prozent werden diese Meisterleistung der Ingenieurskunst schön für sich behalten.

Ich versuche etwas, das ich seit Jahren nicht gemacht habe: Ich schlage zwischen meinem Bett und meinem Schrank ein Rad. Ich haue mir dabei das Bein am Nachttisch an. Es fühlt sich an, als hätte ich mir das Schienbein zweigeteilt, aber so weh es tut, meine Brüste fühlen sich großartig an. Ich muss noch nicht einmal den BH zurechtrücken.

Als ich den Badezimmerspiegel sehe, sehe ich aus, als wäre ich durch einen Gartenstuhl gefallen und hätte mich darin verheddert. Oder als wäre ich eine sportliche Mumie. Aber es fühlt sich eher so an, als würde ich ein Sicherheitsnetz tragen. Und wenn man ein Tau einhakte, könnte ich vielleicht sogar fliegen.

Kate Wood und Jessa warten vor dem Mathekursraum auf mich. Es ist der letzte Tag des Auswahlverfahrens. Am Montag wird Trainerin Reinhold die Spielerliste bekannt geben. Kate hat von ihrer Schwester, eine der Kapitäninnen der A-Mannschaft, verschiedene Gerüchte gehört.

»Emma meint, dass alle Zwölftklässler automatisch in die A-Mannschaft kommen, also auch Eva Frank und Arianna Wie-heißtsienoch, obwohl sie grottenschlecht sind. Nicht dass ich gemein sein will oder so.«

»Was soll's.« Ich zucke mit den Schultern. »Ich hatte sowieso keine Chance auf die A-Mannschaft.«

Aber Kate hört mir gar nicht zu und fängt an, über mögliche Spielerlisten zu spekulieren. Das Ganze ist komplizierter als unser Wahlsystem.

Jemand stößt mir vor hinten ans Knie, sodass ich einknicke, aber nicht umfalle. Jackson sagt nichts, sondern winkt nur im Vorbeigehen, weil er das Volleyball-Gipfeltreffen nicht unterbrechen will. Das rothaarige Mädchen, das ihn immer vorzeitig ins Klassenzimmer schleift, um Verben zu konjugieren, ist bestimmt froh darüber. Ich schaue ihm hinterher, als wäre er ein Geburtstagsballon, der in den Wolken verschwindet. Kate hört gar nicht mehr auf.

»Und Nasrah Abdullahi schafft es bestimmt, weil sie so groß ist.«

Nasrah ist in der Neunten und hat vorher auch noch nie gespielt, aber sie ist fast 1,80 Meter groß und eine ganz tolle Sportlerin. Jessa sagt, dass Ms Reinhold praktisch gesabbert hat, als Nasrah beim Training aufgetaucht ist.

Jessa und Kate gehen alle weiteren Mädchen durch, die bei den Auswahltrainings mitgemacht haben, und versuchen festzumachen, wer wirklich unsere Konkurrentinnen sind. Oder vielmehr, wer meine Konkurrentinnen sind, weil Jessa unglaublich gut ist, die Beste aus ihrer Altersgruppe, und Kate seit ihrem zehnten Lebensjahr bei Sportwettbewerben mitmacht.

Am anderen Ende des Flurs steht Jackson mit der Rothaarigen vor seinem Kursraum. Sie lehnt sich an ihn und lacht, als würde er einen wahnsinnig komischen Witz erzählen. Ob er ihn in richtigem Deutsch erzählt oder in dem lustigen Kauderwelsch, das er bei mir benutzt?

»Emma hat noch was gesagt. Über dich.« Jessa holt mich in die Realität zurück.

»Was denn?«

»Sie hat gesagt, dass sie sich über all die neuen Mädchen unterhalten haben, und was dich angeht, glauben sie, du könntest gut sein, aber du scheinst dich nicht wohlzufühlen. Als wärst du abgelenkt«, erklärt Kate.

»Ich bin nicht abgelenkt.« Natürlich bin ich abgelenkt. Ich muss mit zwei extra Volleybällen jonglieren. »Vielleicht bin ich ein bisschen nervös.«

Kate zuckt mit den Schultern. »Ich erzähle dir nur, was Emma gesagt hat. Und ich weiß, dass Coach Reinhold auch die Einstellung ganz wichtig ist.«

»Wie, Einstellung? Was ist mit meiner Einstellung? Meine Einstellung ist super!« Ich bin mir sicher, dass das nicht super klingt.

»Vielleicht nicht die Einstellung. Eher die Konzentration«, stellt Jessa richtig. Mir fällt ein, dass es eigentlich Jessa war, die wollte, dass ich mitspiele, und nicht Ms Reinhold. Ihr ist es wirklich wichtig, dass ich mich nachher gut anstelle. »Sieh zu, dass du dich heute voll und ganz konzentrierst.«

Das soll wohl ein Witz sein! Ich habe in der letzten Woche an nichts anderes gedacht als an Volleyball – na ja, an Volleyball und Jackson – okay, an Volleyball und Jackson und an meinen Brustkorb und daran, ob er wohl zerspringt, wenn meine Brüste womöglich noch schwerer werden.

»Ich bin konzentriert. Ich bin total konzentriert. Ich bin wie ein Laserstrahl.« Ich gebe einen *Pfing-pfing*-Laut von mir, obwohl ich genau weiß, dass echte Laserstrahlen weder *pfing-pfing* noch überhaupt einen Laut von sich geben. Es sind elektromagnetische Wellen. Als es klingelt, bin ich so auf den Laserstrahl fixiert, dass ich kaum bemerke, wie Jackson das flirtende »Fräulein« in die Klasse geleitet. »Ein *LASERSTRAHL*!«

22

Ich bin nicht konzentriert. Wie auch?

Früher konnte ich mich konzentrieren. Früher habe ich nicht über meinen Körper nachgedacht, er war einfach da. Ich habe nicht darüber nachgedacht, was ich anziehen soll, solange es nicht kratzig, juckig, zu warm oder zu kalt war. Das meiste hat Mom ausgesucht und sie hat einen guten Geschmack. Für mich war das in Ordnung so. Für uns beide.

Jetzt beanspruchen Donna und Doria fünfundzwanzig bis hundert Prozent meiner Gedanken (wie sie sich anfühlen, wie sie aussehen, ob jemand merkt, wie riesig sie sind, ob sie im Kaufhaus gegen das Regal mit den Weingläsern stoßen).

Die Schule, Volleyball, das sich unaufhaltsam entfaltende Universum inklusive meiner Familie, meiner Freunde und Jackson, müssen sich mit dem Rest zufriedengeben. Nein, ich bin nicht besonders konzentriert.

In der sechsten Klasse, als alle anfingen, kleine BHs mit schmalen Trägern oder zarte Unterhemden unter ihren Tops anzuziehen, habe ich das auch gemacht, obwohl es körperlich keinen Grund dafür gab. Mom hat die Teile mit nach Hause gebracht und ich habe sie angezogen. Die anderen Mädchen wurden etwas dünner, dann etwas dicker, aber ich blieb so platt wie ein Pfannkuchen.

Platter. Wie ein Crêpe.

Mir war das egal, denn alles passte gut und fühlte sich auch gut an. Ich fühlte mich auch noch mehr wie ein Kind als wie eine angehende Erwachsene.

Aber alles veränderte sich an einem Tag im Sommer zwischen der achten und der neunten Klasse. Ich zog meinen Badeanzug an und ging nach unten, um auf meine Mitfahrgelegenheit zum Schwimmbad zu warten. Mom warf einen Blick auf mich und sagte: »Ist das dein einziger Badeanzug?«

Zwei Brüste in Größe C waren über Nacht aufgetaucht.

Okay, nicht wirklich über Nacht, denn Brustgewebe schwillt nicht auf Knopfdruck an wie ein aufblasbares Rettungsboot. Aber mir war nicht aufgefallen, dass sie so groß geworden waren. Bis meine Mom mich darauf hinwies, dass sie ein wenig aus meinem Badeanzug rausguckten. Im Winter, als ich meine Großeltern in Florida besucht hatte, hatte er noch gepasst. Das heißt, sie sind mir nicht aufgefallen, bis jemand anderes mich darauf hingewiesen hat.

Plötzlich gab es da etwas Neues, über das ich nachdenken musste. Und gehasst habe ich es nicht. Zuerst jedenfalls nicht.

Ein paar Wochen später aber hatten meine Brüste schon Körbchengröße D erreicht (Prinz Bäckersdutzend im Bagel-Shop an der Ninth Avenue weiß das ganz genau). An Halloween waren wir bei E. Und es hörte nicht auf. Es war wie *Der kleine Horrorladen*, nur mitten in meinem Körper. Ich hätte sie Audrey nennen sollen, nach der verrückten Pflanze in dem Musical, aber es waren ja zwei. Und außerdem kannte ich eine Audrey und die war nett und zierlich und zart. Die Umstände waren nicht Audrey-mäßig. Die Umstände sind Donna- und Doria-mäßig.

Donna und Doria sind große, grobe Name für große, grobe Körperteile. Schlaffe, blasse, hängende Namen. Namen von alten Frauen.

Hässliche Namen.

Ich schätze, ich bin jetzt bei J-Körbchen angekommen. 70J. J! Ich bin mir nicht hundertprozentig sicher, denn selbst wenn man sich schon ein Dutzend Video-Tutorials zum richtigen Brustabmessen angeguckt hat, ist es sehr schwer, das bei sich selbst zu machen.

Besonders wenn die Brüste dazu neigen, tief zu hängen. Dann ist das Messergebnis irreführend. Ob ich in Betracht gezogen habe, meine Mom oder eine Freundin oder eine Fremde im Unterwäscheladen darum zu bitten, meine Größe korrekt zu messen, so wie das jede wiss-BH-gierige Frau mit niedlichen Brüsten im Internet empfiehlt? *AUF KEINEN VERDAMMTEN FALL*, aber danke für den Vorschlag.

Die exakte Größe ist sowieso nicht mehr so wichtig, sobald man F im Alphabet hinter sich gelassen hat. Denn dann sind BHs teuer, hässlich oder schwer zu finden. Oder sie tun so, als hätten sie die richtige Größe, können in Wirklichkeit aber nichts hoch-, drin- oder still halten.

Was man im Internet nicht zu sehen bekommt: Mich, wie ich Donna und Doria in ein Stück Stoff mit vier Haken quetsche, Größe 75 G. Das habe ich online noch mitbestellt, als Mom mich gebeten hat, mir »schicke Sandalen« für die Bar-Mizwa von dem Kind eines Kunden zu besorgen. Der Rückversand funktioniert zum Glück ja relativ einfach und anonym, aber da ich mit meiner Mom kein Gespräch darüber führen wollte, warum ich ständig Kartons hin- und herschicke, anstatt einfach wie sie im Laden etwas zu kaufen, habe ich den Retourenschein weggeschmissen und beschlossen, dass der BH gut genug ist. Immerhin gingen die Haken zu und meine Brüste fielen nicht raus. (Die Sandalen passten auch nicht richtig und wenigstens habe ich vom BH keine Blasen bekommen.)

Im Prinzip habe ich zwei BHs. Sie sind identisch, außer dass einer weiß und der andere beige ist. (Auf dem Etikett stand tatsächlich »hautfarben«. Ob die Unterwäschehersteller wissen, dass nicht all ihre Kundinnen beigefarbene Haut haben?) Beide saßen nicht richtig, als ich sie letztes Jahr bestellt habe, und jetzt tun sie das genauso wenig. Der Stil nennt sich Minimizer-BH, aber das Einzige, was minimiert wird, wenn ich ihn trage, ist meine Lungenkapazität.

Meine Brüste quellen an allen Seiten heraus und das Band unter meiner Brust fühlt sich an, als hätte ich es von Barbie geliehen und um meine Rippen geschnallt. Von der Taille aufwärts sehe ich aus wie die Mischung aus einer postnuklearen Mutation und dem Ergebnis der Zauberformel, die Harry Potter benutzt hat, um Tante Magda aufzublasen.

Daran denke ich also, wenn ich eigentlich an meinen Aufschlag denken soll. Oder einen Block. Oder den Hunger auf der Welt. Oder einen Jungen.

All die hübschen Tops, die mir Mom in den letzten Jahren gekauft hat, habe ich weggepackt und mich in einem großen grauen Hoodie versteckt.

Mom und ich reden nicht darüber. Das werfe ich ihr nicht vor. Es ist meine Schuld. Manchmal sagt sie so etwas wie: »Du trägst nie dieses orange Boho-Top, das ich dir gekauft habe.«

»Das gefällt mir nicht so gut«, sage ich dann. Entweder merkt sie es selbst tatsächlich nicht oder sie tut so, als würde sie nicht merken, dass ich nie im Leben wieder in meine alten Sachen passen werde. Aber wahrscheinlich weiß sie es, denn sie fragt inzwischen immer nur noch nach den weiten und fließenden Teilen. Dieses Boho-Teil würde wie ein Tischtuch auf einer herbstlichen Hochzeit über meiner Brust hängen. Es liegt bei den anderen Sachen, die ich weggepackt habe.

Hin und wieder guckt Mom sich das, was ich trage, intensiv an. Meistens etwas, was ich das ganze Wochenende anhatte. Groß, schlicht, weit, dunkel, unauffällig. Dann schlägt sie vor: »Wollen wir dir mal ein paar neue Sachen kaufen?«

»Alles gut«, sage ich dann. Aber es ist nicht gut. Es ist gar nicht gut.

Jede Schulstunde dauert eigentlich fünfundfünfzig Minuten, aber die siebte Stunde ist mindestens eineinhalb Stunden lang. Kurtis und Omar haben mir mal eine Theorie erklärt, nach der bestimmte Kräfte auf die Erdrotation einwirken: Anstatt sich bei konstanten 1.670 Kilometern in der Stunde um sich selbst zu drehen, ändert sich die Drehgeschwindigkeit der Erde dauernd; das merken wir gar nicht, da unsere bloße Existenz an das Verhältnis von Raum und Zeit gebunden ist. Sie haben gesagt, dass aufgrund dieser Kräfte sogar unsere Gedanken die Geschwindigkeit ändern können. Das, was man gerade denkt, könnte nur einen kurzen Moment dauern oder man hat es langsam über Stunden durchdacht. Man wird es nie wissen.

Das Gespräch darüber war wohl das längste, das Kurtis und Omar je mit einem Mädchen geführt haben, selbst wenn das nur ich war. Ihnen kam es vielleicht schnell vor, mir nicht. Jaja, diese mysteriösen Kräfte treiben ihren Spaß mit den Menschen.

Während sich der Kurs über amerikanische Geschichte dahinschleppt, denke ich an diese Theorie über die Zeit. Früher habe ich gedacht, dass sich die Stunde so endlos anfühlt, weil es die letzte ist oder weil Mr Feiler uns in einer Geschwindigkeit von einer Seite pro Stunde aus dem Lehrbuch vorliest. Aber die Vorstellung einer heimtückischen Kraft, die am Ende des Schultages mit mir und der Zeit spielt, ergibt viel mehr Sinn.

Zum Glück ist Maggie auch in dem Kurs, und falls die Zeit endgültig stehen bleiben sollte, habe ich wenigstens eine Freundin an meiner Seite, bis sie sich wieder in Gang setzt. (Kurtis und Omar würden ausflippen, wenn sie das hören würden. »So funktioniert das nicht«, würden sie sagen und dann müsste ich ihnen sanft erklären, dass mir das egal ist, ohne ihre Gefühle zu verletzen.)

Der Punkt ist, dass sich die Zeiger der Uhr an der Wand kaum bewegen. Und ich will endlich in die Umkleide, um den Stabilisator anzuziehen und alles richtig einzustellen, bevor das letzte Auswahlspiel beginnt. Ich muss mich konzentrieren, allem Anschein nach, und das kann ich am besten, wenn Donna und Doria eingepfercht sind und ich genug Gel für alle wunden Stellen habe.

Nach gefühlten fünf Stunden Feiler hat sogar das Universum genug davon, mit mir zu spielen.

»Hals- und Beinbruch«, sagt Maggie. »Aber nicht buchstäblich.«

»Dir auch«, sage ich. »Aber buchstäblich.« Maggie ist auf dem Weg zur Musicalprobe und ein gebrochenes Bein könnte ihre einzige Möglichkeit sein, da wieder rauszukommen.

Sie hat neulich vorgesungen, eine Rolle bekommen und dann erst erfahren, welches Stück gespielt wird: *Eine Braut für sieben Brüder*, was, wie sie findet, »sexistisch, erniedrigend und auf Heterosexualität fixiert ist«. Die grundlegende Handlung ist folgende: Die Brüder sind allesamt Junggesellen, die in den 1850ern in der hintersten Provinz von Oregon leben. Eines Tages gehen sie in die Stadt, treffen ein paar Frauen, die ihnen gefallen, und tragen sie mehr oder weniger zurück zu ihrer Hütte mitten im Nirgendwo. Obwohl die Frauen im Prinzip Geiseln sind, bringen sie den Brüdern bei, nicht mehr so schlampig zu sein, und alle verlieben sich ineinander. Man könnte ja meinen, die Schule hätte ein Interesse daran, uns bei einer Musicalaufführung bessere Identifikationsfiguren zu präsentieren. Zum Beispiel Sweeney Todd, der Leute umbringt und die Leichen dann in der Bäckerei im Erdgeschoss zu Fleischpasteten verarbeiten lässt.

Maggie wollte aussteigen, aber ihre Eltern haben es ihr nicht erlaubt. »Für deine Zulassung zum College brauchst du noch mehr außerschulische Aktivitäten«, hat ihr Vater gesagt. »Dann sei du die Veränderung, die du dir wünschst«, hat ihre Mutter gesagt. Jetzt gibt es im Ensemble also eine mürrische Braut, die so ziemlich über alles streitet. Eigentlich würde man sie deswegen rausschmeißen, aber Maggie hat eine wunderschöne Stimme und es gibt nicht genug gute Altistinnen.

»Wenn du am Ende der Probe noch da bist, kannst du mit Max und mir nach Hause fahren.«

»Danke. Mal sehen, wie lange es dauert. Vielleicht wirft sie mich ja gleich raus.«

»Dann kannst du dich dem Ensemble von *Eine Aufführung über sieben verschiedene Arten männlicher Tyrannei und opernhafter Frauenfeindlichkeit* anschließen!«

Über diese Titelvariante muss sie eine ganze Weile nachgedacht haben. Die Wahrheit ist, selbst wenn ich die beste Musicaldarstellerin der Welt wäre, würden die Kostümbildner mich nicht in so ein Korsett bekommen. Und wenn wir schon bei Korsetts sind: Ab in die Umkleide, um den Stabilisator anzulegen.

24

Es war schon schwer, dieses Ding zu Hause anzulegen, wo ich allein war, genug Platz, einen Spiegel und alle Zeit der Welt hatte. Aber in einer engen Klokabine mitten in dem Lärm, Dampf und der Unruhe einer Umkleidekabine ist es nahezu unmöglich. Ich fühle mich wie ein betrunkener Houdini, der versuchen muss, einem komplizierten Entfesselungstrick zu entkommen, ohne dabei den Toilettensitz zu berühren.

Alles sitzt gut, außer ein Träger, den ich – wie mir jetzt klar wird – zuerst hätte einhaken sollen. Wenn ich mit meiner rechten Hand den Stoff herumziehe und meine linke Schulter verdrehe, bekomme ich den Verschluss fast zu, aber nur fast. Es fühlt sich an, als hätte ich eine Blutdruckmanschette um meine Lunge.

Der Lärm ebbt ab. Nach und nach verschwinden alle aus der Umkleide. Die Letzte in der Sporthalle muss eine Extrarunde drehen. Und wenn die Trainerin jetzt schon denkt, ich wäre nicht konzentriert genug, dann kann ich auf gar keinen Fall zu spät und mit einer frei herumhängenden Brust erscheinen. Damit wäre mein Schicksal besiegelt. Aber ich habe nicht mal meinen alten Sport-BH mitgenommen.

»Ich hab sie bei Master's gekauft. Haben etwa fünfundzwanzig Dollar gekostet.« Das ist Jessas Stimme, die gerade die Umkleide verlässt und jemandem entweder von ihren billigen Schuhen oder teuren Socken erzählt.

Ich klettere auf die Klobrille, damit ich über die Tür gucken kann. Nicht Schuhe oder Socken. Knieschoner. Sie zeigt auf ihre neuen Knieschoner, grellweiß, wie ein Teil einer Sturmtruppen-Uniform.

Es sind nur noch ein paar Nachzügler im Raum, die sich die Schuhe binden oder ihre Spinde abschließen. Jessa und ihre Knieschoner werden gleich weg sein, und was meinen Sicherheitsgurt angeht, bin ich kein Stück weiter. Am liebsten würde ich verschwinden und sterben, aber ich sage, kaum lauter als ein Flüstern: »Jessa?«

Jessa Timms hat Ohren wie ein Luchs. Sie macht sofort auf dem Absatz kehrt und schaut sich um. »Jessa!«, sage ich noch einmal.

Es muss seltsam sein, von einer Mitspielerin ins Klo gewunken zu werden, aber Jessa stampft zu mir rüber, als wäre das was ganz Alltägliches.

»Hey, Walsh.«

»Tut mir leid. Ich komme mir echt blöd vor. Kannst du mir mit was helfen?«

»Brauchst du einen Tampon?«

»Nein.« Ich hüpfe von der Klobrille runter und öffne die Tür einen Spalt. »Ich bekomme diesen Träger nicht eingehakt.«

Jessa schiebt sich in die Klokabine und zieht den Träger an die richtige Stelle. »In der Mitte?«

»Ich glaub schon.« Sie hakt alles ordentlich ein. Zu Hause konnte ich nur die Haken ganz außen erreichen, jetzt sitzt alles noch enger. Das ist so viel besser, dass es mir noch etwas mehr Peinlichkeit wert ist: »Könntest du sie auf der anderen Seite auch in der Mitte einhaken?«

Jessa gleicht den Träger auf der anderen Seite an und ich bewege mich hin und her. Es fühlt sich gut an. Sie tritt einen Schritt zurück und sagt: »So einen habe ich noch nie gesehen.«

»Ist neu«, sage ich verlegen. Ich ziehe mir das Zoo T-Shirt über den Kopf. »Er ist für Frauen mit … er soll für guten Halt sorgen.«

»Sieht aus, als würde er das auch tun.« Sie schaut mich von allen Seiten an. »Meiner ist nur so einer zum Drüberziehen, aber er quetscht sie zu einem großen zusammen.« Jessa ist das überhaupt nicht peinlich und dadurch bin auch ich nicht mehr so verlegen.

»So war mein alter auch. Super-Busen.«

Sie lacht, als hätte sie das Wort noch nie gehört.

Wir sind die Letzten in der Sporthalle. Es ist reiner Zufall, dass ich Jessa einen Schritt voraus bin. Coach Reinhold ruft: »Eine Extrarunde, Timms!«

Bevor ich protestieren kann, läuft Jessa los, als wäre die Extrarunde für sie ein einziges Vergnügen. Aus zehn Meter Entfernung dreht sie sich um, zeigt auf ihre Brust und ruft: »Hey, Walsh! Nimm dich in Acht vor Super...woman!« Sie lacht den Rest der Runde vor sich hin.

Das Testspiel läuft besser, als ich mir das hätte vorstellen können. So gut habe ich noch nie gespielt. Und ich fühle mich auch einfach *gut*. Wohl und sicher, und wenn ich springe, laufe oder schlage, habe ich nicht das Gefühl, dass ein Teil von mir gleich verlorengeht.

Weil ich nicht mehr damit beschäftigt bin, mein T-Shirt zurechtzuziehen oder meine Bewegungen zu kontrollieren, damit meine Brüste an Ort und Stelle bleiben, fange ich an, Dinge zu bemerken, die mir vorher nicht aufgefallen sind. Dass der Ball sich bei Kates Aufschlag anders dreht als bei dem von Nasrah. Dass sich Sylvie Suprenant und Khloe Vang-Ellis den Finger geben, jedes Mal, wenn eine von ihnen den Ball trifft. Dass Kaia Beaumont sich die ganze Zeit entschuldigt. Dass man voraussehen kann, was als Nächstes passiert, wenn man beobachtet, wie sich die anderen bewegen.

Bisher hatte ich entweder den Ball oder mich selbst im Blick, und jetzt, da ich endlich zuschaue, findet plötzlich ein ganz anderes Spiel statt.

Ich bin noch immer im Mittelfeld der Gruppe, aber jetzt vielleicht im guten Mittelfeld. Wenn Ms Reinhold mich jetzt anbrüllt, dann nicht mit: »Wo warst du? Den hättest du kriegen können!«, oder: »Na los! Konzentrier dich!«, oder: »Stell dich gerade hin, Walsh!«

Stattdessen ruft sie: »Mit beiden Händen ran. Daumen nach außen!«, oder: »Links, rechts, links springen, Walsh!«, oder ab und zu: »Ja! Genau so!«

Vor Schulbeginn am Montag wird sie die Spielerliste herausgeben, aber sobald Coach Reinhold in ihrem Büro verschwindet, wird wie wild spekuliert. Die Mädchen sagen abwechselnd Sachen wie: »Echt? Du warst doch toll«, »Du kommst bestimmt in die Mannschaft«, »Ich war furchtbar. Hast du gesehen, wie ich den Ball mit meinem Gesicht geblockt habe?«.

»Walsh!«

Ich drehe mich zu Jessa, die mich kräftig abklatscht und heftig nickt, was bei ihr »Volltreffer!« bedeutet. Ich bin auf seltsame Weise stolz, dass Jessa stolz auf mich ist.

Ohne mich umzuziehen, nehme ich mein Zeug und gehe in die Aula, um zu sehen, ob ich noch mit den Cleaves mitfahren kann. So erspare ich mir, mich vor allen anderen aus dem Stabilisator zu schälen. Ich bin ganz schön verschwitzt, aber es ist ja nicht weit. Und da ich für Max Cleave gar nicht existiere, wird er auch gar nicht wissen, warum es so müffelt.

In der Aula sitzt Mr Coles am Klavier. Er ist schon in den Ruhestand gegangen, bevor wir auf die Kennedy gekommen sind, aber er hilft jedes Jahr bei dem Musical mit. Er sieht glücklich aus da am Klavier, als gäbe es musikalisch nichts Wundervolleres als Schüler, die Musicalmelodien singen. Bisher wird noch nicht getanzt, sondern nur gesungen. Ein halbes Dutzend Schüler macht mit, im ständigen Wechsel von Solos und Chorliedern.

Sie klingen gut, auch wenn es nicht mein Musikgeschmack ist. Maggie steht bei den Mädchen und macht ein finsteres Gesicht. Ich hätte bei dem Anblick fast Angst vor ihr, aber sobald sie singt, setzt sie ein verträumtes Musical-Lächeln auf, so wie die anderen auch. Solange sie singt, denkt sie vielleicht nicht nach, und wenn sie nicht nachdenkt, kann sie den Quatsch genießen.

Dann beginnt Aidan Neal sein Solo und in einer Liedzeile ist von geschürzten Lippen die Rede, davon, gut zu zielen, und davon, dass »süßeste aller Wildtiere zu erlegen«.

Niemand außer mir beobachtet gerade Maggies Gesicht, und als sie dann mit der Hand aufs Klavier schlägt und sagt: »Oh mein

Gott! Hört hier denn keiner richtig zu?«, zucken alle zusammen. Die Schüler, die sie gut kennen, verdrehen die Augen, die anderen sind sichtlich verwirrt. Und Mr Coles strahlt, denn Theater ist immer gut.

»Wie können wir so was überhaupt aufführen?«, ruft Maggie.

»Wogegen erheben Sie Einspruch, Ms Cleave?«, fragt Mr Coles.

»Ja, was ist es jetzt wieder?«, schnauzt eine Zwölftklässlerin, die Milly, die Hauptrolle, spielt.

Maggie kann es nicht fassen. »Ist das euer Ernst? ›Ziele gut‹? ›Erlege das süßeste aller Wildtiere‹? *WILDTIER? ERLEGEN?* Hier werden Frauen wie Tiere behandelt. Das Ganze mit der Jagd verglichen. Ist es das, was wir vermitteln wollen?«

Aidan Neal schaut auf seine Noten. Er sieht schuldbewusst aus, als hätte er sich die Worte ausgedacht und sie nicht einfach nur gesungen.

»Wenn du das Stück so sehr hasst, warum hast du überhaupt vorgesungen?«, fragt die Milly.

Mr Coles lächelt heiter. »Es ist ganz schön altmodisch, nicht wahr?«

»Aber hallo«, sagt Maggie.

Mr Coles nickt. »Ich bin ganz deiner Meinung. Das Showbusiness ist manchmal ziemlich traditionell und sogar frauenverachtend. In dieser Hinsicht kann der Broadway eine Enttäuschung sein.«

»Aber es gibt andere Stücke, die nicht so anstößig sind.«

»Möchtest du etwas für die Zukunft vorschlagen?«

»*Pinkelstadt? Avenue Q?*«

Mr Coles lacht. »Die sind hervorragend! Die fand ich beide wunderbar! *The Book of Mormon* auch, falls du es noch nicht gesehen hast. Aber viele Leute finden diese Stücke aus anderen Gründen anstößig.«

»Was ist mit *Wicked – Die Hexen von Oz*. Das habe ich gesehen und es stärkt die Frauen und ist sehr feministisch«, klinkt sich eine andere Darstellerin ein. Maggie wirft der ungebetenen Verbündeten einen skeptischen Blick zu.

»Die Musik ist sehr anspruchsvoll, sogar für Profis, obwohl ich bereit wäre, es zu versuchen. Aber die Lizenzvergabe ist wahnsinnig teuer. Das könnten wir nicht finanzieren!«

Mr Coles macht Schluss für heute. Er schlägt vor, dass alle sich noch mal richtig mit dem Text beschäftigen. »Ich will nichts entschuldigen, aber betrachtet es im Rahmen der damaligen Zeit. Was würden eure Figuren wollen oder brauchen? Was sind ihre Möglichkeiten und Beschränkungen im Vergleich zu euren?«

Ein typischer Lehrer-Trick. Halse dem, der sich beschwert, mehr Arbeit auf, dann hört das mit dem Beschweren ganz schnell auf. Aber da unterschätzt Mr Coles Maggie Cleave gewaltig.

»Du warst toll. Aber ich glaube, das Mädchen, das Milly spielt, möchte dich jetzt umbringen.«

»Lizzie Barnes. Die wollte mich schon vorher umbringen. Mr Coles hat ganz viele ihrer Solos meiner Rolle zugeschoben, weil Lizzie einfach scheiße singt.«

»Ganz schön viel Theater in der Theatergruppe«, sage ich. Wir wandern gerade über den Parkplatz auf der Suche nach Max.

»*SO VIEL THEATER*«, sagt Maggie, obwohl wahrscheinlich mindestens ein Viertel davon ihr zuzuschreiben ist. »Ich hätte lieber mit dir Volleyball spielen sollen. Wie lief es denn?«

»Ziemlich gut. Am Montag wissen wir Bescheid.« Wir entdecken Max' Auto, in dem schon mehrere Leute sitzen. »Äh, weiß Max, dass ich mit euch fahre?«

»Er hat nichts dagegen.«

Als wir den Ford Focus erreichen, sehe ich außer Max zwei Zwölftklässler und einen Zehntklässler.

Maggie!

»Hey.« Jackson lächelt und rutscht in die Mitte.

»Wir fahren Greer nach Hause«, sagt Maggie zu Max.

»Cool.«

Maggie rückt eng an Jackson ran und lässt mir etwa einen Zentimeter frei, um mich reinzuquetschen. Alle drängen sich noch enger zusammen, aber der Zwölftklässler auf der Rückbank ist ganz schön groß, also funktioniert das so nicht. »Komm einfach auf meinen Schoß«, sagt Maggie und klopft sich auf die Oberschenkel.

Ich bin mir nicht ganz sicher, aber ich glaube, Jacksons Gesicht wird leicht rosa. Meins ganz bestimmt. Ich stehe da und blinzle Maggie an, bis sie sagt:»Okay, dann sitze ich auf deinem Schoß«, und sich nach vorne lehnt, damit ich unter ihr reinrutschen kann.

Jetzt bin ich zwischen Jackson und der Tür eingeklemmt und Maggies knochiges Hinterteil bohrt sich in meinen Oberschenkel. Ihre Beine hat sie über Jacksons gelegt. Ich bin froh, dass ich nicht so sitze, und gleichzeitig auch neidisch darauf, dass sie es tut.

Vorne reden sie über das enttäuschende Ende der Baseballsaison und wer wohin wechseln sollte. Der Typ, der auf der anderen Seite von Jackson sitzt, hat nicht einmal von seinem Handy aufgeschaut. Maggie holt ihres jetzt auch raus. Jackson und ich kommen an unsere nicht ran, weil wir ein Mädchen auf dem Schoß haben.

»Volleyball?«, fragt Jackson.

Ich nicke und versuche, meinen Arm noch enger an mich zu pressen, damit wenigstens ein Hauch von Abstand zwischen uns bleibt. Ich habe das Zoo-T-Shirt zu jedem Training angehabt und langsam stinkt es wie ein Zoo. Wenn ich vom Volleyball nicht sowieso schon verschwitzt wäre, dann wäre ich es spätestens jetzt, denn ich mag es eigentlich nicht, wenn Leute mich berühren. Und gerade sitzt ein Mensch buchstäblich auf mir (zum Glück ist es immerhin Maggie) und ein anderer ist nur eine scharfe Kurve davon entfernt, sich in mich reinzulegen.

»Wann weißt du, ob du dabei bist?«

»Montag.«

»Hast du dieses Wochenende schon irgendwas vor?«

Es ist fast unmerklich, aber ich spüre, wie Maggies Körper sich anspannt. Sie guckt uns nicht an, aber sie hält ganz still, als wollte sie meine Antwort nicht verpassen.

»Ich, äh, ich muss Maggie dabei helfen, den Text für das Musical umzuschreiben.« Sie sieht mich an und zieht die Augenbrauen hoch. Mir bricht schon wieder der Schweiß aus.

Ich habe mich geirrt, Max weiß doch, wer ich bin. Mit einem Ruck kommt er vor meinem Haus zum Stehen, ohne vorher zu fragen, wo ich wohne.

»Viel Glück mit dem Musical«, sagt Jackson, als ich mich aus dem Rücksitz schäle.

»Ja, Greer, ich freue mich auf deine Mithilfe«, sagt Maggie mit verschwörerischer Miene.

Nicht ein einziges Möbelstück steht da, wo es vorher gestanden hat, als ich von der Schule nach Hause komme.

Das Sofa ist jetzt dort, wo sonst die Sessel standen. Statt gegenüber, steht ein Sessel daneben. Der andere fehlt ganz und der Teppich liegt zusammengerollt in der Ecke. Alles, einschließlich der Beistelltische, ist in einer Reihe aufgestellt.

Ich gehe durch das Wohnzimmer ins Esszimmer, wo der Tisch um neunzig Grad gedreht wurde. Meine Mutter kaut an ihrem Daumen. Sie würde nie an ihren Nägeln kauen – sie hat sehr gepflegte Fingernägel –, aber sie kaut tatsächlich an ihren Fingern, wenn sie etwas beunruhigt.

»Hi?«

»Oh, hallo, Schätzchen.« Sie guckt mich nicht an. Mit geneigtem Kopf blickt sie missbilligend auf den Tisch. Das sollte sie auch. Es ist kein Platz mehr da, um am Rand vorbeizugehen, so als hätte man einen Schuh senkrecht in einen Schuhkarton gequetscht.

»Hast du einen der Feng-Shui-Berater ausprobiert?« Ich wette, es war die Frau, die auf ihrem Foto einen Vogel auf der Schulter sitzen hatte.

»Nein, ich habe nur einige Artikel gelesen und selbst ein paar Sachen ausprobiert.«

Noch besser. Meine Mom ist jetzt Feng-Shui-Expertin.

»Ich glaube, der Tisch sah andersherum besser aus«, sagt sie. »Oder wir brauchen einen kürzeren Tisch.«

»Andersrum war gut. Das fließt besser«, ergänze ich und hebe das eine Ende des Tischs hoch. Zusammen bringen wir das Esszimmer wieder in seinen gewohnten Zustand und die Welt fühlt sich wieder ein wenig schlüssiger an.

Mom sieht zufrieden aus und bedeutet mir, ihr ins Wohnzimmer zu folgen. »Wie findest du das Sofa hier?«

»Manchmal soll es wohl Spaß machen, Dinge zu verändern«, sage ich. Eins der Bücherregale ist halb leer geräumt, die Bücher liegen in drei Stapeln auf dem Fußboden. Schneewittchen und die sechs Zwerge stehen da, wo sie immer stehen. Ob ich Brummbär je wiedersehen werde? Vielleicht musste einer der anderen Zwerge seine Persönlichkeit übernehmen, damit alles im Gleichgewicht bleibt. Vielleicht ist Pimpel jetzt nicht mehr schüchtern, sondern benimmt sich wie ein Arsch.

Mom versteht meine Bemerkung als Zustimmung. »Ja, finde ich schon. Man muss aus seiner Komfortzone raus.« Das Sofa zu bewegen bedeutet für Kathryn Walsh, ihre Komfortzone zu verlassen.

»Was hast du mit den Büchern vor?«

»Oh! Ich will ein bisschen ausmisten.«

»Bücher mistet man nicht aus, Mom.«

»Wenn man so viele hat, dann schon.«

Da bin ich völlig anderer Meinung. Ich räume die Bücher zurück ins Regal. Die meisten davon sind meine alten Kinderbücher.

Sie spricht weiter: »Hast du von dem Buch *Magic Cleaning: Wie richtiges Aufräumen Ihr Leben verändert* gehört? Da geht es um die japanische Kunst des Aufräumens.«

»Das hast du gelesen?«

»Das Buch an sich nicht ...«

»Aber du hast die Show im Fernsehen gesehen?«

»Nicht wirklich, aber ich verstehe, worauf sie hinauswollen.«

Na wunderbar. Meine Mutter hat sich eine uralte chinesische Philosophie über Räume und den Fluss der Lebensenergie einverleibt und *glaubt nun* zu verstehen, wie eine moderne japanische

Herangehensweise fürs Ausmisten funktioniert. Eine Mischung, die unser Haus in einen seltsamen Hindernisparcours verwandelt.

»Okay, aber bitte versuch nicht, meine Bücher ›aufzuräumen‹.«

»Man soll aber alles ausmisten, was einem keine Freude bereitet.«

»Bereitet der dir denn Freude?«, frage ich, als Tyler wie eine Atombombe hereinplatzt.

Tyler fällt noch nicht einmal auf, dass die Möbel völlig durcheinanderstehen. Er lässt einfach seinen ganzen Kram dorthin fallen, wo der Teppich nicht mehr liegt, schnüffelt und fragt: »Gibt es Kohl zum Abendessen?«

Wenn Tyler mich schon riechen kann, dann wird es wirklich Zeit, zu duschen und mein T-Shirt zu wechseln.

28

Ich will nach meinem Handy greifen, als es piept, aber dann fällt mir ein, dass ich gestern Abend das elektrische Heizkissen in die Steckdose neben meinem Bett gesteckt habe. Vielleicht war ich bei dem Probespiel am Freitag etwas zu einsatzfreudig, denn es ist Sonntag und mir tut noch immer alles weh.

Das Handy piept noch mal, aber es hängt an einer Steckdose bei meinem Schreibtisch. Ganz weit weg: »Accio Handy.«

Nach wie vor ein Muggel.

Das, was wehtut, tut noch mehr weh, als ich mich aus dem Bett quäle. Dad sagt, es gibt einen guten Schmerz, den, den man fühlt, wenn man alles gegeben hat. Wenn das stimmt, dann muss Jessa diesen »guten« Schmerz rund um die Uhr fühlen. Außerdem hat er vergessen zu erwähnen, dass Schmerz trotzdem wehtut.

Piep. Aua.

In großen, leuchtenden, gleichgültigen Zahlen sagt mir mein Handy, dass es 7.06 Uhr an einem Sonntagmorgen ist. Nicht die Zeit, zu der mir Leute sonst Nachrichten schicken.

Und in kleinen, wunderschönen, geheimnisvollen Buchstaben sagt mein Handy mir, dass Jackson Oates mir gratuliert. Ich weiß nicht, warum. Vielleicht, weil ich eine Nachricht von Jackson Oates bekommen habe?

Herzlichen Glückwunsch!

Wofür?

Gut, dass du wach bist.

Wollte dich nicht wecken

Warum gratulierst du mir?

Die drei Punkte, während er schreibt, sind ewig zu sehen.

Du bist eine Volleyballerina!

Volleyball-Emoji, Ballerina-Emoji, Volleyball, Ballerina, Volleyball. Der kleine Schmetterling, der geschlüpft ist, als ich Jackson kennengelernt habe, macht Freudensprünge und klatscht mit den Flügeln, sobald er die Nachricht sieht. Ich war noch nicht auf dem Klo, deswegen wünschte ich, er würde sich beruhigen, aber das können weder er noch ich. Ich will Jackson glauben, aber woher weiß er das? Ich habe ihm noch immer nicht geantwortet, deswegen schreibt er wieder:

Es ist schon auf der Website.

Ich ziehe meinen Computer vom Schreibtisch und gehe auf die Website der Schule. Sport hat eine eigene Seite, aber außer einem Beitrag, der den Mädchen von der Fußballmannschaft gratuliert, weil sie das Endspiel gewonnen haben, stehen da keine Neuigkeiten. Ich finde einen Tab extra für Volleyball, aber anstatt direkt die Liste sehen zu können, gibt es ein PDF für die A-Mannschaft und für die B-Mannschaft. Ich klicke auf B und eine Tabelle mit einer Liste von Namen öffnet sich. Da, ganz am Ende steht: Walsh, Greer Eleanor: 10. Klasse. Ich bin in der Mannschaft? Ich bin in der Mannschaft! Als eine der Letzten, aber egal, ich habe es geschafft! Dann gucke ich mir den Rest der Liste an und kapiere, dass sie alphabetisch sortiert ist – Kate Wood steht nach mir –, deswegen bin ich eine der Letzten! Ich bin in der Mannschaft!

Jackson schickt mir ein GIF nach dem anderen, mit Siegergesten und Läufern, die die Ziellinie überqueren, und eins mit SpongeBob, der mit dem Daumen nach oben zeigt. Ich werde sie alle lieben. Später. Jetzt stören sie mich jedoch beim Durchgehen der Liste und beim viermaligen Überprüfen, ob es tatsächlich die richtige und nicht die Liste der abgelehnten Spielerinnen ist.

Nein. Ich stehe wirklich drauf. Und auch Nasrah Abdullahi und Kate Wood und Sylvia Suprenant und ein Haufen anderer guter Spielerinnen. Und Jessa ist als Kapitänin aufgeführt! Ich gucke mir die A-Mannschaft an und es sind alle drin, von denen ich es erwartet habe.

Mir war gar nicht bewusst, wie viel mir das bedeutet, bis ich meinen Namen auf der Liste gesehen habe. Das ist die Liste. Und ich bin auf der Liste. Ich kann nicht aufhören zu lächeln. Der Stabilisator und ich sind in der Mannschaft. Donna und Doria sind in der Mannschaft. Wir sind alle in der Mannschaft!

Ich gehe die Emojis und GIFs durch, um eins zu finden, das ausdrückt, wie begeistert ich bin. Sie sind alle blöd. Nur so aus Spaß mache ich ein Selfie. Im Hintergrund kann man ein Regal sehen, voller Bücher, staubiger Zauberwürfel, noch staubigerer Stofftiere, kleiner Dosen und Behälter und einer Bluetooth-Box. Daneben mein verkrumpeltes Bett und das Whiteboard, das Maggie und ich benutzen sollten, um unsere Ideen für die *Sieben Brüder* zu sammeln. Stattdessen ist es voller Galgenmännchen.

Mittendrin auf dem Foto bin ich, Mund und Augen weit aufgerissen, als hätte ich gerade mein eigenes Spaceshuttle gewonnen. Sonst sehe ich auf Fotos immer ganz steif aus, weil ich mich unwohl fühle, wenn jemand aufzeichnet, was ich anhabe und wie ich stehe. Jetzt sehe ich glücklich aus. Einfach glücklich. Haare und Gesicht sehen nach Sonntagmorgen, 7.15 Uhr aus, aber trotzdem sehe ich genauso aus, wie ich mich fühle. So würde ich gerne immer aussehen. Bevor ich es mir anders überlegen kann, drücke ich auf *Senden*.

Eine halbe Sekunde vergeht und Jackson schickt ein Herz-Emoji zurück. Wenn ich jetzt ein Selfie machen würde, sähe ich wahrscheinlich aus wie eine aufgeschreckte Elchin, die entweder gleich von einem Wohnmobil überfahren wird oder die einen geheimen Wald voller Weidentriebe und Blaubeeren gefunden hat. Eine aufgeschreckte, glückliche Volleyballerina-Elchin, die noch immer dringend pinkeln muss.

29

Das Training ist brutal, aber wir werden alle immer besser und stärker und die Mannschaft fängt an, gut zusammenzuspielen. Wir wissen inzwischen, wer ein schwieriges Zuspiel riskiert und wer in einem aussichtslosen Fall seine Knie schont. Wir wissen, wer jemand anderem und wer sich selbst die Schuld für einen schlechten Angriff gibt. Wir wissen, wer einen Müsliriegel braucht, und wir wissen, dass wir hangry wirken, wenn uns selbst jemand einen zusteckt.

Ich ziehe mich immer noch nicht vor den anderen um.

Aber ich weiß jetzt, wie ich am besten in den Stabilisator rein- und wieder rauskomme. Doch dazu gehört einiges an Gefuchtel und An-die-Wand-Drücken. Das mache ich nach Mr Feilers Kurs auf dem Weg nach unten in einer der Unisex-Toiletten im dritten Stock. Und ich habe mein T-Shirt-Kontingent erhöht, damit ich nicht immer mein Zoo-T-Shirt zum Training anziehen muss.

Aber heute ist Mannschaftskleidung angesagt. Morgen ist unser erstes Spiel und Ms Reinhold musste eine Eilbestellung in Auftrag geben, damit alles rechtzeitig da ist. Die anderen denken nur an das Spiel und wie es wohl mit so vielen Neuen laufen wird. Kaia Beaumont, Nasrah und ich verstehen den Spielerwechsel noch nicht ganz und ich schwöre, die erfinden jeden Tag neue Regeln dazu. Jedes Mal, wenn jemand sagt, dass das Team noch nicht bereit ist, sagt Jessa: »Wir sind *IMMER* bereit!«, und erklärt uns dann, dass die Chatham Highschool berühmt dafür ist, grauenvoll schlecht zu spielen, und wir uns keine Sorgen machen müssen.

Aber darüber mache ich mir keine Sorgen. Über die Trikots hingegen schon.

Ms Reinhold sitzt rittlings auf einem umgedrehten 20-Liter-Farbeimer und balanciert eine große Pappschachtel in den Händen. Sie zieht ein Plastikpäckchen nach dem nächsten aus der Schachtel und liest dazu laut die jeweiligen Namen vor. »Cappell? Wo ist Cappell? Vergewissere dich, ob alles gut passt.« Sie wirft Cappell die Verpackung zu, die einfach an die Seite geht, schnell ihr Shirt auszieht und sich das Trikot überzieht. Es ist langärmelig, mit V-Ausschnitt und nicht so verwaschen rot wie die Badeanzüge damals. Es ist ein tiefes, dunkles Rot, wie eine teurere Version der Farbe. An den Ärmeln schleicht sich vom Handgelenk aus Gold nach oben, das sich um die Ellbogen herum mit dem Rot vermischt. Mitten auf der Brust prangt eine goldene Elf und darunter steht Kennedy.

Es ist total geil.

»Juchhu!«

»Jetzt wird's ernst!«

»Toll siehst du aus!«, sagen die Mädchen, während die Trainerin weiter Trikots aushändigt.

»Patel? Hat jemand Patel gesehen? Was ist mit Vang-Ellis? Vang-Ellis, vergewissere dich, ob alles gut passt. Suprenant ... oh, da bist du ja.«

Aus den ungleichen Sportlerinnen der Kennedy Highschool wird nach und nach eine dunkelrote Armee. Sobald sie sich das Trikot über den Kopf gezogen haben, sitzen ihre Pferdeschwänze straffer, stehen sie gerader und sehen aus – nun, das ist natürlich offensichtlich – wie eine Mannschaft. Eine unaufhaltbare Mannschaft.

Aber so toll das auch ist, ich werde immer nervöser, während ich dabei zuschaue, wie die anderen Mädchen sich gegenseitig in ihren Trikots bewundern (jetzt lassen sie auch schon die Hosen runter und schlüpfen in die winzigen, figurbetonten schwarzen Shorts). Denn mir wird klar, dass die Trikots noch viel enger sind, als ich gedacht habe. Sie sind aus demselben Stoff wie Kompressions-Shirts – diese engen Dinger, die Ty unter seinem Lacrossetrikot trägt, wenn er an einem kalten Frühlingstag spielt.

Ich habe Ms Reinhold gebeten, mir die größte Größe zu bestellen, aber diese Dinger sind sehr körperbetont. Sogar bei der dürren Mena Patel liegt das Trikot eng an und ich hätte gedacht, dass sogar die allerkleinste Größe bei ihr locker sitzen würde. Es müssen nur noch ein paar Trikots verteilt werden und ein Teil von mir hofft, dass meins nicht dabei ist, damit ich weiter in meinem Zoo-T-Shirt spielen kann.

»Juch-HU«, ruft Jessa und lenkt die Aufmerksamkeit auf Nasrah Abdullahi, die aussieht wie aus einer Werbung von Nike. Sie hält ihre Beine sonst immer bedeckt, deswegen hat sie schwarze Leggings statt kurzer Shorts bekommen, und dadurch sehen ihre sowieso schon langen Beine noch länger aus. Das Trikot geht ihr genau bis zu den Pobacken und sogar die Ärmel gehen genau bis zur richtigen Stelle an ihrem Handgelenk. Alles passt ihr tadellos, als hätten die Designer ihre Figur für die idealen Maße auserkoren und das Trikot um sie herum genäht. Zufällig trägt sie heute auch noch einen schwarzen Hidschab und nicht den blaugrün-gelben, den sie sonst manchmal anhat, sodass er auch perfekt zum Outfit passt. Sie sieht aus wie eine professionelle Sportlerin.

Wäre ich in der gegnerischen Mannschaft und sie würde aufs Spielfeld kommen, würde ich wohl gleich aufgeben. Ich bin froh, dass sie in meiner Mannschaft ist.

»Walsh! Probier dein Trikot an und vergewissere dich, dass alles passt.« Ich nehme das Plastikpäckchen und versuche optimistisch zu sein. Die anderen sehen darin so toll aus. Sie machen Selfies und Gruppenbilder und sortieren die Socken – es gibt Diskussionen darüber, ob wir morgen die roten oder die goldenen tragen sollen. Ich schlüpfe währenddessen in die Umkleidekabine, anstatt mich wie alle anderen in der Halle umzuziehen.

Hinter mir sagt Ms Reinhold: »Meine Damen! An die Arbeit! Und zieht die Trikots wieder aus, damit sie zum Spiel morgen noch frisch sind.«

Allein in der Umkleide, halte ich mein Trikot hoch. 18! Meine Nummer ist 18! Es ist nur ein Zufall, aber mein Geburtstag ist am 18. Mai. Ich liebe die Zahl 18. Der Stoff ist glatt, wie der Rand meiner alten Decke, und die goldenen Ziffern setzen sich so wunderschön von dem dunklen Rot ab. Der rot-goldene Wirbel auf den Armen sieht wissenschaftlich aus, als hätte ein Ingenieur die Zähflüssigkeit von Farbe berechnet.

Aber das Trikot sieht auch … klein aus. Kleiner als die Tops, die schon im Keller in die Behälter aussortiert wurden, weil ich aus ihnen herausgewachsen bin. Kleiner als alles, was ich seit langer Zeit getragen habe. Viel kleiner als der Platz, den ich brauche – selbst wenn ich nur eine Riesenbrust hätte. Und ich habe zwei davon.

Aber ich will dieses Trikot unbedingt tragen, mehr als alles andere je zuvor. Ich halte die Luft an und schlüpfe mit dem Kopf durch das Halsloch und mit den Armen in die Ärmel.

Und weiter geht's nicht. Auf der Höhe meiner Achselhöhlen bauscht es sich zusammen. Ich zerre daran, versuche es über die Brust zu ziehen, aber es bewegt sich nichts mehr. Der Stoff ist nicht so dehnbar, wie er aussieht.

Ich drücke eine Brust zusammen und versuche, das Trikot an der Seite runterzuziehen, dann auf der anderen Seite. Ich bekomme es drüber, aber es ist derart eng, dass *Kennedy* völlig verzerrt ist. Die kleinen »n« sind genauso groß wie das große »K«. Und es reicht nicht so weit runter, dass es auf die Shorts trifft. Wenn ich die Arme hebe, rutscht das Teil noch weiter nach oben und bleibt da hängen. Ich sehe aus, als würde ich gleich explodieren. So würde ein sexistischer Comiczeichner einen weiblichen Hulk zeichnen: nicht ihre Muskeln, sondern ihre Brüste würden die Nähte zum Platzen bringen.

Ich stelle mich vor den Spiegel.

Scheiße.

Ich kann das nicht tragen.

Selbst wenn mir egal wäre, wie ich darin aussehe, ich kann mich nicht darin *bewegen*. Sobald ich mich ein Stück nach vorn beuge, klettert das Shirt mir den Bauch hoch. Wenn die Trainerin mich für unkonzentriert gehalten hat, als mein BH rumgerutscht ist, wird sie mich so erst recht nicht aufs Spielfeld schicken können. Denn ich würde die ganze Zeit damit beschäftigt sein, zu zerren, zu ziehen und zu zupfen, nur damit mein Vorbau bedeckt bleibt. Die andere Mannschaft bekäme den Sieg quasi geschenkt: Sie müssten gar nicht auf gute Möglichkeiten warten, sondern einfach alle Bälle zu der Spielerin schlagen, die ihr Trikot nicht anbehalten kann.

Ich kann dieses Teil einfach nicht tragen.

Es ist zu eng. Genauso, wie ein Strampler zu eng für einen ausgewachsenen Mann wäre, oder ein Hundepulli für ein Nilpferd. So eng, dass es einem die Tränen in die Augen treibt. Das tut es nämlich.

Ich kann dieses Teil nicht tragen.

Und wenn ich das Trikot nicht trage, dann kann ich nicht spielen.

Ich reiße mir das Ding vom Leib. Oder vielmehr, ich pelle mich heraus, denn es auszuziehen ist fast genauso schwer, wie es anzuziehen. Ich schiebe es zurück in die Plastikverpackung und lasse mich auf die Holzbank fallen.

Am liebsten würde ich mich jetzt rausschleichen und nie wieder zurückkommen, aber der einzige Weg nach draußen ist durch die Sporthalle. Und im Ordner von Mom gibt es keine andere Highschool.

Ich ziehe Dads T-Shirt wieder an. Wenigstens habe ich es in die Mannschaft geschafft. Das muss reichen. Dann mache ich jetzt das letzte Mal beim Training mit und heute Abend schreibe ich Ms Reinhold in einer E-Mail, dass es mir leidtut, ich mich aber auf die Schule konzentrieren und sie jemand anderen finden muss, um meinen Platz in der Mannschaft einzunehmen. Die Verwaltungsgebühr von 130 Dollar können sie behalten. Die anderen Spielerinnen werden mich blöd finden, und falls sie mich je hungrig antreffen sollten, werden sie mich mit leeren Müsliriegelverpackungen bewerfen und sagen: »Ich kann mich an die erinnern. Die ist vor dem ersten Spiel aus der Mannschaft ausgetreten.« Aber wenigstens kann ich dann in Würde in einem extragroßen Sweatshirt sterben.

Und Jessa. Was wird Jessa denken?

Zurück in der Sporthalle, suche ich mir eine Partnerin für die nächste Übung.

»Walsh!«, ruft Jessa. Sie steht neben Ms Reinhold. Ich wische mir schnell über die Augen und renne zu ihnen hin.

»Du spielst morgen als Außenangreiferin und Nasrah als Diagonalangreiferin«, sagt die Trainerin.

»Äh … tja … ähm …« Sie starren mich beide an, denn die richtige Antwort wäre »Super!« gewesen, um dann gleich weiterzutrainieren. Ich werde dunkelrot, aber nicht so schön wie unsere Trikots.

»Außenangreifer heißt über die linke Seite des Spielfelds«, erklärt Jessa.

»Ja, weiß ich. Nur, ich weiß nicht, ob ich es schaffen werde.«

»WAS?«, blafft Jessa.

»Ich kann hier keine Terminüberschneidungen für morgen sehen«, sagt Ms Reinhold mit Blick auf ihr Klemmbrett.

»Ich weiß. Tut mir leid. Ich weiß nicht, ob ich generell Zeit habe zu spielen …«

»GAR NICHT? Hörst du auf? JETZT?« Jessa kocht.

»Nein! Das heißt …« Das heißt Ja, aber ich kann es nicht aussprechen. Ich liebe diese Mannschaft. Ich will nicht aufhören.

»Mann, Greer. War das für dich alles nur ein Scherz? Wolltest du überhaupt je Teil der Mannschaft sein?« Jessa ist wütend. Mehr als wütend. Ich glaube, sie ist verletzt. Sie hat sich von Anfang an für mich eingesetzt, hat alles getan, um mir zu helfen, und hat mich verteidigt, als andere, die Trainerin eingeschlossen, mich für »unkonzentriert« hielten. Sie dachte, ich wäre ein Teil der Mannschaft, und die Mannschaft bedeutet Jessa alles. Und jetzt lasse ich sie hängen. »Du hast noch nicht einmal das Trikot angezogen.«

Mein Gesichtsausdruck muss etwas preisgegeben haben, denn Ms Reinhold, die bis jetzt zugelassen hat, dass Jessa mich auseinandernimmt, hält die Hand hoch, bevor Jessa noch etwas sagen kann.

»Hast du das Trikot anprobiert, Walsh?« Sie fragt das ganz beiläufig, als wollte sie wissen, ob ich den neuen *Mission: Impossible*-Film gesehen habe. So wie: »Rein aus Neugier, hast du deine gewaltigen Brüste in diese Wurstpelle gequetscht?«

»Hm-hmm«, brumme ich. Ich kann nicht sprechen. Würde ich den Mund öffnen, würde Luft in meine Kehle dringen und ich würde daran ersticken.

»Hat es gepasst?«

Ich blinzele ganz doll und ganz schnell. Und schüttele noch schneller den Kopf.

Jessa runzelt die Stirn. Coach Reinhold brüllt in die Halle: »Assistenztrainerin Vallejo übernimmt«, und dann zu mir: »Wir schauen uns das mal an.« Sie wartet nicht auf eine Antwort, sondern geht einfach in die Umkleide. Ich haste ihr hinterher und Jessa kommt auch mit.

Es ist fast genauso peinlich, das Plastikpäckchen mit in die Toilettenkabine zu nehmen, wie mich vor ihnen umzuziehen, denn das bedeutet, dass ich total verklemmt bin, was die meisten Mädchen nicht sind. Aber ich mache es trotzdem, weil ich es nicht ertragen kann, dass jemand sieht, wie ich mich ächzend in dieses Ding reinquäle.

Als ich aus der Kabine komme, starren die beiden mich an. Mit zerfurchter Stirn, eine Hand an den Mund gelegt, steht die Trainerin da. So sieht sie aus, wenn sie über die Spielstrategie nachdenkt.

Die Tatsache, dass keine von ihnen sagt: »Was ist denn das Problem? Sieht doch super aus!«, bestätigt mir, dass es genauso schlimm ist, wie ich dachte. »Es sitzt sehr eng«, quietsche ich und wische mir mit den seidigen Farbwirbel-Ärmeln den Schweiß der Verlegenheit von der Oberlippe.

»Haben die keine größeren Größen?«, fragt Jessa. Die Frage ist logisch, aber ich weiß aus Erfahrung, dass das so nicht funktioniert. Um an meiner größten Stelle groß genug zu sein, muss das Ganze im Grunde ein Vier-Mann-Zelt sein. Dann würden mir die Ärmel bis zu den Knien reichen und der V-Ausschnitt bis zum Bauch.

»Timms, geh in die Halle und fangt an, den Zweier- und Dreierblock zu üben.«

Ich liebe diese Übung. Und ich werde sie nie wieder machen.

»Walsh, komm mit.«

Ich weiß nicht, wo wir hingehen – vielleicht nach draußen, damit sie mich vor einen vorbeifahrenden SUV schubsen kann –, aber das ist es, was eine gute Trainerin ausmacht: Wenn sie sagt »Komm mit«, dann kommst du mit. Während wir gehen, winde ich mich aus dem Trikot heraus und ziehe mein eigenes T-Shirt wieder über.

Ms Reinhold geht schneller, als die meisten Menschen rennen.

Wir landen im Trakt der Kurse für Familien- und Hauswirtschaftslehre.

Trainerin Reinhold klopft an eine Tür mit einem gestickten Schild, auf dem steht: *Theresa Kershaw-Bend.* Als die Tür aufgeht, sagt sie: »Hallo, Tess. Hast du deine Nähmaschine parat?«

Kurse im Bereich Familien- und Hauswirtschaftslehre sind zum Beispiel Kochkunst, Persönliche Finanzen, Selbstständige Lebensführung, Kindliche Entwicklung, Mode und Design, Modemanagement und dieses Jahr auch Mode- und Food-Blogging. Theresa Kershaw-Bend unterrichtet alle Kurse, die mit Kleidern und Finanzen zu tun haben. Eine andere Lehrerin betreut die Themen Essen und Kinder und unsere IT-Spezialistin leitet die Blogger-Kurse, denn sie hat hundertzehntausend Follower auf Pinterest.

Ms Reinhold erklärt Ms K-B, dass wir ein Trikot brauchen, das passt, und zwar schnell. Interessant, dieses »wir«, besonders wenn man bedenkt, dass ich vor zehn Minuten noch bereit war, aus der Umkleide zu schleichen und nie wiederzukommen. Sie erklärt, dass wir möglicherweise eine Sonderanfertigung bestellen könnten, die aber wahrscheinlich doch nicht die richtige wäre, zu lange dauern würde und im Sport-Budget sowieso nicht vorgesehen wäre.

»Ich bin mir sicher, wir finden eine Lösung«, sagt Ms K-B und hält das Trikot hoch. Als wäre das so leicht. »Muss ich sonst noch was wissen?«

»Es wäre gut, wenn es zu den anderen passt«, sagt Ms Reinhold.

»Es wird nicht *ganz* genauso aussehen, aber Dunkelrot und Gold haben wir.« Sie zeigt mit dem Kopf auf die Regale voller durchsichtiger Behälter, in denen sich gefaltete Stoffreste stapeln.

Die Trainerin geht zurück zur Sporthalle, während ich dort in meinem Zoo-T-Shirt stehen bleibe und nicht zu übersehen bin. Meine Wangen sind noch heiß und meine Augen bestimmt verweint. Ms K-B geht geschäftig hin und her, nimmt sich Bleistift und Notizbuch von ihrem Schreibtisch und legt sich ein Maßband um den Hals. Ich weiß, wofür das Maßband ist und was es herausfinden wird, und wappne mich. Sie steht vor mir und lächelt. »Das erste Jahr in der Mannschaft oder haben sich die Maße seit letztem Jahr verändert?«

»Das erste Jahr.«

»Lass uns mal sehen, was wir brauchen«, sagt sie und schiebt sich die Brille, die an einer Kette um ihren Hals hängt, auf die Nasenspitze. »Arme gerade, bitte.« Ms K-B sieht mich an, als wäre das alles ganz normal. Als würden unvollkommene Körper jeden Tag vor ihrem Maßband stehen. Als wäre ich ein Problem, das gelöst werden will – nicht ein Problem, bei dem etwas nicht stimmt. Mehr wie eine Matheaufgabe. Ein Rätsel. Wie eine Ansammlung von einzigartigen Eigenschaften mit einer einzigartigen Lösung. Und ich entspanne mich ein wenig.

»Und alles hat sich in den letzten Jahren sehr verändert«, ergänze ich. Sie lacht und ich lache auch.

Sie fängt an, indem sie ein Ende des Maßbands mit ihrem Daumen an das eine Ende meiner Schulter hält, es bis zu meinem Halsansatz führt, dort ihren kleinen Finger platziert und das Maßband dann mit der anderen Hand über meine andere Schulter führt. Sogar durch mein T-Shirt fühlen sich ihre Finger kühl an, und als sie meinen Hals berührt, bekomme ich Gänsehaut. Als Nächstes hält sie das Maßband gegen meine Schulterblätter und kritzelt die Zahlen in ihr Notizbuch. Sanft bewegt sie sich um mich herum, aber ohne zu zögern oder sich zu entschuldigen, misst ab, notiert und murmelt vor sich. »Siebenundsiebzig Komma fünf … Fünfundzwanzig … und jetzt achten wir darauf, dass der linke Arm genauso ist …«, sagt sie und füllt nach und nach die Seite.

Dass diese Fremde mich berührt, einwickelt und abmisst, sollte peinlich sein, aber sie verhält sich nicht so und irgendwie vertraue ich ihr deswegen. Der schlimmste Teil steht uns noch bevor, der Teil, wo sie meine Brust vermisst und ihre Augenbrauen nach oben schießen. Der Teil, wo ich ihr leidtue und mich schäme.

Jetzt steht sie vor mir und greift mit ihren langen Armen um mich herum, fängt mich mit ihrem Maßband ein. »Wir können über dem T-Shirt messen«, sagt sie, zu mir und zu sich selbst. »Es ist dünn genug.« Sie manövriert das Maßband um meine Rippen herum, genau unter meine Brust und zieht es fest. Dann lässt sie locker und legt es an die höchste Erhebung meiner Brust – den größten Teil von mir.

»Nicht die Luft anhalten. Sonst messe ich falsch«, sagt sie. Ich habe gar nicht gemerkt, dass ich das tue. Ich atme aus und spüre, wie sich alles ein wenig entspannt. Sie zieht das Band zusammen, sodass das Ende mit den Zahlen abschließt, und plötzlich sind wir fertig. Minuten. Sekunden. Falls sie bei den Maßen zusammengezuckt ist, dann habe ich es verpasst. Falls sie einen Moment bezweifelt hat, dass die Zahlen stimmen können, habe ich ihn verpasst. Falls sie alles andere als zuversichtlich ist, was das Trikot für mich angeht, habe ich auch das verpasst. Sie ist schon dabei, Behälter aus den Regalen zu ziehen und Stoffreste durchzugehen. »Okay dann. Das Spiel ist morgen?«

»Direkt nach dem Unterricht. Aber wenn Sie nicht …«

»Kannst du in der Mittagspause vorbeikommen, falls wir noch etwas anpassen müssen?«

»Natürlich. Aber glauben Sie wirklich, dass Sie das hinbekommen?«

Sie schaut auf die Zahlen in ihrem Notizbuch. »Ich habe hier alles, was ich brauche.« Sie tippt mit ihrem Bleistift auf die Seite.

»Vielen herzlichen Dank. Falls Sie nicht …«

Aber sie ist schon wieder an der Arbeit und angelt Stoff aus ihren geordneten Behältern. »Kein Problem, Greer.«

Socken werden hochgezogen, Haare geflochten und es wird überprüft, ob sich unter den winzigen Shorts die Unterhose abzeichnet. Ein paar Mädchen haben eine Rolle Goldband mitgebracht, um Stirnbänder daraus zu machen, und nun werden nacheinander alle gekrönt. Nasrahs Mutter hat ihre Nummer – die 25 – in eine Ecke ihres Hidschabs gestickt. Jessa marschiert mit ihren Knieschonern herum und putscht uns auf.

Die anderen sind zu sehr damit beschäftigt, sich fertig zu machen, um auf mein Trikot zu achten, aber ich liebe es. Ich *liebe* es. Ms Kershaw-Bend sollte im Ordner meiner Mom stehen, als Meister-Näherin/Trikot-Superheldin. Sie hat die Seitennähte aufgetrennt und das gesamte Rückenteil rausgenommen. Den Stoff hat sie dann benutzt, um Abnäher herzustellen, kleine Ausbeulungen, für die Stelle, wo die Brust sitzt. Anstatt wie bei einem normalen T-Shirt, wo davon ausgegangen wird, dass man hinten und vorne je gleich geformt ist, läuft der Brustteil bei meinem Trikot jetzt so spitz zu wie bei einem Kleid. Dann hat sie dunkelroten Netzstoff von einem alten Footballtrikot verwendet, um das Rückenteil zu ersetzen, und hat es mit goldenem Stoff gefüttert, damit man meinen BH nicht durchsieht.

Das zusammengestückelte Trikot passt jetzt ganz genau und sieht immer noch gut aus, fast ein bisschen wie das Kleid der guten Hexe Glinda aus dem Musical *Der Zauberer von Oz*. Es geht über meine Brust, wird dann aber schmaler, sodass es sich nicht aufbauscht wie ein Tischtuch. Es reicht mir, wie vorgesehen, genau bis über den Po, anstatt mir nur bis zum Bauchnabel zu gehen. Und ich kann mich drehen und wenden und nach oben springen, ohne dass mir das Trikot bis zum Hals hochrutscht. Oder vielmehr, wenn ich das nicht kann, dann liegt es nicht am Trikot.

Sehe ich immer noch so aus, als hätte ich übergroße Hupen? Natürlich tue ich das. Wäre ich bereit, etwas so Körperbetontes in der Schule zu tragen oder in einem Gespräch von Angesicht zu Angesicht (oder von Brust zu Brust) mit Jackson, Max oder irgendeinem anderen Jungen? Nein, das wäre ich nicht. Aber während ich so tue, als würde ich mir die Hände waschen, anstatt mich im Spiegel zu überprüfen, glaube ich, dass alles gut wird. Ich habe Ms K-B gebeten, es etwas lockerer fallen zu lassen als die anderen Trikots. Und das tut es, ohne dass es riesig wirkt. Nur groß genug. Ich glaube, meine Brüste werden nicht im Mittelpunkt stehen. Ich glaube, vielleicht werde ich heute mal nicht so viel an sie denken.

Als wir aus der Umkleide kommen, um uns aufzuwärmen, jubeln die Zuschauer auf der Tribüne und stampfen mit den Füßen. Vor ein paar Jahren wurde eine neue Musikleitung eingestellt, die fuchsteufelswild darüber war, dass die Schulmusiker nur bei den Football- und Basketballspielen der Jungs auftraten. Sie fing an, kleinere Gruppen sowohl zu allen Heimspielen als auch zum Debattierklub und zu den Robotik-Wettbewerben zu schicken. Und das hat irgendwie dazu geführt, dass all die anderen Veranstaltungen auch bemerkt werden. Die Tribüne ist zwar nicht voll besetzt, aber ich habe trotzdem das Gefühl, es sind viele Zuschauer da, vor allem, weil ich noch nie vor jemand anderem als der Mannschaft gespielt habe.

Die anderen Mädchen suchen in der Menge nach ihren Eltern oder Freunden, und sobald sie sie entdeckt haben, werden sie noch beschwingter. Da Maggie Proben hat, Dad bei der Arbeit und Mom mit Ty beim Geigenunterricht ist, weiß ich, dass keiner aus der Menge meinetwegen gekommen ist. Einerseits bin ich froh, weil ich sowieso schon nervös genug bin, andererseits wäre es schön, meinen eigenen Fan zu haben. Ich möchte beides: unsichtbar und sichtbar sein.

Die Miniband spielt ein Beyoncé-Medley und Jessa nimmt mich und Sylvie bei der Hand und fängt an, wie eine *Single Lady* zu tanzen. Wir lachen so sehr, dass wir weinen. Und dann höre ich ihn plötzlich durch all das Stimmengewirr: »Walsh! 18!« Ich schaue zur Tribüne hoch und winke. Jackson sitzt mit Max Cleave und ein paar anderen Jungs zusammen – Max hat gerade angefangen, mit Emma Wood auszugehen, deswegen weiß ich, warum sie hier sind. Aber trotzdem ... ich hole tief Luft, widerstehe der Versuchung, mein verschwitztes Zoo-T-Shirt über mein Trikot zu ziehen, und stolziere so gut ich kann an der Seite von Jessa aufs Spielfeld.

»Auf geht's, Kennedy! Auf geht's, Volleyballerina!«

Tja, jetzt weißt du, was sich unter meinem Sweatshirt befindet. Jackson, darf ich vorstellen: Donna und Doria.

Das Beste an meinem ersten Volleyballspiel war nicht, dass ich uns sofort beim ersten Ballkontakt einen Punkt geholt habe. Das war schön, aber nicht bemerkenswert. Und ich war erleichtert. Chatham hat ein großes Loch auf ihrer Seite des Spielfelds gelassen, genau in der Mitte. Es war einfach meine Aufgabe, das zu treffen. Keiner flippte deswegen aus, weil es genau so auch laufen musste.

Das Beste war nicht, dass unser Team nach *jedem* Punkt, auch wenn es nicht unserer war, zusammenkam, um einander abzuklatschen und sich gegenseitig zu motivieren. Das Beste war nicht, dass es sich schon ganz normal anfühlte, als wir siebzehn Punkte im Vorsprung waren. Das Beste war nicht, dass ich, statt zusammenzuzucken, wenn ich eine Hand auf meinem Rücken spürte, danach griff, sie berührte und es uns dann beiden besser ging.

Es war auch nicht das Beste, dass Jackson da war und albernes Zeug auf Englisch und Deutsch rief oder dass ich danach eine Nachricht von ihm bekommen habe, in der stand, dass ich die Schule sein lassen und ein Volleyball-Stipendium an der Volleyball-Universität einplanen solle. Dass er früher gehen musste und ich mich nach dem Spiel nicht mit ihm unterhalten konnte, machte mir nichts aus, weil ich nirgendwo anders sein wollte als in der Umkleide mit meiner Mannschaft.

Das Beste war auch nicht, dass wir gewonnen haben. (Haben wir aber.)

Das Beste war dieser eine Augenblick, es waren nur ein paar Sekunden, der für alle anderen wie eine Katastrophe aussah. Kate kam nur so knapp an den Ball, dass er in hohem Bogen Richtung Aus auf unserer Seite des Netzes flog. Wenn das passiert, kann man eigentlich nichts machen.

Aber als ich sah, wie der Ball durch die Luft segelte, machte bei mir etwas klick. Nicht so, als würde mir etwas klar werden, sondern so, als würde etwas frei werden. Da war der Ball und da war ich. Ich habe nicht erst überlegt, welche Möglichkeiten es gibt, welche Position die beste oder welche Flugbahn wahrscheinlich wäre. Ich habe auch nicht an mein Trikot oder an Jackson oder an Verletzungen gedacht. Oder daran, wie es aussehen würde, wenn ich scheitern sollte. Ich habe an nichts gedacht. Ich habe einfach gehandelt. Ich habe den Ball gesehen, den unerreichbaren Ball, und habe mich draufgestürzt. Bekommen habe ich ihn nicht, er ist von meinen Unterarmen abgeprallt, in die Zuschauermenge geflogen und hat Jessas Dad das Popcorn aus der Hand geschlagen. Und als ich schließlich auf dem Boden landete, mit dem Gesicht zuerst, bin ich noch ein Stück gerutscht und mit dem Schienbein gegen den Schiedsrichterinnen-Stuhl geknallt, der so sehr gewackelt hat, dass sie sich festhalten musste.

Es war wunderbar.

Nicht der Teil mit dem Stuhl. Das tat verdammt weh und hat mir ein pochendes blaues Ei beschert. Ich bin nicht so eine Verrückte, die auf Schmerzen steht.

Das Wunderbare war der Moment kurz davor, als mein Körper nicht nur mitmachte, sondern voranging. Als jeder Muskel, jedes Gelenk, jede Hautzelle zusammenarbeitete und alle genau das taten, was sie tun sollten: sich bewegen. Berühren. Fallen. Fühlen. Fliegen. Und ich dachte:

Das ist es, was ein Körper tun kann.

Das war das Beste an dem Spiel.

»Alles okay?«, fragte Nasrah, zog mich auf die Beine und zuckte zusammen, als könnte sie den Sturz auch fühlen.

»Ja«, sagte ich und lachte und hatte bei jedem Schritt Tränen in den Augen.

»Das wird wehtun.«

»Ja.« Ich schaute auf mein Schienbein, wo die Beule schon anschwoll. »Es war wunderbar.«

33

Mom und Melinda Oates halten es für ein Zeichen des Universums: Ben Oates ist in der Stadt und bei beiden Familien steht am Abend keine Sportveranstaltung, kein Musikunterricht, keine Vorstandssitzung und auch sonst kein weiterer Termin an. So ganz stimmt das zwar nicht, weil Tyler eigentlich ein Eishockey-Trainingsspiel hat, aber Mom hat beschlossen, dass zu ignorieren. Immerhin hat Melinda Oates uns alle zum Abendessen eingeladen und vielleicht kannte das Universum Tylers neuen Trainingsplan ja nicht.

»Wo gehen wir noch mal hin?«, fragt er jetzt. Er hat schon das dritte Oberteil innerhalb von zehn Minuten an. Mom hatte ihn gebeten, etwas anderes anzuziehen als sein dreckiges altes Chicago-Blackhawks-Hockey-T-Shirt, und als er dann mit einem sauberen alten Chicago-Blackhawks-Hockey-T-Shirt wieder auftauchte, war sie nicht zufrieden. Jetzt hat er einen blauen Pullover an, auf dem zwar kein Vereinslogo prangt, dafür aber das einer großen Sportmarke. Mom sieht verärgert aus, weiß aber auch, dass sie nichts Besseres erwarten kann. Außer sie tauscht Tyler gegen ein anderes Kind ein, das gerne Hemden trägt.

Ich habe Glück, denn es ist so kalt geworden, dass ich meinen grauen Pullover mit dem riesigen Wasserfallkragen anziehen kann, eines der zwei Nicht-Sweatshirts, die ich habe, falls Mom uns vorzeigbar haben will.

»Zu meinen Kunden, der Oates-Familie. Der ältere Junge geht auf Greers Schule.«

»Du hast sie kennengelernt«, erinnere ich Ty. »Alle, außer den Vater.« Keiner von uns kennt den Vater. Man begegnet einem Yeti wohl häufiger als Jacksons Dad, der neunundzwanzig Tage im Monat verreist ist, Februar inklusive.

Tyler zieht sich die Schuhe an, ohne die Schnürsenkel vorher aufzubinden. Mir wird klar, dass ich noch nie gesehen habe, wie er sich die Schnürsenkel bindet. Vielleicht kann er weder binden noch knöpfen. Er trägt eine Jogginghose mit Tunnelzug, vielleicht kann er mit einem Reißverschluss auch nicht umgehen. Aber sobald er angezogen ist, sieht er in Ordnung aus. Als wäre er in diesem Outfit, das an jeder Stelle genau passt, geboren worden. Ich wette, Tyler hat noch nie, noch nicht einmal fünf Sekunden, darüber nachgedacht, ob seine Hosen zu eng oder seine Brüste zu groß sind. »Warum gehen wir da hin?«, will er wissen.

»Melinda hat uns eingeladen, um sich bei mir für die ganze Hilfe beim Einzug zu bedanken.« Sie sagt das mit einem zufriedenen Lächeln, so als könnte sie nichts dafür, dass sie so wunderbar ist.

»Aber sie weiß schon, dass du dafür bezahlt wirst, oder?«, frage ich.

»Die Menschen wissen es zu schätzen, wenn du dich für sie ins Geschirr legst«, sagt Mom. Mom legt sich nicht ins »Geschirr«, sondern setzt sich ins Auto und bekommt Kilometergeld, aber das erwähne ich nicht. Sie wird es nicht lustig finden, Tyler wird wissen wollen, was »sich ins Geschirr legen« eigentlich heißt, und Dad kommt gerade erst von der Arbeit, also will ich ihn noch schonen. »Wir wollten schon ohne dich los«, sagt sie.

»Wo gehen wir denn hin?«

Mom verdreht die Augen, weil sie uns allen schon dreißig Mal gesagt hat, dass wir zum Abendessen zu den Oates gehen. Sie und ich sind die Einzigen, die sich da anständig reingesteigert haben.

Mom ist aufgeregt, weil sie Menschen einfach mag, besonders

neue Menschen und ganz besonders, wenn sie einen Blick auf deren Haus und deren Möbel werfen kann.

Was Menschen angeht, ist meine Einstellung eher lauwarm, auch wenn ich von einem bestimmten Menschen ziemlich begeistert bin. Aber nervös bin ich aus mehreren Gründen:

1. Ich war noch nie bei Jackson zu Hause und da wäre jeder vernünftige Mensch nervös. Wir unterhalten uns jeden Morgen für sechs Minuten vor der Mathestunde, und bevor uns der Gesprächsstoff ausgeht, klingelt es. Ich glaube nicht, dass ich dazu in der Lage bin, länger als sieben, acht Minuten interessant zu sein. Ich bin mir ziemlich sicher, er schon.

2. Ich bin nicht mit vernünftigen Leuten bei Jackson zu Gast. Ich komme mit *seltsamen* Leuten. Allein würde es mir vielleicht gelingen, sowohl schreckliche als auch peinliche Szenen zu vermeiden. Aber man kann nie wissen, was passiert, wenn Tyler und meine Mom dabei sind – gleichzeitig.

3. Ich muss den Zwerg Brummbär finden und retten. Ich habe keine Ahnung, wie ich das anstellen soll.

34

Ben Oates öffnet uns die Haustür, bevor wir überhaupt klingeln können. Er trägt eine Schürze über seinem gestreiften Hemd und Jeans, die ihm locker um die Hüften sitzen. Er hat braunes, welliges Haar, das sich auf beiden Seiten seiner Stirn langsam lichtet. Er und mein Dad könnten nebeneinander in derselben Kaufhauswerbung stehen, als würde meine Mom für beide einkaufen.

»Willkommen! Kommt rein!« Mr Oates hält uns die Fliegengittertür auf und lehnt sich dabei so weit raus, dass ich ganz nah an ihm vorbeimuss, um reinzugehen. Er sieht aus wie ein mittelalter Jackson, riecht aber wie ein leckeres indisches Restaurant. »Ben Oates«, sagt er und schüttelt meinem Dad die Hand. »Du bist Eric.«

»Das bin ich«, bestätigt Dad.

»Und du bist Greer und ... Tyler?« Er verzieht das Gesicht, als wäre er besorgt, sich den Namen falsch gemerkt zu haben. Tyler grunzt: »Jep«, und Mr Oates grinst. »Und *du* musst der rettende Engel meiner Frau sein.« Er küsst Mom auf die Wange und sie strahlt.

Jackson ist nirgends zu sehen. Ich gerate leicht in Panik, dass er doch nicht dabei sein wird, obwohl er heute Morgen in der Schule gesagt hat: »Bring unbedingt eine Kamera mit, meinen Vater bekommt man nur selten zu Gesicht.« (Ich habe gefragt: »In seinem natürlichen Lebensraum?«, und Jackson hat geantwortet: »Sein natürlicher Lebensraum ist das Hilton Hotel.«)

Aber für jemanden, der nur einen Gastauftritt hat, scheint Mr

Oates ganz in seinem Element zu sein: fremde Menschen um den Finger zu wickeln. Von ihm hat Jackson das also.

»Ich hole euch erst mal was zu trinken.« Er schreitet durch das Haus und wir folgen ihm, als wäre er ein Magnet und wir kleine Eisenteile. »Jack und Mel sind gerade noch mal los, um Kokum aufzutreiben.« Wir schauen ihn alle verständnislos an. »Das ist ein Gewürz. Ich bezweifle, dass sie welches bekommen werden. Ich bin gerade aus Bangalore zurück und einer unserer Partner hat mich mit den gesamten Rezepten seiner Mutter nach Hause geschickt. Die meisten Zutaten konnten wir hier kaufen, aber ein paar Sachen muss ich nächstes Mal mitbringen.«

Er führt uns in die Küche, wo Brot, Dips, Aufstriche und Obst angerichtet sind, wie in einer Zeitschrift. Auf jeder Kochplatte steht ein dampfender Topf und es duftet unglaublich, als wären wir gerade in der Kochshow von Padma Lakshmi gelandet. Verzückt saugt meine Mutter alles auf. Jacksons Dad reicht meinen Eltern je ein Glas Rotwein. »Melinda hat gesagt, lass uns einfach Filet essen oder etwas kochen, was wir schon mal gemacht haben. Aber wo bleibt da der Spaß? Jeder kann ein Filet braten. Ganz oder gar nicht, stimmt's?«

Ich werfe Tyler, dieser fleischgewordenen Gesprächspause, einen heimlichen Blick zu. Der guckt auf das ausgebreitete Essen, als wäre es aus Gift und Hundescheiße. Wenn das »ganz« ist, dann will er lieber »gar nicht« und nach Hause gehen, Hähnchen-Nuggets essen.

»Möchte einer von euch einen Bananen-Lassi probieren?« Mr Oates nimmt den Behälter vom Standmixer und hält ihn hoch.

»Ich probiere gern mal.«

Er lächelt mich an und gießt weißes, schaumiges Zeug in ein Glas. Es schmeckt wie ein Bananen-Smoothie.

»Nichts für dich?« Tyler schüttelt den Kopf. Er bekommt noch nicht einmal ein »Nein, danke« heraus. Das hier ist Tys schlimmster Albtraum. So viel Essen und weit und breit keine Tüte Chips.

»Ich bin einmal auch fast nach Indien gereist«, sagt Mom und mir wird klar, dass die Situation auch für sie irgendwie ein Albtraum sein muss. Wir sind seit zehn Minuten hier und die ganze Zeit hat jemand anderes geredet.

»Solltest du! Alle sollten …«

»*DAD!*« Wie aus dem Nichts taucht Quinlan auf. Sie zappelt herum, versucht sich die Ärmel ihres Shirts über die Handgelenke zu ziehen, aber sie rutschen immer wieder nach oben.

»Nicht einfach so dazwischenreden, Schätzchen.« Er stellt uns Quinlan vor, die ihm aber erklärt, dass sie uns schon kenne.

»Gibt es noch was anderes zu essen? Cracker oder so?«

Mr Oates atmet laut durch die Nase aus. »Ich weiß nicht, wo deine Mutter so was aufbewahrt.«

Mit viel Tamtam holt sich Quinlan eine Schachtel Cracker. Sie stellt sich damit neben die zeitschriftenmäßig inszenierten Appetithappen und isst direkt aus der Schachtel. Mit ihren langen Beinen zappelt sie dabei wie ein Grashüpfer und ich kann mir vorstellen, wie sie sich fühlt. So ist es, wenn dir dein eigener Körper fremd vorkommt. Tyler sabbert schon, aber sie bietet ihm keine Cracker an.

Jedes Mal, wenn draußen ein Auto zu hören ist oder Quinlan mit dem Fuß gegen den Küchenschrank stößt, springt der kleine Schmetterling in mir auf, weil er denkt, dass Jackson jetzt reinkommt. Ich sage ihm, er soll aufhören, sich wie ein Idiot zu benehmen, aber dann fällt Tyler das Handy runter, weil er nach einem Cracker greift, der Quin runtergefallen ist, und schon springt er wieder auf. Der Schmetterling und Tyler sind beide Idioten.

Mr Oates und Dad fangen an, sich über den Wein zu unterhalten. Noch mal Pech für meine Mom, denn obwohl sie Wein trinkt, kennt sie sich mit Rebsorten und dem pH-Wert des Bodens nicht aus und muss das Gerede darüber meinem Vater überlassen. Sie nickt und lächelt nur.

Mit dem Bananen-Lassi in der Hand wandere ich ins Wohnzimmer und Tyler folgt mir. Ich gucke mir die Bücher an – viele Empfehlungen aus Reese Witherspoons Buchklub, einige Sachbücher von Malcom Gladwell. Tyler hat das Regal mit den Xbox-Spielen gefunden und sein Grunzen lässt erkennen, dass er nicht begeistert ist.

»Wollt ihr mein Zimmer sehen?« Sogar beim Crackeressen schafft Quinlan es, sich anzuschleichen wie Spider-Woman.

Tyler und ich folgen ihr nach oben in einen Klimbim-Palast. Die Klein-Mädchen-rosa-Prinzessinnen-Phase hat sie hinter sich gelassen und ist jetzt offensichtlich in der farbenprächtigen Kunstfell- und Disco-Kugel-Phase. Ihre Überdecke sieht aus wie die aquamarinfarbene Haut einer Muppet-Figur und es gibt Dutzende von Kissen, die wie Kussmünder, Herzen, hochhackige Schuhe, Vögel und die Buchstaben O, M und G geformt sind. Ganze Sammlungen japanischer Sammelfiguren aus Vinyl stehen in den Regalen, Wackelkopf- und Obstfiguren und jedes erdenkliche kleine Stofftier. Wo man auch hinguckt, steht und liegt etwas.

Dass sie es in nur neun Jahren geschafft hat, so viel Krimskrams anzuhäufen, ist beeindruckend, aber auch deprimierend, denn irgendwo in diesem Chaos der Vorpubertät befindet sich Zwerg Brummbär: ängstlich und allein, wird er bestimmt von Minute zu Minute brummiger. Sie würde gar nicht merken, dass er fehlt, wenn ich ihn finden würde, aber dafür bräuchte ich in diesem Chaos mindestens eine Woche.

»Komm, wir gehen in Jacksons Zimmer«, sagt sie.

Ich komme gar nicht dazu zu protestieren und es würde ohnehin nichts bringen, denn Quin schiebt mich einfach durch die Tür Richtung Flur. Als wir sehen, wie Jackson die Treppe hochläuft, platzt sie heraus mit: »Greer wollte in dein Zimmer gehen!« Der kleine Schmetterling, der nervös auf und ab gehüpft ist, seit wir hier sind, gerät in Panik und zeigt mit dem Flügel auf Quin.

»Jaja, klar, Greer wollte bestimmt unbedingt mein Zimmer sehen.« Jackson wirft seiner Schwester einen Blick zu, der deutlich macht, dass er genau weiß, wessen Idee das war. »Besonders interessant ist es nicht, aber kommt ruhig rein.« Während sein Vater nach köstlichem Essen roch, duftet Jackson nach einer köstlichen Mischung aus Shampoo, Äpfeln und Laub.

Jacksons Zimmer ist wie ein geschmackvoll eingerichtetes Kloster. Es gibt ein Bett, eine Kommode, einen Schreibtisch, ein Regal. Alle Möbel sehen so aus, als wären sie wahnsinnig teuer. Über dem Bett liegt eine blau-grau gestreifte Wolldecke. An der Wand hängen zwei große Fotografien, eine von einem bunten Marktplatz, die andere von einem nebligen See. Auf beiden ist die Unterschrift seines Vaters erkennbar. Solche Fotos hängen überall im Haus. Ob sich Jacksons Familie je denkt, dass sein Dad unterwegs eine Menge Zeit damit verbringt, Fotomotive zu finden, anstatt zu arbeiten?

Auf dem Schreibtisch stehen Jacksons Laptop und ein paar Schulbücher, aber etwas richtig Persönliches ist nirgends zu sehen, mal abgesehen von ein paar aufgereihten Sachen ganz oben auf seinem Bücherregal, die irgendwie nicht zum Rest des Zimmers passen.

Ich trete vor das Regal und gucke nach oben, um sie mir näher anzuschauen. Ein Lego-Boot aus verschiedenfarbigen Steinen mit Batman am Steuer, ein ziemlich schmuddeliger Stofftier-Leguan, ein Becher mit einem Monterey-Bay-Aquarium Aufdruck, einer dieser Papierrahmen mit einem verschwommenen Foto von Kindern auf einer Achterbahn und noch ein paar andere Sachen. Es ist eine seltsame Sammlung, auf jeden Fall aber eine Sammlung, denn alles andere im Raum sieht so aus, als hätte es ein fantasieloser Inneneinrichter dort platziert. Ich stelle mich auf die Zehenspitzen und lese, was auf dem Schild eines kleinen Tennispokals steht: *AUSTIN HERBST-TURNIER, 2. PLATZ JUNIOREN-DOPPEL.*

»Jackson hat noch *viel* mehr Pokale, aber er will sie nicht aufstellen«, sagt Quinlan, die auf den Schreibtisch geklettert ist und versucht, nach dem Leguan zu greifen. Dafür stützt sie sich mit einer Hand auf dem Bücherregal ab und alles wackelt ein wenig. Jackson greift mühelos nach oben, schiebt den Leguan außer Reichweite und hebt sie dann runter. Ob sie an dem Morgen, als sie ihn mit dem Dosenöffner geschlagen hat, den Leguan haben wollte? Warum gibt er ihr das Stofftier nicht einfach?

»Frag Dad, wann es Abendessen gibt«, sagt er.

»*DAD, WANN ESSEN WIR?*«, schreit sie nach unten.

»Nun geh schon, Quin.« Sie stemmt eine Hand in die Hüfte und starrt ihn an. Er sagt: »Mom hat dir ein Izze Soda mitgebracht.«

»Welche Sorte?«

»Das ist eine Überraschung.«

Quin steht da und beißt sich auf die Lippen. Das muss eine schwere Entscheidung sein: uns nerven oder lieber Limonade trinken?

»Wenn es Brombeere ist, lass mir was übrig«, flüstere ich. Ihre Augen werden weit und sie nickt. »Brombeere ist am besten.« Das haben wir jetzt gemeinsam. Sie huscht davon, um sich ihr Getränk zu holen.

Eine kurze Sekunde überlege ich, wo Ty abgeblieben ist, aber ich will mir diesen Augenblick nicht damit verderben, an meinen Bruder zu denken. Er ist bestimmt wieder nach unten gegangen, um nachzusehen, ob Quinlan noch ein paar Cracker hat fallen lassen.

Jetzt bin ich mit Jackson allein. Kein Flur voller Schüler, die zum Unterricht eilen, kein Tisch voller flirtender Freundinnen, keine Mütter, die Geschichten von unserer Geburt erzählen. Mir fällt auf, wie waagerecht das Bett ist. Mir fällt auf, wie groß seine Hände aussehen. Mir fällt auf, wie schön sein Mund ist und dass seine Lippen gar nicht rissig sind. Sie sind bestimmt ganz weich. Der kleine Schmetterling will eine Poledance-Nummer abziehen und ich sage ihm, er soll sich mal beruhigen. Dieser Abend hier ist immerhin nur eine Pflichtveranstaltung.

»Das ist wohl nicht das, was du eigentlich an einem Freitagabend machen willst«, sagt Jackson.

Besonders gut Gedanken lesen kann Jackson Oates nicht. Das ist *ganz genau* das, was ich an einem Freitagabend machen will.

»Dein Vater kocht bestimmt gut«, sage ich stattdessen.

»Meine Mutter würde sagen, er kocht aufwendig. Er kocht etwa zweimal im Jahr, und zwar genau so: den ganzen Tag lang und mit einer Million Zutaten. Aber ich glaube nicht, dass er in der Lage ist, Hamburger oder Pfannkuchen oder so was zu machen.«

»Zu schade, denn Tyler isst *nur* Hamburger oder Pfannkuchen oder so was.«

»Weißbrot und Choco-Krispies haben wir immer vorrätig«, er zuckt mit den Schultern, »falls Quinlan in den Hungerstreik tritt.« Er setzt sich aufs Bett, ganz an ein Ende, sodass genug Platz für mich bleibt. Aber ich setze mich auf seine Schreibtischkante und nehme einen Schluck von meinem Bananen-Lassi.

»Schmeckt dir das?«

»Ja, wie ein Bananen-Smoothie.«

Wir unterhalten uns über das Seltsamste, was wir je gegessen und nicht gegessen haben, was dann dazu führt, dass wir über die Orte sprechen, an denen wir schon gewesen sind (Ich = New York und Tuscany, Florida. Jackson = überall). Das Gespräch wird einfacher. Eher so, als würden wir im Flur vor der Mathestunde stehen und nicht in seinem Schlafzimmer sitzen, wo ich kurz davor bin, die Kontrolle zu verlieren und mich auf ihn zu stürzen.

»Und wo sind deine anderen Pokale?«, frage ich und nicke in Richtung Bücherregal.

»Ich weiß nicht, warum Quin das mit den Pokalen gesagt hat.«

»Gibt es irgendwo einen besonderen Pokalschrank? Passen die überhaupt in einen einzigen Schrank?« Jackson lächelt und streckt mir die Zunge raus. »Ooh, gibt es etwa sogar eine ganze Ruhmeshalle der Familie Oates?«

»Aber klar. Es gibt einen extra Seitenflügel mit allen Pokalen. Ich bin überrascht, dass Quin ihn dir nicht gezeigt hat. Wir haben unendlich viele Pokale. Ich habe sogar einen Pokal dafür erhalten, dass ich so viele Pokale habe.«

»Wirklich? Und was war auf dem Pokal drauf? Ein Pokal?«

»Eigentlich habe ich den Pokal für den zweiten Platz bekommen, weil ich die zweitmeisten Pokale hatte, aber damit war ich dann wieder gleichauf mit dem ersten Platz.«

»Nee, nee, denn der Typ auf dem ersten Platz hat ja bestimmt auch einen Pokal dafür bekommen, die meisten Pokale zu haben, also wäre er trotzdem an der Spitze.«

»Du hast daraus gerade eine Gleichung gemacht, stimmt's?«

»n+1, und n ist gleich die Anzahl von Pokalen, die gewinnt. Du hast n-1, hast einen addiert und hast dann eine Anzahl n, aber er hat n+1.«

»Tja, du irrst dich trotzdem.«

»Ach ja? Ich glaube nicht. Wenn es Pokale für Mathe gäbe, hätte ich n hoch zwei Pokale.«

»Du irrst dich, weil der Sieger eine Urkunde bekommen hat und keinen Pokal. Deswegen haben wir beide n Pokale. Und du irrst dich doppelt, denn der Sieger war eine Siegerin.«

»Echt? Der Mensch mit den meisten Pokalen …«

»Außer *mir*.«

»Der Mensch, der außer *dir* die meisten Pokale hat, ist ein Mädchen und hat jetzt eine Urkunde mehr als du.«

»Oh nein. Fang mir nicht mit Urkunden an.«

Ich lache und etwas Lassi tropft von meinem Strohhalm. Wie alles andere auch, landet der Tropfen mitten auf meinen Brüsten. Ich wische ihn mit meinem Ärmel weg und versuche den Kragen so anzuordnen, dass er den Fleck verdeckt. Zum Glück war es Banane und nicht etwas Grelles, wie Erdbeere oder Mango. Ich will Donna und Doria schließlich verstecken und sie nicht mit einem Leuchtstift markieren.

Bevor ich Jackson fragen kann, was er sonst noch von Quinlan fernhalten muss, ruft Melinda nach ihm, damit er den Tisch deckt. Ich entschuldige mich auf die Toilette.

Während ich mit Klopapier an dem Lassi-Fleck rumwische, werfe ich einen Blick in die Dusche. Es gibt eine hohe Ablage, auf der zusammenpassende Flaschen Shampoo und Duschgel von Malin + Goetz stehen, und eine niedrige Ablage mit Dutzenden Flaschen und Tuben, die mit »Zuckerkeks«, »Wassermelone-Kiwi« und »Läuseshampoo« beschriftet sind. Gerade will ich zur oberen Ablage greifen, um an Jacksons Shampoo zu riechen, als Tyler neben mir auftaucht.

»Guck mal«, flüstert er. Er zeigt mir ein Paar Kopfhörer, die an den Seiten aussehen wie Mario und Luigi. Die hat er letztes Jahr am ersten Abend von Chanukka bekommen, eine Art Vorschau, denn all seine Geschenke hatten etwas mit Videospielen zu tun. (Einschließlich *Ready Player One*, und wie ich richtig vermutet habe, hat ihn der Filmbezug endlich dazu gebracht, ein Buch zu lesen.)

»Mom bringt dich um, wenn du die zum Abendessen trägst.«

»Das sind meine!«, zischt er.

»Weiß ich doch. Ich habe sie zusammen mit Mom ausgesucht.«

»Nein, ich meine, sie hat sie gestohlen.«

»Was? Wer?« Jetzt flüstere ich auch. Ich ziehe Tyler ganz ins Badezimmer rein und schließe die Tür.

»Das Mädchen. Quincy oder wie die heißt.«

»Quinlan?«

»Als wir gekommen sind, habe ich sie in meine Schuhe gelegt ...«

»Wie eklig.«

»... unten bei der Haustür. Und sie war doch irgendwie so komisch, als sie in die Küche kam, oder? Als wir in ihr Zimmer gegangen sind, habe ich gesehen, wie sie heimlich etwas in ihre Schublade gesteckt hat …«

»Du hast ihre Schubladen durchwühlt?«

»Ich wollte sehen, was sie versteckt hat.«

»Ty, wahrscheinlich sind das ihre. Sie hat bestimmt die gleichen. Hast du mal in deine Schuhe geguckt?«

»Nein, aber ich weiß, dass das meine sind.«

»Und woher weißt du das?«

»Weil ich in der Schublade auch das gefunden habe.«

Er öffnet seine linke Faust. Und da, auf seiner Handfläche, liegt mein Zwerg. Ich nehme Brummi an seinem Hut hoch und drehe ihn langsam um. Er sieht okay aus. Sie hat ihm nichts getan. Sie hat ihm nicht mit einem Dosenöffner gegen die Stirn geschlagen. Ich starre in sein glänzendes Gesicht. Ich stelle mir vor, dass er kurz dankbar lächelt, bevor sein Gesichtsausdruck wieder brummig wird. Was dieser Zwerg wohl alles durchgemacht hat? Ich kann es nur erahnen.

Mir wird klar, dass ich mir nicht hundertprozentig sicher war, dass Quin ihn hatte. Ein Teil von mir hat gehofft, Ty hätte vielleicht den spitzen Hut dazu verwendet, um sich was aus dem Ohr zu kratzen, und dann vergessen, ihn zurückzustellen. Aber jetzt weiß ich, dass Quinlan Oates auf dem besten Weg ist, eine Ladendiebin zu werden.

Habe ich eine moralische Verpflichtung, Quinlans Familie davon zu erzählen? Vor dem Essen sage ich jedenfalls nichts. Es riecht unheimlich gut und außer einem Müsliriegel habe ich seit dem Training nichts gegessen. Vielleicht bekomme ich auch Tylers Portion.

Als wir nach unten zum Tisch gehen, steht an meinem Platz ein Becher Limonade mit der Aufschrift *Die fantastische Welt von Gumball*. Daneben hüpft Quinlan auf und ab und wartet auf mich.

»Es war nicht Brombeere, sondern Klementine«, sagt Quin. Sie hat sich den Platz neben mir – oder fast auf mir – ausgesucht. »Magst du die auch?« Sie sieht so aus, als wären all das Spielzeug, die Klamotten, Kissen und der Krimskrams in ihrem Zimmer ihr gerade nicht so wichtig wie meine Meinung zur Geschmacksrichtung Klementine.

Und ich beschließe, dass ich niemandem etwas von Brummbär oder Mario oder Luigi sagen werde. Sie sieht so klein und einsam aus, wie sie da in meinem Schoß lehnt und versucht, sich einzukuscheln. Außerdem ist Brummbär jetzt wieder sicher bei mir – es ist also nichts passiert. Sie hat einen Haufen Zeugs, aber Quinlan Oates zu sein ist bestimmt nicht leicht. Sie ist in der dritten Klasse in ihrem dritten Bundesstaat. Und sie ist anders als Jackson, der die Schulen, Mannschaften und Freunde wechselt, als würde er Hemden anprobieren. Quinlan ist ein seltsames Kind. Sie ist schlau und voller starker Gefühle und das, was mein Dad als »gewöhnungsbedürftig« bezeichnen würde. Ich trinke einen Schluck von der Limonade, die sie für mich aufgehoben hat, und zeige mit dem Daumen nach oben. Sie strahlt.

Ich lande zwischen Quinlan und meinem Dad, deswegen kann ich mich kaum noch mit Jackson unterhalten. Er guckt mich an und hebt die Augenbrauen, wenn sein Vater versucht, jünger zu klingen, als er ist, und ich gucke ihn an und schaudere, wenn meine Mutter angeberisch wird. Die beiden – meine Mom und Ben – dominieren das Gespräch. Sie haben offensichtlich ein Abkommen getroffen und wechseln sich in der charmanten Besserwisserrolle ab. Mom handelt skandinavische Schulsysteme, das Wiederaufleben unabhängiger Buchhandlungen, Bar- und Bat-Mizwas (obwohl Dad derjenige in der Familie ist, der jüdisch ist) und die Zubereitung von Tamales ab, Mr Oates seinerseits thailändische Fischmärkte, die Finanzierung von College-Sport, Vielfliegerprogramme und die Fortschritte in der Hernien-Chirurgie. Sie klingen beide so, als würden sie oft den *New Yorker* lesen. Alle anderen stimmen gelegentlich ein, außer Quin, die mit dem Handy von Mrs Oates spielt und mir ab und zu etwas zuflüstert, das nichts mit dem Gespräch zu tun hat. »Nur zwei Kinder aus meiner Klasse waren in Frankreich, ich war schon zweimal da.« »Meine Lehrerin findet meine Qs ganz toll, aber alle anderen finden, sie sehen aus wie eine Zwei.« Sie ist irgendwie lustig und das Essen ist fantastisch (und da ich neben Dad sitze, verputzen wir beide fast das gesamte Butter Chicken, ohne dass Mom es merkt). Der Lassi-Fleck ist getrocknet und hat zum Glück keine Zielscheibe um meine Brustwarze herum gebildet. Und niemand macht irgendwas besonders Schreckliches.

Der Abend ist nicht perfekt, aber ziemlich gut. Und obendrein hat Tyler den Zwerge-Rettungseinsatz erfolgreich abgeschlossen!

Als wir gehen, ziehe ich Quinlan zur Seite und zeige ihr Brummbär.

Sie wird rot und sieht aus, als würde sie gleich anfangen zu weinen.

»Tyler hat gesehen, wie du seine Kopfhörer versteckt hast, und hat den hier dann auch gefunden. Nimm nicht einfach unsere Sachen, okay? Frag einfach, wenn du dir was angucken willst.« Sie nickt und wischt sich mit dem Handrücken über die Augen. »Nimm bitte überhaupt niemandem einfach die Sachen weg. Leute mögen das nicht.«

Sie schaut zu mir auf, traurig und dankbar. Einen Moment lang glaube ich, sie möchte von mir umarmt und eingemummelt werden, wie man das bei einem viel jüngeren Kind macht, und mir kommt der Gedanke, dass sie furchtbar einsam sein muss.

Jackson beobachtet uns neugierig, aber ausnahmsweise ist es mal nicht er, um den ich mir Sorgen mache.

Ich lege den Finger auf die Lippen, damit Quin weiß, dass ich sie nicht verpetzen werde. Was leider bedeutet, dass ich auch Tyler nicht verpetzen kann, aber es ist nur eine Frage der Zeit, bis der den nächsten Blödsinn verzapft.

Und zwar auf der Stelle. »Tyler Owen Walsh!«, sagt Mom und zieht ihm Luigi aus dem Ohr. »Nimm diese Kopfhörer ab. Das ist unseren Gastgebern gegenüber derart unhöflich!«

Wenn er jetzt noch zum Abschied rülpsen würde, dann wäre dieser Abend ein voller Erfolg.

Beim nächsten Spiel suche ich die Zuschauerreihen nach Jackson ab, obwohl ich weiß, dass er mit Max unterwegs ist. Aber ein paar Fans von mir sind da: Mom und Tyler.

Als wir uns aufwärmen, winke ich ihnen zu. Mom lächelt und winkt zurück und guckt dann wieder auf ihren Laptop. Tyler glotzt Nasrah an.

In den fünf Minuten, bevor das Spiel beginnt, renne ich zu ihnen rüber. »Aufgeregt?«, fragt Mom.

»Nee. Nur voller Adrenalin.«

Sie sieht mich an und runzelt die Stirn. »Ist dein Trikot anders als die der anderen?«

Verlegen schaue ich nach unten. »Ein bisschen. Ms Kershaw-Bend hat es abgeändert, damit es besser passt.«

»Oh«, sagt sie in einem Ton, der nicht erkennen lässt, ob sie es gut oder schlecht findet. »Nun, es sieht gut aus. Du siehst …«, sie macht eine lange Pause und ich könnte schwören, dass sie auf meine Brust starrt, »… dünner aus.«

Ich spüre, wie ich rot werde. Ich weiß nicht, ob sie wirklich »dünner« meint. Ich bin froh, dass Ty gerade nicht zuhört. »Bin ich nicht. Ich bin genauso wie vorher.« Tatsächlich fresse ich gerade wie ein Scheunendrescher, aber ich renne auch jeden Nachmittag nach der Schule zwei Stunden in einer Sporthalle rum, also gleicht sich das gewichtsmäßig wohl aus.

Sie zuckt mit den Schultern. »Etwas, das so gut passt, hast du schon lange nicht mehr angehabt. Gefällt mir«, ergänzt sie noch.

Ich versteh schon. Ich sehe »dünner« aus, weil sie daran gewöhnt ist, mich in riesigen Oberteilen zu sehen, und nicht kapiert hat, wie viel davon meiner Brust zuzuschreiben ist. Mom ist davon ausgegangen, dass ich grundsätzlich zugenommen hätte. Sofort mache ich mich etwas kleiner. Denken alle, dass ich »dünner« geworden bin? Ich darf mich da jetzt nicht reinsteigern und versuche den Gedanken abzuschütteln.

Auf dem Spielfeld läuft Jessa hin und her und klatscht alle ab. Los geht's.

Das Spiel beginnt und ich stehe vorne. Kate bekommt den Ball, spielt ihn Sylvie perfekt zu und die spielt ihn weiter zum Angriffsschlag an Nasrah. Der Ball schlägt im gegnerischen Feld auf den Boden. Beim nächsten Spielzug fliegt der Ball zunächst hin und her und wird dann von der gegnerischen Mannschaft so hart übers Netz gepfeffert, dass Sylvie ihn ins Aus schlägt. Während jemand den Ball zurückholt, sehe ich zur Tribüne. Ein paar Schüler von der gegnerischen Schule starren mich an und flüstern sich hinter vorgehaltener Hand etwas zu. Als sie merken, dass ich sie angucke, schauen sie weg und lachen.

Der Ball ist zurück auf dem Feld, aber ich bin jetzt nur noch halb anwesend. Ein Teil von mir beobachtet die Gruppe, die mich beobachtet. Einer von ihnen streckt die gewölbten Hände nach vorne, als wolle er etwas Großes, Schweres beschreiben, und prompt erwischt mich ein Ball, den ich nicht habe kommen sehen, an der Schulter.

»Walsh! Das war deiner«, ruft Jessa.

Ich nehme sofort wieder Haltung an und die folgenden Spielzüge laufen problemlos, ich konzentriere mich auf den Ball und vermassele nichts. Aber da ich mich so sehr dazu zwinge, nur auf den Ball zu achten, sehe ich Nasrah nicht und renne direkt in sie rein. Coach Reinhold sagt nichts, nimmt mich aber aus dem Spiel, noch bevor ich mit dem nächsten Aufschlag dran bin.

Von der Bank aus habe ich auch die Gruppe weiter im Blick.

Die Jungs geben sich ein Handy hin und her und lachen über etwas auf dem Display. Ich schaue mir die Mädchen von der anderen Mannschaft an und frage mich, wegen welcher Spielerin sie hier sind. Dann kommt eine mit kurzen blonden Haaren aufs Spielfeld und ein Typ stößt einen anderen in die Seite: »Jaaa, Cally!«

Vielleicht haben sie mich gar nicht angestarrt und nur, weil ich so gehemmt und paranoid war, wurde ich aus dem Spiel genommen. Ich komme wieder rein, aber nur für ein paar Spielzüge.

Auf unserer Seite der Zuschauertribüne guckt Mom mit geballten Fäusten zu. Wenn etwas für uns gut läuft, stößt sie ihre rechte Faust nach oben. Ich hoffe, sie hat den Teil gesehen, wo ich gut gespielt habe, nicht den, wo erst ich gegen Nasrah und dann der Ball gegen mich geknallt ist. Wir spielen nach dem Best-of-three-Prinzip, aber da wir die ersten beiden Sätze verlieren, ist das Ganze schnell vorbei.

Die Trainerin entlässt uns mit einer kurzen, nicht gerade beschwingenden Ansprache, in der sie uns klarmacht, dass keiner von uns heute sein Bestes gegeben habe. Wahrscheinlich sollen wir uns dadurch alle gleich schlecht fühlen, aber manche von uns fühlen sich noch schlechter.

Ich halte bei Mom an, um ihr zu sagen, dass ich gleich aus der Umkleide kommen werde. Sie gibt ein »Gut gespielt, Schätzchen« von sich und Tyler fragt: »Habt ihr gewonnen?«

Auf dem Weg in die Umkleide begegne ich den Jungs von der Zuschauertribüne. Sie sehen so aus, als würden sie versuchen, nicht zu lachen. Der Typ, der Cally zugerufen hat, sagt: »Meinem Freund gefällt dein Trikot.« Dann bricht er in Gelächter aus. Sein Freund boxt ihm in die Seite und ruft: »Oh mein Gott, Christian!«, und fängt auch an zu lachen.

Das erwischt mich eiskalt. Und das ausgerechnet, nachdem mich Moms Blick vor dem Spiel sowieso schon verunsichert hat.

So schnell ich kann, laufe ich in die Kabine und lasse die Schultern hängen. So sehr, dass ich bestimmt um die Hälfte kleiner wirke.

Heute ist niemand so gesprächig wie nach unserem letzten Spiel. Es ist ziemlich still, während alle sich umziehen. Ich gehe an ihnen vorbei, schlage die Tür zu meinem Schließfach auf und reiße meine Tasche raus. Ich wühle sie auf der Suche nach meinem Sweatshirt durch, obwohl ich wie verrückt schwitze. Dann ziehe ich es mir über den Kopf und bin wieder sicher in meinem Fleece.

Ich bin so wütend, dass ich mich durch meine Knieschoner beißen könnte. Ich bin so wütend auf diese Idioten, aber noch wütender bin ich auf mich selbst – weil ich das an mich ranlasse und mich immer noch über sie ärgere, während die schon über alle Berge sind und irgendwo ein Eis essen.

Das nicht. Das macht ihr mir nicht kaputt. Ich muss einfach schnell zu Mom und Tyler und dann können wir nach Hause.

»Walsh? Alles okay?« Jessa hält mich an, bevor ich die Tür erreiche.

»Was? Ja, alles gut. Meine Mom wartet.«

»Es ist nur ein Spiel. Manchmal gewinnt man, manchmal verliert man, stimmt's?«

»Ich weiß. Alles gut.« Aber ich wirke ganz offensichtlich nicht so, als wäre alles gut, sonst würde Jessa nicht vor mir stehen bleiben und versuchen, mich zu beruhigen. Hinter ihr an der Wand hängt ein Plakat über Mobbing und ich kann ein kleines Stückchen meines Spiegelbildes in dem silbernen Rahmen sehen. Meine Wangen haben die gleiche Farbe wie unsere Trikots. Ich bin so verdammt verschwitzt und so müde.

»Die Trainerin will am Anfang der Saison einfach allen eine Chance auf dem Spielfeld geben.«

»Ich weiß, Jessa. Es war kein besonders tolles Spiel, aber das ist keine große Sache.«

»Okay, gut, denn du machst da draußen wirklich eine gute Figur.«

»Danke.« Sie gibt sich so eine Mühe, und obwohl ich keine Lust habe mich zu unterhalten, liebe ich sie dafür. »Es ist nicht das Spiel. So ein Typ hat gerade etwas zu mir gesagt und es hat mich irgendwie aus der Fassung gebracht. Aber alles gut. Wirklich alles gut.«

»Was hat er denn gesagt?«

»Etwas über mein Trikot.« Sie sieht mich verständnislos an, als versuche sie sich vorzustellen, was man denn über ein Trikot sagen könnte, das einen fassungslos macht. »Er hat gesagt, ihm gefällt mein Trikot.«

»Die sind dieses Jahr auch wirklich cool.« Zufrieden streicht sie mit den Händen über die seidigen Ärmel.

»Das ist nicht, was er gemeint hat.«

Jessa lächelt. »Glaubst du, er mag dich?«

»Nein.« Muss ich das jetzt wirklich erklären? »Nein. Ich glaube, er meinte, dass ihm gefällt, wie mein Trikot sitzt. So um meine Brust herum.«

Jessas Lächeln verschwindet. »War er gemein?«

»Na ja, ich glaube nicht, dass er mir ein Kompliment machen wollte. Ich glaube, er wollte mich einfach in Verlegenheit bringen.« Jessa runzelt die Stirn. »Und es hat funktioniert.«

Jessa zieht die Augenbrauen zusammen und strafft die Schultern ein wenig. Genau so sieht sie aus, wenn wir zurückliegen und sie aufschlägt oder wenn jemand aus der A-Mannschaft über jemanden aus der B-Mannschaft herzieht. »Glaubst du, die sind noch da draußen? Dann würde ich dem mal was erzählen. Oder wir gehen zusammen hin, wenn du das willst?«

»Die sind bestimmt schon weg. Alles gut.« Mich hinter Jessa zu verstecken, während sie einem Typen sagt, er soll das Mädchen mit den großen Brüsten in Ruhe lassen, wird nicht dazu führen, dass ich mich besser fühle. Aber sie will helfen, so ist sie halt. »Mach dir keine Sorgen.«

»Okay. Aber du auch nicht, ja? Das sind einfach Arschlöcher.«

Ich glaube, für Jessa ist es wirklich so einfach. Wenn sie ich wäre, würde sie beschließen, sich über die Arschlöcher keine Sorgen mehr zu machen, und dann beim nächsten Mal ein mörderisch gutes Volleyballspiel hinlegen. Sie würde sich nicht in sich selbst zurückziehen. Sie würde sich nicht in einem riesigen Sweatshirt verkriechen. Sie würde sich so fühlen, wie ich mich fühle, wenn ein Lehrer einen unangekündigten Test verteilt oder uns bittet, übers Wochenende fünf Seiten darüber zu schreiben, inwiefern die *Bill of Rights* die britische Gesetzgebung aufgegriffen hat, oder aus Versehen bei den Mathehausaufgaben Stoff miteinbezogen hat, der eigentlich erst nächstes Schuljahr dran ist. Ich würde denken: »Was für ein Arschloch«, und dann würde ich es trotzdem hinkriegen.

Das Vertrauen, das ich in meinen Verstand habe, hat sie in ihren Körper und in das, was ihr Körper tun kann.

Unterschiedlicher kann man kaum sein.

Kelsey Tambor und Peevish Pru habe ich entdeckt, nachdem Maggie, Tahlia und ich einmal aus der Eisdiele kamen und ein Typ mir aus dem Auto entgegengerufen hat: »Geile Titten!« Maggie hat sich daraufhin lautstark und ausschweifend darüber echauffiert, wie sich junge Männer Frauen gegenüber verhalten, wenn das Patriarchat bedroht ist. Tahlia hat gerufen: »Halt die Klappe, Arschgesicht!« Ich bin nach Hause gegangen und habe im Internet nach »Kleider, die die Brust verbergen«, »Oberteile bei großen Brüsten« und »Brüste kleiner aussehen lassen« gesucht.

Dabei ist viel Unbrauchbares herausgekommen, ein paar einigermaßen nützliche Tipps (Rollkragen: schlecht; dunkle Farben: gut) und die Entdeckung zweier YouTuberinnen, die den Eindruck machten, sie könnten mich verstehen.

Peevish Pru ist Britin und es ist bestimmt schlau, dass sie sich »verdrießliche Pru« nennt und nicht ihren richtigen Namen benutzt, da sie ganz schön vielen Leuten auf den Geist zu gehen scheint. Einmal die Woche lässt sie eine Wutrede vom Stapel über alles, was sie stört, und vielleicht wird sie nie ein Ende finden, denn das ist eine Menge: deutsche Touristen; Klimawandel; Amerikaner, die versuchen, mit britischem Akzent zu sprechen; pseudofreundliche Begrüßungen; lange Abschiede; Crocs; Männer, die erwarten, dass Frauen sich rasieren; Frauen, die erwarten, dass Frauen sich rasieren; Gentechnik; Lesebrillen als Modeaccessoire; Grammatikfehler (insbesondere bei Apostrophen); und ihre eigenen dicken Möpse.

Ein bisschen erinnert sie mich an Maggie, weil sie von so vielen Dingen genervt ist, und ein bisschen an mich selbst, weil zwei von den Dingen ihre Brüste sind.

Aber Pru ist anders als Maggie, weil sie ein ziemlicher Snob ist, und Maggie ist das nicht. Und sie ist anders als ich, weil sie nicht wütend auf ihren Körper ist – sie ist im Namen ihres Körpers wütend. Sie ist nicht wütend darüber, dass ihre Brüste so groß sind. Sie ist wütend auf das Geschäft, das sexy Dessous verkauft, die es aber nicht in ihrer Größe gibt. Und wegen der ständigen Fragen auf Twitter, ob sie denn »echt« sind. Und auf die Masseuse, die keine vernünftige Idee hat, wie sie sich hinlegen soll, weil sie nicht auf dem Bauch liegen kann. (»Ich habe diesen Gutschein von meiner Mom bekommen, weil sie weiß, wie gestresst ich bin, aber ich kann ihn noch nicht mal benutzen, weil ich mich nicht auf diesen bescheuerten Tisch legen kann. Und dann schlägt die Masseuse vor, dass wir das Kissen nehmen könnten, das sie sonst für die Schwangeren benutzt. Mit einem Loch für ihren Bauch. Nein, danke. Ich bin nicht schwanger, vielen Dank auch. Nach dieser Massage war ich noch gestresster als vorher.«)

Die Ungerechtigkeit der Welt gegenüber ihren Brüsten ist eines von Prus Lieblingsthemen. Aber sie hat in ihren Videos noch nie einen Tipp oder Rat dazu gegeben, wie man seine Kurven am besten verbirgt oder wie man einen Pfuscher findet, der einem den Busen verkleinert. Und ich wette, wenn jemand danach fragen würde, würde sie sich über die Frage an sich aufregen. In den Kommentaren zu einem Beitrag über Disneyland Paris, wo sie von einem Sicherheitsbügel eingequetscht wurde, hat jemand gefragt, ob sie sich die Brüste verkleinern lassen würde, und sie hat geantwortet: »Warum sollte ich kleinere Brüste haben wollen? Warum sollte ich mir nicht wünschen, dass die Welt größer wäre?«

Danach gab es eine Flut von Kommentaren, viele waren unterstützend, viele aber total widerwärtig. (Peevish Pru löscht die bedrohlichen, aber lässt die beleidigenden Kommentare stehen, damit sie sich darüber aufregen kann.) In der Diskussion wurden auch viele andere Blogger erwähnt, die sich diesem Thema widmen, darunter Kelsey Tambor. Sie hat eine vierteilige Serie über die Brustverkleinerung gemacht, die sie nach ihrem achtzehnten Geburtstag hat vornehmen lassen, bevor sie wieder unglaublich komplizierte Make-up-Anleitungen gepostet hat.

Ich weiß, dass Kelsey Tambor die Operation an sich nicht ganz korrekt beschrieben hat. Es gibt dazu genug Informationen auf den Websites von Kliniken und Ärzten. Viel interessanter ist aber, dass sie über die Gründe für ihre Entscheidung zur OP gesprochen hat (Rückenschmerzen, Brustschmerzen, Erscheinungsbild, Unsicherheit); darüber, wie sie sich danach fühlte (erst benommen, dann übel, dann, als wäre jemand mit Stollenschuhen auf ihrer Brust rumgestampft, nach dem Schmerz noch ein bisschen empfindlich und schließlich auf seltsame Art wie sie selbst); und abschließend hat sie gezeigt, wie das Ergebnis aussah (ein paar anschauliche Bilder von Blutergüssen, Drainagen und der Heilung; einige Monate später eine Fotoserie von ihr in schulterfreien Sommerkleidern und Badeanzügen). Anders als Pru moderiert Kelsey alle Kommentare auf ihrer Website, insofern hat sie nur beseelte Fans, die ihr sagen, wie fantastisch sie ist.

Diese Beiträge zur Brustverkleinerung wurden von Hunderttausenden angesehen – viel mehr als ihre anderen Beiträge. Viele sind bestimmt Perverse und Spinner, aber ich frage mich, wie viele davon Mädchen wie ich sind.

Das andere Zeug von Kelsey über lustige neue Farben in der Lidschattenpalette schaue ich mir nicht an. Aber ich habe für alle Fälle den Benachrichtigungsdienst aktiviert, falls sie noch mal etwas über die Langzeitfolgen der Operation postet. Prus Beiträge dagegen gucke ich, auch wenn es nicht um ihre Brüste geht. Weil sie amüsant ist und weil sie findet, dass die Welt besser sein sollte, als sie ist, anstatt zu finden, dass sie selbst besser sein sollte, als sie ist.

Meine eigenen Wünsche pendeln zwischen den Leben meiner großbusigen Internet-Schwestern hin und her. Ich würde Pru gerne zur Seite stehen und verlangen, dass die Welt Platz macht (und BHs und Sicherheitsgurte und Schultertaschen) für Körper wie meine. Aber es tut weh. Sie tun weh. Mein ganzer Körper tut auf all die Arten weh, die man sich vorstellen kann, und auf die, die man sich nicht vorstellen kann. Und deshalb möchte ich auch im Aufwachraum neben Kelsey liegen, ein paar Schmerztabletten einschmeißen und nicht darauf warten, dass die Welt ein besserer Ort wird.

Ich schäme mich dafür, dass ich mich schäme, mich zu schämen. Und das ist etwas, das niemand versteht.

Die meisten Vorschläge von Maggie, wie man *Eine Braut für sieben Brüder* überarbeiten könnte, hat Mr Coles abgelehnt.

Maggie: Wie wäre es, wenn einer der Brüder schwul ist, sodass es sechs Bräute und einen Bräutigam für die sieben Brüder gibt?

Mr Coles: Wir haben schon alle Rollen besetzt.

Maggie: Wie wäre es, wenn die Mädchen aus dem Dorf eigentlich in der Gesundheitsfürsorge tätig sind, entdecken, dass die Brüder in erbärmlichen Verhältnissen leben, und sie wegen Tuberkulose und Agoraphobie behandeln?

Mr Coles: Nein. Es ist eine Liebesgeschichte. Menschen lieben Liebesgeschichten.

Maggie: Wie wäre es, wenn wir die »Mädchen« aus dem Dorf als »Frauen« bezeichnen, da sonst der Eindruck entsteht, dass sie minderjährig sind und Millys Schwangerschaft damit eine Folge von Geschlechtsverkehr mit Minderjährigen ist?

Mr Coles: Nein. Die Liedtexte reimen sich, wir müssten zu viel umschreiben.

Maggie: Wie wäre es, wenn Milly nicht für die Brüder aufräumt, sondern ihnen stattdessen eine Ausgabe von *Magic Cleaning: Wie richtiges Aufräumen Ihr Leben verändert* schenkt und sie dann selbst aufräumen?

Ach, egal. Das hat Greer vorgeschlagen.

Mr Coles stimmt allerdings zu, dass die *Damen* aus dem Dorf nicht entführt werden, sondern freiwillig mit den Brüdern mitgehen.

Kleine Erfolge.

Ich warte in einer der hinteren Reihen in der Aula auf Maggie, bis ihre Probe fertig ist. Im Training haben wir heute Baggern und Hechtbaggern geübt. Mir tut alles weh und ich könnte echt eine Dusche gebrauchen.

Die meisten Schüler gehen schon, aber Maggie ist noch mit Rafael Ramos-Sikes auf der Bühne, einem sehr stillen Elftklässler, der sonst im Orchestergraben sitzt. Jetzt ist er am Klavier und Maggie steht neben ihm.

Maggie schaut auf ein Blatt Papier, versucht sich an einem Lied:

> *I am on your side*
> *There's nowhere else*
> *I'd rather stand*
> *Than right beside your side*

Das ist nicht aus dem Musical. Ich habe es noch nie vorher gehört. Wenn Maggie die Melodie oder den Rhythmus nicht ganz trifft, singt Rafa ihr die Zeile vor und sie singt es ihm perfekt nach. Es ist süß – sowohl die Melodie als auch, wie die beiden zusammenarbeiten.

> *And if you're never right*
> *I still won't see the other side*
> *Of any of your fights*
> *'Cuz you're the only side I'll be on*

»Wiederholt es sich zu sehr?«, fragt Rafa und spielt weiter.

»Nein, es ist gut so. Wie ein Kreis.«

»Ich wollte es kreisförmig schreiben!«

Sie singen weiter, Klang und Wörter greifen ineinander. Jetzt weiß ich, warum ich den Song noch nie gehört habe: Rafa hat ihn geschrieben. Seine Stimme ist nur ein wenig tiefer als Maggies und sie klingen richtig gut zusammen.

Er starrt sie durch seine großen Clark-Kent-Brillengläser an und guckt weder auf die Noten noch aufs Klavier. Ich glaube, er hat das Lied für sie geschrieben.

»Warte, ist das die Überleitung? Sing du die Überleitung«, sagt Maggie.

And if you start a war or two
That you will never win
I'm in

Die Melodie ist zu hoch. Seine Stimme kippt, doch mir gefällt es trotzdem, weil es so echt klingt. Er und Maggie fangen aber an zu lachen und er hört auf zu spielen.

»Weiter bin ich noch nicht«, sagt er. »Ich muss noch daran arbeiten.«

»Vielleicht verschiebst du es eine Terz nach unten«, sagt sie. »Aber ansonsten ist es großartig. Wirklich.«

Es wird totenstill. Ich bin nervös. Nicht meinetwegen, sondern ihretwegen. Ich wünschte, ich würde auf der Klavierbank sitzen, und bin gleichzeitig froh, dass ich es nicht tue. Das wird immer mein Problem sein.

Rafa sagt: »Würdest du vielleicht gerne …« Die beiden haben keine Ahnung, dass ich hier bin, und ich bin mir ziemlich sicher, dass er das auch nicht gut finden würde. Ich versuche, aus dem Sitz auf den Boden zu rutschen, aber die Sitzfläche klappt nach oben und quietscht.

»Greer?«, ruft Maggie.

Rafa läuft unter der Bühnenbeleuchtung rosa an. Das tut mir

schrecklich leid. Ich habe sein Vorhaben total vermasselt, und wenn er nicht gerade singt, ist er doch so schüchtern.

»Ich warte draußen«, rufe ich viel zu laut und stolpere über meinen Rucksack. »Ihr beiden klingt echt gut«, sage ich auf meinem Weg zur Tür.

Eine Minute später hat Maggie mich eingeholt, also weiß ich, dass Rafael nicht mehr gesagt hat, was er eigentlich sagen wollte. Sie geht gar nicht darauf ein, sondern fängt sofort an, über die Probe zu wüten: Lizzie Barnes alias Milly will, dass sich alle Mädchen für die Aufführung Zöpfe flechten.

»*Damit* verbringt sie ihre Zeit: anderen zu sagen, wie sie ihre Haare machen sollen.«

»Sie will, dass sich alle Zöpfe flechten?«

»Nicht alle. Alle *anderen*. Sie wird keine Zöpfe tragen. So wissen wir, dass sie etwas Besonderes ist. Sie hat sogar vorgeschlagen, dass wir anderen Kleider in der gleichen Farbe tragen und nur sie eines in Weiß oder Rot, irgendwas, um herauszustechen.«

»Nicht im Ernst?«

»Doch. Aber Ms K-B hat ihr gesagt, dass es nicht genug karierten Stoff in einer Farbe gibt, insofern wird daraus nichts, zum Glück. Aber sie hat Mr Coles und den Regieassistenten von ihrem faschistischen Frisurplan überzeugt.«

»Falls du Hilfe brauchst, Mena Patel kann richtig gut Haare flechten und ist nicht faschistisch.«

»Ich habe Lizzie gefragt: ›Meinst du etwa, wie die vielen kleinen Zöpfe, die ihr nach den Frühjahrsferien hattet?‹ Weißt du das noch? Wie sie und diese Dingsbums und die andere Dingsbums aussahen, als sie vom Mexikourlaub zurückkamen?«

Was ich noch weiß, ist, dass sie alle mit schulterfreien Tops zurückgekommen sind, die eindeutig gegen die Kleiderordnung verstießen und mich völlig fasziniert haben. *Wie bleiben die überhaupt oben?!*

»Und sie so: ›*NEIN, MAGGIE*‹« – sie ahmt Lizzies schrille Stimme nach –, »›Du weißt doch, was ich meine. *HÖCHSTENS* ein oder zwei Zöpfe.‹« Maggie überlegt einen Moment und fragt dann: »Glaubst du, Mena kann mir vielleicht viele kleine Zöpfe flechten?«

Ich weiß nicht so genau, was Maggie vorhat, aber ich werde nicht dafür sorgen, dass Mena mitten in das Theater der Theater-Gruppe gerät. »Ich nehme es zurück. Halt die arme Mena da raus. Neues Thema: Hat Rafa dieses Lied geschrieben?«

»Ja. Er schreibt ein ganzes Musical. Er ist gut, oder?«

»Allerdings. Also mag er dich?«

Sie seufzt. »Vielleicht. Aber er ist bei Mädchen immer so schüchtern. Er ist wie du.«

»Ich bin nicht schüchtern!«

»Du weißt, was ich meine. Du wirst komisch. Ist nicht böse gemeint«, ergänzt sie. Ich will beleidigt sein, bin es aber nicht. »Wahrscheinlich war er erleichtert, dass du über den Stuhl gestolpert bist.«

»Genau genommen bin ich über meinen Rucksack gestolpert. Wenn er so schüchtern ist, frag du ihn doch, ob er mit dir ausgeht. Hilf ihm ein bisschen.«

»Ich weiß nicht. Er ist liebenswert und klug und ein unglaublicher Musiker. Und jemand hat mir erzählt, dass er für Frauenrechte demonstriert hat. Aber ich kriege ihn nicht dazu, sich richtig mit mir zu unterhalten.«

»Perfekt! Dann kannst du die ganze Zeit reden.«

Sie gibt mir einen Klaps auf den Arm. »Im Ernst. Neulich während der Probe saßen wir eine halbe Stunde rum, während Mr Coles versuchte, Aidan Neal Stepptanzschritte beizubringen. Das Einzige, was Rafael in der ganzen Zeit zu mir gesagt hat, war: ›Bist du auf irgendwas allergisch?‹, und dann hat er mir einen Erdnussbutterriegel angeboten.«

»Du liebst Erdnussbutterriegel.«

»Ja, aber ich sag dir, er ist eine graue Maus. Ich meine, kannst du dir das vorstellen, wir beide zusammen, ich bin irgendwie …«

»Intensiv«, sage ich. Sie seufzt und versucht gar nicht erst, dagegen anzureden.

Wir sind am Auto angekommen und steigen beide automatisch hinten ein. »Äh, hallo, bin ich hier euer Uber-Fahrer?«, sagt Max hinterm Steuer.

»Geh du nach vorne«, sagt Maggie, ohne auf Max zu reagieren. Sie hat sich selbst und ihr ganzes Zeug schon auf der Rückbank ausgebreitet, als wäre sie auf einem Transatlantikflug.

Wir stehen in einer Reihe von Autos, die sich langsam auf die Ausfahrt zubewegt. Ich fädele ein Bein von hinten zwischen die Vordersitze und quetsche mich dann ganz durch und stoße Max dabei mit dem Knie heftig gegen die Schulter. »T'schuldigung!« Ich hocke auf dem Sitz neben ihm und versuche noch, meine Beine zu sortieren, als die Autos plötzlich anhalten und er scharf auf die Bremse tritt. Ich kippe ihm auf den Schoß. »T'schuldigung!«, sagen wir beide gleichzeitig. Hinter uns wird gehupt und Max zeigt ihnen durchs offene Fenster den Stinkefinger. Ich rudere auf meinem Sitz herum wie ein Krake, der versucht, auf einem Rennradsattel Halt zu finden.

Der Sicherheitsgurt schlägt eine Schneise genau zwischen meinen Brüsten. Max scheint es überhaupt nicht zu tangieren, dass ich gerade auf seinem Schoß gesessen habe, ich aber bin völlig wuschig. Ich verschränke die Arme vor der Brust und lasse mich in den Sitz zurückfallen. Max wirft mir einen Blick zu.

»Angeschnallt? Können wir jetzt weiterfahren?«

»Jup. Danke.« Wahrscheinlich bin ich noch rot im Gesicht, wenn ich heute Abend ins Bett gehe.

38

»Meine Mom möchte wissen, wo ihr die indischen Gewürze gekauft habt, damit sie die Info in den Ordner packen kann.«

»In den was?«

»In ihren großen Dreiringordner mit Empfehlungen für ihre
Kunden. Wo man zum Beispiel seine Gartenabfälle hinbringt und
wer die guten Kieferorthopäden in der Stadt sind.«

»Warum fragt sie nicht einfach meine Mom danach?«

»Soll das ein Witz sein? Damit würde sie ja zugeben, dass deine
Mom mehr weiß als sie. Das würde ihre Kompetenz untergraben.«

»Also lässt sie dich die Drecksarbeit machen?«

»Nein, sie klappert gerade alle Fach- und Lebensmittelgeschäf-
te mit ausländischen Spezialitäten im Umkreis von achtzig Kilometern ab, um es herauszufinden. Sie weiß nicht, dass ich dich
frage.«

Jackson grinst. »Und was ist dir dieses Geheimnis wert?«

»Ich habe genau zwei Dollar, falls du mich gerade erpressen
willst.«

»Das ist genug. Du brauchst nur fünfundsiebzig Cent, wenn du
einen Schülerausweis hast.«

»Wovon redest du?«

»Vom Bus. Ich fahre mit dir nach der Schule zum geheimen Ge-
würz-Treffen, wenn du das willst.«

Der kleine Schmetterling zieht eine Busfahreruniform an und
fährt mit einem Schnellbus durch meinen Magen-Darm-Trakt. Ich
erinnere ihn daran, dass wir beschäftigt sind.

»Ich hab Volleyball.«

»Kannst du das nicht mal ausfallen lassen? Für den Ordner! Wenn es einen Notfall in der Familie gibt, ist man entschuldigt.«

»Notfall?«

»Für den Ordner!«

»Es ist ein Spiel.«

»Heute?«

»Ein Auswärtsspiel. St. Matt's.«

»Ah. Okay.«

Sieht er enttäuscht aus oder bilde ich mir das nur ein?

»Klaus! Klaus! Guuuuuten Morgen!« Die Rothaarige kommt direkt auf uns zu. Der Deutschlehrer gibt allen aus dem Kurs deutsche Namen und anscheinend ist Jackson Klaus. Rothaar hat sich zwischen uns gedrängt, den Blick auf Jackson gerichtet. Damit ganz klar ist, dass sie sich nicht mit mir unterhalten will.

»Unsere Gruppe will heute nach der Schule an dem Video arbeiten. Wir können uns bei deinem Spind treffen und zusammen zum Medienzentrum gehen.« Ganz nebenbei legt sie ihre Hand auf seinen Arm, zufällig genau zwischen uns, und blinzelt ihn mit ihren großen Disney-Prinzessinnen-Augen an.

Mir ist nicht ganz klar, ob sie sich für seine Chefin hält, weil sie ihm sagt, was er zu tun hat, oder für seine Assistentin, weil sie so liebenswürdig ist, ihm den Weg zum Medienzentrum zu zeigen, falls er sich nach sechs Wochen immer noch verläuft. So oder so, angesichts ihrer Meisterhaftigkeit beim Flirten muss ich kapitulieren. Ich würde darauf reinfallen. Ich würde ihre Flirtkunst sogar irgendwie faszinierend finden, wenn sie die nicht ausgerechnet bei Jackson anwenden würde.

Und dann macht Jackson einen riesigen Schritt nach rechts und wechselt den Dreh- und Angelpunkt des Gesprächs, sodass sie nicht mehr zwischen uns steht. »Nun, Greer, da du ein Spiel hast und ich an meinem Gruppenprojekt arbeiten muss, machen wir unser Ding dann vielleicht am Wochenende?« Mir steht der Mund offen. »Samstagmorgen?«

»Ja«, bekomme ich heraus. »Samstag. Klar. Das passt.«

Rothaar guckt böse, so als hätte sie bisher nicht angenommen, dass auch ich sprechen kann. Ich bin selbst ein bisschen überrascht.

»Super! Ein gutes Spiel heute Abend«, sagt er und lässt sich von dem missgünstigen Fräulein den Flur runterzerren.

»Dir auch«, sage ich unwillkürlich. »Ich meine, danke.« Sie sind schon zu weit weg, um mich zu hören.

Ich schwebe in den Mathekurs, frage mich, auf was ich mich da gerade eingelassen habe, und lande direkt vor Kurtis und Omar, die ihre Hausaufgaben vergleichen. »Greer! Kannst du uns zeigen, was du bei Nummer 14 rausbekommen hast?«

»Hä?«

»Hast du die Hausaufgaben gemacht?«

Die beiden kennen mich seit zehn Jahren. Auf der Kennedy gibt es keine Mathe-AG, aber wenn, dann wären wir drei dabei. Habe ich je meine Hausaufgaben nicht gemacht?

Ich gebe ihnen mein Heft und versuche mir vorzustellen, was Jackson sich wohl vorstellt, wenn er an unsere Gewürz-Suche am Wochenende denkt. Macht er es aus Höflichkeit, weil es einen geheimen Laden gibt, den ich alleine nicht finden würde, und er ein schlechtes Gewissen hätte, wenn ich verloren ginge? Macht er es aus Mitleid, weil seine Mutter meiner Mutter gesagt hat, dass ich immer zu Hause hocke? Macht er es, weil er noch immer der Neue ist und nicht so viele Freunde hat und er es nicht völlig abstoßend findet, Zeit mit mir zu verbringen, wenn Max Cleave und die Baseballmannschaft keine Zeit haben? Oder macht er es, weil er tatsächlich etwas mit mir unternehmen will?

Nein, bestimmt ist es nur freundschaftlich gemeint. Ich bin nur die Junior-Partnerin meiner Mutter. Nichts Besonderes, eher wie eine Schwester. Eine Schwester, die keine diebische Elfe ist.

Aber er hat mir einen Schokomuffin mitgebracht...

Hinter mir zanken Kurtis und Omar. Sie sind bei Nummer 14 zu verschiedenen Ergebnissen gekommen. Immer wenn das passiert, überprüfen sie, wer die gleiche Antwort hat wie ich. »Hey, Greer!«

Das Problem ist, dass wir dieses Mal alle eine andere Lösung haben.

Ich nehme mir mein Heft zurück und gehe die Aufgabe mit ihnen durch. Omar hat den richtigen Ansatz, aber er hat sich verrechnet, was alle weiteren Schritte durcheinandergebracht hat. Außerdem hat Omar eine schreckliche Handschrift, deshalb macht er ständig Fehler. Er kann selbst nicht mehr lesen, was er vorher ausgerechnet hat. Die Jungs vertrauen mir. Hier bin ich die Jessa.

Ms Tanner hält die Ansprache, die sie immer hält, bevor sie einen Test zurückgibt. Sie weiß, dass sie es mit einem Haufen von empfindlich klugen Schülern zu tun hat. Wenn man eine Klasse hat, in der hundert Prozent der Schüler in achtzig Prozent ihres bisherigen Lebens eine Eins bekommen haben und der Notenschnitt dann so angepasst wird, dass siebzig Prozent von ihnen nur noch mindestens eine Zwei bekommen, drehen neunzig Prozent der Klasse die ganze Zeit durch. Zum hundertsten Mal in diesem Halbjahr weist sie auf die Durchschnittsnote und die Möglichkeit einer wiederholten Prüfung hin. Je länger und langsamer sie spricht, desto mehr Leute haben wohl schlecht abgeschnitten. Ihrer heutigen Trauerrede nach zu urteilen, wird es noch Tränen geben.

Obwohl Asher und Anitha immer nur glatte Einsen bekommen, sehen beide so aus, als müssten sie sich übergeben, noch bevor sie ihre Tests überhaupt zurückbekommen haben. Ich drehe bei so was nicht durch. Nicht nur, weil ich weiß, was ich tue. Sondern weil ich weiß, dass ich weiß, was ich tue. In Mathe.

Ich drehe durch, wenn es um wirklich beängstigende Sachen geht. Wie mit einem höflichen und nicht wahnsinnigen Mitschüler indische Gewürze kaufen zu gehen.

Die einen seufzen erleichtert auf, die anderen lassen ein betroffenes Keuchen hören, während Ms Tanner herumgeht und die Tests zurückgibt. Anitha, die Tränen in den Augen hatte, bis sie Ms Tanner ihren Test aus der Hand gerissen hat, lächelt jetzt. Wie immer hat sie eine gute Note bekommen und wie immer ist sie aus irgendeinem Grund überrascht. Asher sieht aus, als wäre ihm schlecht. Er starrt auf die zweite Seite und kratzt sich heftig am Kopf. Wahrscheinlich hat er eine Aufgabe falsch. Kurtis und Omar tauschen gerade ihre Tests aus, also sind sie wohl zufrieden. Ich kenne das ächzende Geräusch, das Kurtis von sich gibt, wenn er einen Test vermasselt, und ich weiß, wenn Omar einen vermasselt, dann versucht Kurtis, ihn aufzuheitern.

Ich bekomme 38 von 35 Punkten. Nein, das ist kein Rechenfehler, das ist wegen der Zusatzaufgaben. Ms Tanner gibt allen einen Moment Zeit, um von ihrem Höhenflug runterzukommen oder um vom Rand der Verzweiflung zurückzukehren, bevor sie mit uns die Hausaufgaben durchgeht.

Da wir uns den Rest der Stunde den Hausaufgaben widmen, kann ich mir Gewürz-Gedanken machen, bis …

»Greer!«, prustet Kyle Tuck, als das Klingeln die Stunde beendet. »Kannst du mir mit dieser Aufgabe helfen?« Seine dämlichen Freunde stehen kichernd hinter ihm. Kyle reicht mir eine hingekritzelte Gleichung auf einer halben Heftseite:

$$[\arctan (1) \times 1{,}290] - 2(4!)$$

Mir ist schon klar, was er hier versucht, und ich lasse mir die Haare ins Gesicht fallen, damit die Jungs nicht sehen, wie rot ich werde. Ich bin deswegen wütender auf mich selbst als auf sie. Ich habe mir selbst versprochen, dass ich mich nicht mehr von ihnen runterziehen lasse, aber sie schaffen es trotzdem immer wieder. So verwandele ich mich von einer ultraselbstbewussten Einserschülerin in ein ultraverlegenes J-Körbchen. Und das in null Komma nichts.

Ich gucke mir sein Gekritzel an. »Aber, äh, brauchst du denn keinen Taschenrechner?« Kyle ist enttäuscht, dass ich einen Bleistift benutze, weil der Witz nur mit einem Taschenrechner funktioniert.

Aber der Witz wird auch auf einem Taschenrechner nicht funktionieren, weil die Gleichung falsch ist. Seine Gleichung ergibt 58,002, oder vielmehr ZOO,BS.

Ich ändere den letzten Teil zu 7(3!) und gebe ihm die korrigierte Gleichung zurück. Dann haben sie die Antwort, die sie haben wollten. Ich kann ihnen vielleicht nicht zu verstehen geben, wie abscheulich sie sind, aber wenigstens kann ich beweisen, dass ich klüger bin als sie.

»Das ist das Ergebnis, das du gesucht hast. Und du musst Winkelmaße verwenden anstatt Bogenmaße.« Ich schnappe mir meinen Rucksack und auf dem Weg nach draußen ergänze ich noch: »Wie habt ihr es überhaupt in diesen Mathekurs geschafft?« Ich warte nicht darauf, dass sie die Gleichung in ihre Taschenrechner eingeben, damit sie endlich ein paar BOO,BS zu Gesicht bekommen.

39

»Geh in den Chor. Das ist einfach.« Kate Wood kniet auf dem Bus-
sitz eine Reihe vor uns und hängt über der Rückenlehne, um sich
mit mir und Jessa zu unterhalten.

»Ich kann nicht besonders gut singen«, sagt Jessa.

»Das ist egal. Du bekommst keine Note fürs Singen. Du bekommst eine Note, weil du mitmachst.«

Wir überlegen, was Jessa im nächsten Schuljahr machen soll,
weil sie noch einen zweiten Kurs in den bildenden Künsten belegen muss. Das kann darstellende oder bildende Kunst sein oder, ein
sehr seltsames Schlupfloch, Robotik. Ich habe schon in der neunten
Klasse Töpfern belegt und Maggie will mit mir im nächsten Halbjahr Drucktechnik machen. Vielleicht sollte ich sie dazu überreden,
gemeinsam mit mir den Nähkurs bei Ms K-B zu belegen. Aber der
Kurs heißt Mode und Design und Maggie findet, dass »die Modein-
dustrie existiert, um die Unsicherheit von Frauen zu kommerzia-
lisieren«. Sie hat wahrscheinlich recht, aber was ist, wenn ich mir
selbst ein Top nähen könnte, das passt? Und vielleicht könnte ich
Quin eine längere Hose nähen.

»Glaubt ihr, man muss gut malen können, um beim Zeichenkurs
mitzumachen?«

»Im Ernst, Jessa, im Chor musst du echt gar nichts machen. Du
musst nur hingehen und singen. Besser geht's nicht.« Kate flicht
ihre Haare, während sie redet, und stützt sich mit dem Ellbogen
ab, wenn der Bus durch ein Schlagloch fährt. Im Bus spürt man
jede Bodenwelle und –senke viel stärker und ich spüre sie ganz

besonders stark in meinen schmerzenden Brüsten. Vor allem in meinen Brustwarzen, denn laut der Zyklus-App auf meinem Handy bekomme ich morgen meine Tage und Donna und Doria sind schlecht gelaunt und wund. Heute Morgen musste ich meinen Rucksack oben an der Schlaufe tragen, weil sie die scheuernden Gurte nicht aushalten konnten. Ich sehe auf die Uhr. Es sind drei Stunden und neununddreißig Minuten seit meiner letzten Ibuprofen. Passt schon. Sobald wir die St. Matt's Prep School erreichen, wird die Trainerin uns für ein erstes Aufwärmen in die Sporthalle schicken. Damit die Tabletten also gleich wirken, grabe ich die kleine Packung aus meiner Tasche, nehme zwei raus und lege sie mir in die Handfläche, denke kurz darüber nach und lege noch eine dritte dazu. Langfristiger Leberschaden kann auf keinen Fall so wehtun wie kurzfristige Perioden-Brüste.

»Was ist mit dir?«, fragt Jessa.

Was mit mir ist? An meinem Skelett, das nur dafür gemacht ist, ein Paar Wattebällchen zu tragen, hängen etwa fünf Kilo heißes, geschwollenes Brustgewebe, das in den letzten Stunden herumgehüpft ist, als würden wir auf einer ungepflasterten Straße durch einen zentralamerikanischen Dschungel fahren, derweil mein Körper eine Welle von Östrogen verarbeiten muss. Ich bin also gerade ein biiiiisschen empfindlich.

»Schultern?«, mutmaßt Jessa.

»Ja«, sage ich und reibe mir die rechte Schulter. Das ist nicht gelogen. Die tut auch weh. Gestern haben wir im Training die ganze Zeit Angreifen und Aufschlagen geübt und allen tun die Schultern weh. Ich würde Jessa vielleicht erzählen, was noch mehr wehtut, aber Kate ist auch noch da und weiterhelfen kann mir sowieso keine von ihnen, also sollen sie lieber denken, dass mir wehtut, was allen anderen auch wehtut.

»Setz dich nach vorn«, sagt Jessa und schiebt mich vom Sitz. Ich rutsche neben Kate. Jessa lehnt sich über die Lehne und gräbt ihre

Daumen in meine Schultern und massiert die steifen Muskeln, die von meinem Hals bis zu meinen Achselhöhlen verlaufen. Erst werde ich dadurch noch verspannter. Ich bin nicht daran gewöhnt, dass Menschen mich berühren. Sogar die kleinen Umarmungen und Berührungen während der Spiele waren am Anfang komisch. Aber Jessa findet Schmerzpunkte, die mir nicht einmal bewusst waren, drückt und hält fest. Ich halte die Luft an.

»Wir sollten sie tapen«, erklärt Kate. Sie hat ihre Zöpfe fertig geflochten und sie sind völlig schief. Ich weiß, dass sie mehrere Rollen Tape in mindestens drei verschiedenen Farben in ihrer Tasche hat. Kate und ihre Schwestern sind die Tape-Königinnen. Wenn du sie lässt, mumifiziert sie dein Knie oder deine Finger. Ich habe sie noch nie gelassen, aber heute vielleicht schon. Wenn es an meinen Schultern funktioniert, lasse ich sie vielleicht an meine Brüste.

»Hallo! Ich bin als Nächste dran!«, ruft Sylvie Jessa zu. »Die Kapitänin darf niemanden bevorzugen.«

»Du bist gleich dran, Sylv.«

Ich bedanke mich bei Jessa und schicke sie zu Sylvie rüber, die einen Arm aus ihrem Hoodie steckt, damit Jessa an die schmerzenden Stellen rankommt. Wenn es im Bus nicht so kalt wäre, würde Sylvie obenherum auch alles ausziehen.

Meine Schultern tun immer noch weh, nur anders als vor Jessas Massage. Fast so, als würden sie pulsieren. Sich bewegen. Als wäre dieser Teil von mir aufgewacht. Und wenigstens lenkt es mich von meinen Brüsten ab.

»Hat es überhaupt geholfen?«

»Total«, sage ich. Und das meine ich auch so. Ich weiß nicht, wie, aber ich weiß, dass es so ist.

40

Als der Bus vor uns hält, hat Jackson schon das Kleingeld bereit. Besonders viele Fahrgäste sitzen noch nicht drin und als ich mir einen Platz in der Mitte aussuche, setzt Jackson sich mir direkt gegenüber. Wenn wir in der Schule sind, mit Millionen von Leuten um uns herum, und wir nur ein paar Minuten füllen müssen, oder sogar bei ihm zu Hause, wenn unsere Familienmitglieder uns jederzeit unterbrechen könnten, ist es leicht, mit ihm zu reden. Aber hier im Bus, wo wir freiwillig zusammen sind, ist es schwieriger, sich ein Gesprächsthema einfallen zu lassen.

Das missmutige Schweigen der anderen Fahrgäste macht die Sache nicht einfacher. Wenn doch nur alles voller Volleyballspielerinnen wäre, dann könnten wir über Tape oder Zöpfe oder Colleges reden.

»Hast du gestern Abend was Nettes unternommen?«, fragt Jackson schließlich.

»Nicht wirklich. Ich habe ein bisschen Fernsehen geguckt und dann bin ich beim Lesen eingeschlafen.« Das ist die frisierte Version meines Abends, aber ich will das nicht weiter ausführen. In Wirklichkeit habe ich nach dem Volleyball ganz lange geduscht, meine Beine rasiert, ein paar Oberteile aus der Gruft in meinem Schrank ausprobiert – für den Fall, dass meine Brüste in der Dusche geschrumpft sind (sind sie nicht) –, meinen Schlafanzug angezogen – dann fiel mir ein, dass Mom einen süßen Schal hat, der vielleicht mit dem einen Oberteil gut aussehen könnte (tat er nicht) –, habe zu Abend gegessen, mit Dad Backsendungen geguckt, bin in mein Zimmer gegangen, habe ein Video über eine Brustoperation geguckt und danach ein paar Amy-Schumer-Clips, um die Operation aus dem Kopf zu bekommen, und bin dann über einem Artikel über die Mathematikerin Maryam Mirzakhani eingeschlafen.

»Und du?«

Eine Frau lenkt einen Buggy mit einer Hand den Gang runter. Darin ist ein Baby und ein Kleinkind geht nebenher. Jackson steht auf, sodass sie sich mit ihren Kindern zusammensetzen kann. Er setzt sich neben mich.

»Danke schön«, sagt die müde Mutter gegenüber von uns und lächelt mich an, als wäre es mein Verdienst, dass Jackson ein netter Typ ist.

Der Bus fährt wieder los. Jetzt wird mehr geredet und obendrein schaut das Kleinkind jetzt ein Video auf dem Handy seiner Mom, also muss ich mich zu Jackson rüberlehnen, um ihn zu verstehen. Seine Haare duften nach Orangen.

»Ich bin mit Quin eislaufen gegangen.«

»Ins Eisschloss?«

»Wenn das im Ordner steht, dann ja.«

»War es schön?« Es ist irgendwie süß, aber seltsam, dass Jackson sich dazu bereit erklärt hat. Ihm muss noch langweiliger gewesen sein als mir.

»Nicht wirklich.«

Der Bus rumpelt einen Moment lang dahin, bevor er wieder den Mund aufmacht.

»Eigentlich war es eine ziemliche Katastrophe.«

»Was ist passiert?« Ich rechne mit einer lustigen Geschichte: Quin hat den Fahrer der Eismaschine angefallen. *Disney on Ice* hat gerade geprobt. Er hat einen vierfachen Lutz versucht und nur einen doppelten geschafft.

»Dort fand eine Geburtstagsparty statt. Jemand aus ihrer Klasse. Sie wusste, dass gestern ein paar von ihnen zum Eislaufen wollten – wie sich herausgestellt hat, wollte sie deshalb auch dahin –, aber sie wusste nicht, dass es eine Geburtstagsparty war. Sobald sie begriffen hat, dass alle zusammen dort waren, ist sie abgehauen.«

Keine lustige Geschichte. Eine traurige. Die Arme! Es ist schrecklich, allein zu sein, und noch schrecklicher ist es, wenn man so radikal daran erinnert wird.

»Ich habe ihr gesagt, sie soll einfach hingehen und Hallo sagen«, erzählt Jackson. »Sie haben gerade Kuchen gesessen. Sie hätten ihr ganz bestimmt ein Stück angeboten.«

Ich gucke ihn ungläubig an. »Soll das ein Witz sein?«

»Nein. Warum? Was wäre das Schlimmste, was hätte passieren können?«

»Sie hätten sie zurückweisen können? Sie auslachen? Sie hätten dafür sorgen können, dass sie sich noch schlechter fühlt?«

Das nimmt er mir nicht ab. »Sie sagt, dass sie keine Freunde hat, aber da waren ein Haufen Mädchen aus ihrer Klasse, mit denen sie sich gestern hätte anfreunden können.«

»Du hast wirklich keine Ahnung, nicht wahr?« Ich schüttele den Kopf. »Sie ist nicht wie du. Das ist fast niemand. Die ganze Zeit umziehen zu müssen, ist nicht leicht für sie.«

Völlig überrascht blinzelt er und runzelt die Stirn. »Wann habe ich je gesagt, dass es leicht ist?« Er sieht mich fragend an, aber nur für eine Sekunde, denn der Bus kommt abrupt zum Stehen. »Scheiße! Das hier ist unsere Haltestelle.«

»*Schnucks*? Was zum Teufel ist Schnucks?«

»Ich glaube, du wolltest sagen: ›Was zum Schnuck ist Schnucks?‹ Es ist ein Supermarkt.«

Ganz offensichtlich. Der Bus fährt in einer Wolke heißer Abgase davon und die anderen Fahrgäste tauchen in dem ozeangroßen Parkplatz ab. Riesige SUVs, mittelgroße Kleinbusse und winzige Elektroautos parken ein und aus, mit Dutzenden von Beinaheunfällen in der Sekunde, wie Fische ohne Schwarm. Menschen gehen mit leeren Händen in dieses große Backsteingebäude rein und kommen beladen mit Tüten wieder raus, auf denen, einfach unglaublich, Schnucks steht.

»Ich glaube, hier war vorher Family Food Mart.« Man kann gerade noch die Umrisse von FFM vorne sehen.

»Vielleicht, aber jetzt ist es Schnucks.«

»Ist das besser als Family Food Mart?«

»Wahrscheinlich nicht. Es ist einfach ein Supermarkt.«

»Warte mal. Es gibt keinen geheimen Gewürzladen?«

»Wenn er nicht im Ordner steht, glaube ich nicht, dass er existiert.«

»Hat dieser Supermarkt etwas, was die anderen nicht haben?«

»Eine ziemlich große Abteilung mit mexikanischem Essen.«

»Aber wir wollten doch indische Gewürze suchen.«

»Ja, aber die gibt es hier in der Gegend nicht. Mein Dad hat sie mit Tamarindenpaste ersetzt, was in vielen mexikanischen Lebensmitteln enthalten ist.«

Ich weiß gar nicht, was ich sagen soll. Ich dachte, wir gehen in irgend so einen coolen kleinen Laden, mit großen Krügen voller gut riechender Zutaten, Schachteln mit geheimnisvoll getrocknetem Essen und einem uralten Mann hinter dem Tresen, der uns Türkischen Honig anbietet. Und einem Reiseblogger, der eine bezaubernd ungestellte Aufnahme von Jackson, der mich damit füttert, auf Instagram postet. Aber aus irgendeinem Grund hat er mich zu diesem riesigen Supermarkt gebracht, der überhaupt nicht bezaubernd ist und auf Instagram gar nicht gut ankäme.

»Es war aber trotzdem lecker, oder? Oder hast du die Tamarindenpaste rausgeschmeckt und gewusst, dass irgendwas nicht stimmt?« Jackson schaut mich neckend und zugleich verlegen an. »Tyler hat den Unterschied bestimmt herausgeschmeckt.« Er lässt den Kopf hängen wie ein schuldbewusster Hund, der dabei erwischt wurde, wie er die Tamarinde zerkaut. Ich möchte ihn schlagen. Ein bisschen. Sehr langsam. Heißt, ich will ihn einfach nur berühren.

»Du weißt, dass mindestens zehn Supermärkte viel näher gewesen wären? Und mexikanische Läden? Bestimmt stehen welche im Ordner.«

Er zuckt mit den Schultern. »Meine Mutter ist in St. Louis aufgewachsen. Da gibt es Millionen von Schnucks. Mom hat sich gefreut, dass es hier auch einen gibt. Weißt du, dass ihre Coupons Schnupons heißen?«

»Natürlich tun sie das.« Wir stehen da und bewundern den Schnupermarkt und ich frage mich, ob dieser ganze Ausflug ein Scherz ist. Wenn ja, dann ist es trotzdem nett, dass er den Vormittag für einen Scherz mit mir verbracht hat. Schätze ich mal. Aber es ist komisch. Irgendwie hatte ich erwartet, dass Jackson mehr geplant hat als nur das. Schließlich sage ich: »Was ist, wollen wir reingehen?«

»In den Schnucks?«

»Ja? Wo wir schon hier sind?«

»Ach so. Also. Deswegen bin ich nicht mit dir hierhergekommen. Außer du brauchst noch ein paar Eier oder so. Ich bin deswegen mit dir hergekommen.« Er nimmt mich bei den Schultern und wendet mich der Straße zu, sodass mein Blick auf die gegenüberliegende Seite fällt: auf ein kleines, niedriges Gebäude mit großen Fenstern und einem Wandgemälde des Sonnensystems.

Kopernikus-Café. Ein Café, das nach einem Astronomen benannt ist.

»Ich dachte, das könnte dir gefallen.« Er nimmt meine Hand (!) und zieht mich über die Straße. »Sie haben außerdem unglaublich gute Karamellschnecken. Komm schon.«

Oh, mein schnuckiger Gott.

42

Wir sitzen uns an einem langen Tisch gegenüber, strecken die Beine aus und wechseln uns damit ab, die tellergroße Karamellschnecke auseinanderzurollen und Stücke davon abzureißen. Er hat Chai bestellt, ich Kakao. Die Becher sind besonders groß, fast wie Suppenschüsseln, und das Logo des Cafés ist darauf abgebildet: ein Kaffeebecher, um den kleine Symbole kreisen (Auto, Hund, Aktentasche). Das Mädchen hinterm Tresen hat dasselbe Logo auf seinem T-Shirt, darunter stehen die Worte: *Ich glaube an ein kaffeezentrisches Weltbild.*

Der zimtige Duft von Jacksons Chai erinnert mich an Weihnachten. Er erzählt mir gerade, dass es für Max Cleave keine Saisonpause im Baseball gibt, und da er der Kapitän der Mannschaft ist, ist für alle anderen auch immer Baseballsaison.

Ein bisschen was darüber weiß ich schon von Maggie, aber es ist lustig, es von Jackson zu hören. Die Baseballtruppe hat ihn irgendwie adoptiert. Sportlich zumindest, denn ich glaube, sie machen nie etwas gemeinsam, das nicht mit Baseball zusammenhängt. Es ist so, als würde Jackson die Rolle des Baseballspielers ausfüllen, weil das an dieser Schule gebraucht wird. Wäre er woanders, würde er vielleicht Lacrosse spielen. Oder im Debattierklub sein.

Aber Max Cleave wäre immer er selbst, egal, ob man ihn mitten in den Ozean fallen lassen würde oder in ein Land, in dem kein Baseball gespielt wird. Er hat seine Identität um eine Sache herum gebaut. (Ich wohl irgendwie auch, aber hauptsächlich deswegen, weil ich nicht will, dass es um *zwei* Sachen geht.)

»Glaubt er, die New York Yankees werden ihn verpflichten, oder was?«

»Das hast du gerade eben nicht gesagt.«

»Was?«

»Yankees?«

»Warum nicht?«

»Weil mein Dad aus Boston ist.« Ich werfe ihm einen verständnislosen Blick zu. »Und die Boston Red Sox und die Yankees sich hassen?«

»Mein Dad ist aus New York. Ich glaube nicht, dass er die Red Sox hasst.«

»Er sollte die Red Sox hassen.«

»Ich lasse es ihn wissen. Soll er sonst noch jemanden hassen?«

»Nun, im Idealfall hasst er die Yankees.«

»Ich werde daran arbeiten, dass er mehr Sachen hasst, aber er ist ein ziemlich netter Typ. Welche Mannschaft sollen wir denn mögen?«

»Die Chicago Cubs!« *Wen denn sonst?*, muss er gar nicht erst hinzufügen.

»Du bist hier vor etwa zehn Sekunden hergezogen und schon bist du ein Fan der Cubs?«

Jackson zuckt mit den Schultern.

»Will Max für die Cubs spielen? Oder für eine andere Mannschaft, die wir nicht hassen? Glaubt er, er wird mal Profi?«

»Nee. Er ist gut, aber so gut dann auch nicht. Aber er wird sicher etwas machen wollen, wo er sich viel bewegen kann.«

»Sportlehrer?«

»Personal Trainer?«

»Feuerwehrmann?«

»Navy Seal?«

»Er könnte Model werden.«

Jackson hebt die Augenbrauen, ist neugierig und ich wünschte, ich hätte das nicht gesagt. Ich bin davon ausgegangen, dass die Attraktivität von Max eine Tatsache ist. Ich wäre nicht überrascht, wenn die Hälfte der Lehrer sein Foto in ihrem Regalfach hängen hätten. Jetzt sieht es so aus, als würde ich auf Maggies Bruder stehen. »Ich meine, alle mögen Max.«

»Aha.« Er nickt.

»Nein, ich meine, nicht ich. Er ist einfach Maggies Bruder.«

»Klar.« Das kauft er mir nicht ab.

»Ich meine, ich kenne ihn seit der dritten Klasse. Seit ihre Eltern ihn und Maggie aus der katholischen Schule genommen haben. Er hat uns mit Tannenzapfen beworfen und wir haben versucht, sie mit unseren Puppen abzuschmettern. Er ist wie ein Bruder für mich.« Das stimmt nicht so ganz, denn wenn ich nach dem Training im Auto aus Versehen in Tylers Schoß landen würde, dann würde ich keinen Herzinfarkt bekommen, sondern ihn anpupsen.

»Er ist der heiße ältere Bruder, schon kapiert.«

Ich verdrehe die Augen und sammle ein paar von den Pekannüssen auf, die von der Schnecke gefallen sind.

»Wenn du also nicht auf Max Cleave stehst, stehst du dann auf irgendjemand anderen?«, fragt Jackson.

Er guckt mich direkt an, ohne zu blinzeln. Vielleicht sogar, ohne zu atmen. Ist dieser Jackson nervös? Wird Jackson überhaupt nervös?

Der kleine Schmetterling bekommt einen hysterischen Anfall. *Jetzt!*, sagt er. *Sag etwas! Carpe den verdammten diem!*

Der Schmetterling will, dass ich das sage:

Auf dich, natürlich. Nur dich. Ich kann es morgens kaum erwarten, in die Schule zu kommen, um zu sehen, ob du vor dem Mathekurs auf mich wartest. In der Mittagspause halte ich nach dir Ausschau, nur um sicherzugehen, dass du noch da bist. Als du meine Hand genommen hast, als wir eben die Straße überquert haben, habe ich das bis

in meine Füße gespürt. Ich weiß, wenn ich dich jetzt küssen würde,
würdest du nach Chai und Karamell schmecken.

Aber ich weiß auch, wenn ich das tun würde, dann würdest du
eines Tages meine Hüften umschlingen, mein Haar berühren und
deine Hand würde meinen Rücken hochgleiten und die vier Stahl-
haken ertasten, die meinen BH zusammenhalten. Und du würdest
ganz höflich sein und einen Witz über eine Festung machen und ich
würde lachen, aber Donna und Doria – sie haben Namen, ich habe
ihnen Namen gegeben – wären schon so verschwitzt, dass ich lieber
sterben würde, als dich in ihre Nähe zu lassen. Mir wäre es peinlich
und du würdest es zwar nicht glauben, aber auch dir wäre es pein-
lich. Und dann könnten wir in der Schule nicht mehr rumalbern oder
über Quinlan reden oder über Pokale oder über Gedichte voller Weh-
mut, weil dieser Augenblick immer präsent wäre, und ich würde lie-
ber jeden Tag mit dir diese Minuten vor der Mathestunde haben als
irgendetwas oder irgendjemand anderen.

»Ich konzentriere mich gerade ziemlich auf die Schule.«

»Klar. Natürlich«, sagt er und guckt nach unten in seinen Chai.

Ich weiß und weiß gleichzeitig auch nicht und will auch gar nicht
wissen, dass das nicht die richtige Antwort war. Es ist, als hätten
wir an einer Weggabelung gestanden und ich hätte mich dafür entschieden, weiter geradeauszugehen, statt den anderen Weg einzu-
schlagen. Weil ich nicht weiß, wo er hinführt und ob ich es zurück-
schaffe, falls er im Nichts endet.

Der kleine Schmetterling kann mich nicht mal mehr angucken.
Jackson auch nicht.

»Möchtest du wirklich wissen, was ich gestern Abend gemacht
habe?«, frage ich schließlich. Ich lasse das einen Moment lang so
stehen, eine kleine Neckerei, bereit, mich den Wölfen zum Fraß
vorzuwerfen. »Ich habe drei Stunden lang Backsendungen mit meinem Dad gesehen.«

Er schaut auf und lächelt. »Im Ernst?«

»Eric Walsh liebt Backsendungen. Backen liebt er nicht, aber Backsendungen von ganzem Herzen.«

»Da wäre ich nicht draufgekommen.«

»Er behandelt das sehr diskret. Aber jetzt ist die beste Zeit des Jahres für die Shows – es gibt lauter Wettbewerbe: für die besten Weihnachtskekse, das beste Pfefferkuchenhaus …«

»Ist dein Dad nicht jüdisch?«

»Nicht, wenn es um Weihnachts-Backsendungen geht.«

Wir hangeln uns vom Abgrund zurück zu einer netten Unterhaltung, die Art von Gespräch, bei dem klar ist, dass es sich nicht um eine Verabredung handelt. Dafür habe ich gerade gesorgt.

Wir erzählen uns, wie alt wir waren, als wir *Harry Potter* gelesen haben, welche Regeln unsere Eltern für Handys aufstellen, er berichtet von ein paar der Millionen Orte, an denen er gelebt hat, und was dort jeweils seltsam war (als er mal in Tennessee, also im Süden, gelebt hat, hat einer seiner Lehrer den Bürgerkrieg als Angriffskrieg der Nordstaaten bezeichnet).

Er erzählt mir, dass Quin nicht mehr so wild um sich schlägt, dafür aber fast zu still ist. Gerade will ich ihn fragen, ob sie wohl einen terroristischen Anschlag plant, aber zum Glück tue ich es nicht, denn er fragt: »Glaubst du, man kann in der dritten Klasse schon Depressionen haben?« Mir wird klar, dass er sich Sorgen um sie macht. Und ja, ich denke schon, dass man in der dritten Klasse Depressionen haben kann.

Ich bin mir nicht sicher, ob ich heute mit Jackson eine Gelegenheit verpasst habe oder ob es diese Gelegenheit sowieso nie gab. Sollte es zwischen uns in Zukunft jedoch immer nur so sein wie jetzt, dann kann ich mich hoffentlich selbst davon überzeugen, dass mir das genügt.

43

Maggie ist heute Morgen nicht in der Schule erschienen. Amara und Keely, zwei weitere Bräute, erzählen mir, was gestern bei der Kostümprobe passiert ist.

Alles lief wohl wunderbar – oder so wunderbar, wie das möglich ist, wenn fünf der Brüder nicht tanzen und vier auch nicht singen können. Aber alle trugen zum ersten Mal ihre Kostüme und deswegen wirkte alles andere zumindest besser.

Bis zu der ersten Szene, in der Maggie und die Mädchen auftraten. Sie kamen auf die Bühne, eine nach der anderen, in ihren karierten Kleidern und geflochtenen Zöpfen (vielen Dank, Lizzie Barnes). Sogar Keely, deren mattbraune Haare ziemlich kurz sind, ist ein französischer Zopf gelungen, zusammengehalten mit einer ganzen Dose Haarspray. Lizzie selbst hatte über Nacht viel längere und viel hellere Haare bekommen, dank einer sehr teuren Haarverlängerung, wie die Mädchen berichteten. Und dann war Maggie dran und tauchte auf der Bühne auf. Mit einem Pferdeschwanz mitten auf dem Kopf wie der Blas von einem Wal.

»SCHNITT«, schrie Lizzie. »SCHNIIIIIIITTTT!« Die Mitwirkenden waren verwirrt und das Orchester spielte noch einige Takte, bevor sie merkten, dass keiner mehr sang.

Ein paar Jungs fanden das Ganze lustig, aber die meisten waren wütend. Alle waren müde und wollten die Probe hinter sich bringen.

Es gab eine kleine Besprechung mit Mr Coles und den anderen Leitern und Maggie und Lizzie. Maggie ist danach davongestampft und kehrte ein paar Minuten später, mitten in der nächsten

Nummer, mit annehmbaren Zöpfen zurück. Nach der Probe hat sie mit niemandem gesprochen und ist sofort gegangen.

Jetzt drehen Amara und Keely und der Rest der Gruppe wohl durch, weil Maggie nicht zur Schule gekommen und heute Abend die Premiere ist.

»Oh nein. Wird Lizzie ihren gesamten Text singen müssen, wenn Maggie nicht erscheint?«, fragt Amara.

Während sich Amara wirklich Sorgen macht, ist Keely einfach sauer. »Keiner von uns mag Lizzie, aber trotzdem. Maggie ist einfach nur stur.«

Da entfährt mir ein Schnauben, denn wenn sie meinen, dass Maggie sich hier stur verhält, dann kennen sie Maggie nicht.

Wirklich stur heißt, dass Maggie jeden Abend den gesamten Christbaumschmuck wieder abnimmt, weil ihre Eltern statt einer Tanne eine Kiefer gekauft haben – und da war sie erst sechs Jahre alt. Ein Pferdeschwanz mitten auf dem Kopf, weil alle wollen, dass sie sich Zöpfe flicht, ist da gar nichts.

Ich schicke Maggie eine Nachricht und bekomme sofort eine Antwort.

Auf dem wge

Usp

Weg

Ups

»Sie ist auf dem Weg«, sage ich ihnen. »Hat bestimmt nur verschlafen.«

Die Mittagspause ist fast vorbei, als Maggie schließlich auftaucht. Sie trägt einen Stapel Bücher und schreitet durch ein Meer von Schülern. Sie grinst. Sie hat geflochtene Zöpfe, wie gewünscht.

Nur dass es neongrüne Zöpfe sind.

Es gibt keine Farbe, die die Schüler der Kennedy noch nicht für ihre Haare ausprobiert haben, manchmal auch alle gleichzeitig, deswegen ist es nicht das grelle Grün auf Maggies Kopf, das Aufmerksamkeit erregt. Es ist eher die Schnappatmung der Theatergruppe, auf die der Rest der Schule gespannt wartet.

»Wird sie die Haarfarbe auch bei der Aufführung haben?« Jackson ist hinter mir aufgetaucht. Ich bin zu sehr damit beschäftigt, zu beobachten, wie Maggie sich durch die Menge bewegt – die eine Hälfte der Leute scheint sie zu bewundern, die andere findet, sie sei zu weit gegangen –, um darüber nachzudenken, wie nah er hinter mir steht. So nah, dass mein Rücken an seiner Brust läge, wenn ich mich nur ein wenig zurücklehnen würde.

Okay, ganz offensichtlich kann ich doch darüber nachdenken, während ich Maggie beobachte.

»Es sieht nicht so aus, als könnte man es rauswaschen«, sage ich. »Um so dunkle Haare in so grüne Haare zu verwandeln, muss man sie vorher bleichen.«

Jackson atmet leise aus. »Wenn schon, denn schon also.«

Ich nicke. »Ja. So ist sie.«

Ich habe keine Gelegenheit, mit Maggie zu sprechen und ihr meine Meinung zu sagen, die da lautet: »Echt jetzt? Du weißt doch, dass das mehr Probleme bereiten als lösen wird«, denn es klingelt und die Menge geht auseinander.

»Bis später«, sage ich, aber Jackson hält mich auf.

»Gehst du heute Abend zu der Aufführung?«

»Ja, natürlich.«

»Gehst du *mit* irgendjemandem?«

Genau genommen ist die Antwort: Ja, ich gehe mit meiner Mutter und Tyler und der leere Platz ist eigentlich für Dad, der kurzfristig nach San Francisco fliegen musste. »Na, mit meiner Familie, aber wir haben noch eine Karte über. Möchtest du mit? Ich meine, wenn du nicht schon mit anderen verabredet bist. Bist du bestimmt.«

Ich habe ihn schon lächeln sehen. Hundertmal im echten Leben, tausendmal im Traum. Aber dieses Lächeln ist so leicht und glücklich, wie ich es vorher noch nie gesehen habe. Und es ist wunderschön. Er muss in Cleveland einen richtig guten Kieferorthopäden gehabt haben. Zahnmedizin, die ordnerwürdig ist.

»Sehr gerne«, sagt er.

Der kleine Schmetterling strahlt und klopft mir stolz auf die Schulter. Ich sage ihm, er soll mal runterkommen. Er will nämlich, dass das gerade mehr bedeutet, als es das tut. Das ist keine Verabredung, nur eine Aufführung in der Schule und wir haben eine Karte übrig. Der Schmetterling glaubt mir aber nicht.

45

Grundsätzlich stimme ich Maggie bei den meisten Dingen zu, für die sie sich einsetzt, aber ich finde nie, dass es einen Streit wert ist. Sie schon. Es ist nicht so, dass ich konfliktscheu wäre – ich zanke die ganze Zeit mit Tyler –, sondern dass ich vermeiden möchte, mich unwohl zu fühlen. In sozialer, körperlicher, geistiger und jeglicher anderer Hinsicht. Ich gehe den Weg, bei dem ich (und Donna und Doria) am wenigsten auffallen.

Obwohl also alle zu mir kommen und fragen: »Was wird jetzt passieren?«, »Warum ist deine Freundin so eine Zicke?«, versuche ich mich rauszuhalten. Es war wohl etwas übertrieben, sich die Haare grün zu färben, um die Hauptdarstellerin in der Schulaufführung zu ärgern, aber so ist Maggie und ich liebe sie, egal, was passiert. Trotzdem will ich mich raushalten.

Direkt nach der Schule bin ich auf dem Weg zum Training, als ich sehe, wie Mr und Mrs Barnes mit Lizzie ins Schulgebäude treten. Pat Moss, unsere Schulleiterin, begrüßt sie mit einem Blick voller Solidarität und Empörung. Zusammen stürzen sie davon, als wären sie in einer Folge von *Law & Order.*

Maggie ist zwar hart im Nehmen, aber zahlenmäßig ist sie hier unterlegen.

Ich suche die Nummer ihrer Mutter in meinen Handykontakten.

»Mrs Cleave? Hier ist Greer.«

»Hallo, Greer. Was gibt's?«

»Sie wissen Bescheid über Maggies Haare, oder?«

»Das Grün? Aber ja. Das war eine ganz schöne Prozedur.«

»Nun, ich glaube, sie steckt deswegen in Schwierigkeiten.«

»Warum sollte sie es auch sonst getan haben?« Sie seufzt.

»Es gibt Gerüchte, dass sie deswegen aus dem Stück fliegt.«

»Ich bin mir sicher, dass Maggie mit Mr Coles klarkommen wird.«

»Ja, aber es ist nicht nur er. Es ist auch noch Dr. Moss involviert. Und Lizzies Eltern.«

»Die Barnes? In der Schule?«

»Ja. Und sie sehen ganz schön sauer aus.«

»Diese Leute sind echt schlimm.« Sie knurrt praktisch und klingt dabei wie Maggie, gleichzeitig wütend und aufgeregt. Sie leitet eine Organisation, die Flüsse und Seen vor Umweltschäden schützt. Da muss man kämpfen können – und es mögen. Sie ruft jemandem in ihrem Büro etwas zu und spricht dann wieder ins Telefon. »Ich bin auf dem Weg. Danke, Greer.«

Sie legt auf und Jessa rast an mir vorbei.

»Walsh! Los geht's! In vier Minuten fängt das Training an.«

Ich bewege mich nicht vom Fleck. Ich muss zum Training, aber ich will Maggie auch nicht allein lassen, wenn der Lehrer-Eltern-Ausschuss der Kennedy Highschool hinter ihr her ist.

Jessa bleibt stehen. »Walsh? Kommst du?«

Ich zögere. »Es ist was mit Maggie.«

»Wegen der Sache mit den grünen Haaren?«

»Du weißt davon?«

»Alle wissen das.«

»Ich glaube, sie wollen sie aus dem Stück schmeißen.«

Ich gehe davon aus, dass Jessa mir jetzt sagt, ich solle ihr jetzt endlich zum Training folgen – schließlich ist das nicht unser Problem. Es ist nur ein Musical, nicht *VOLLEYBALL* –, aber ich irre mich.

»Das können sie nicht machen. Sie hat die ganze Saison lang

geübt.« Ich glaube nicht, dass man es im Theater »Saison« nennt, aber sie versteht, um was es geht.

»Lizzie Barnes ist gerade mit ihren Eltern aufgetaucht.«

Jessa schaudert. »Die sind in unserer Gemeinde. Die sind fies.«

Nicht sehr beruhigend.

»Suprenant! SYYYLV«, schreit sie plötzlich durch die Vorhalle. Sylvie hüpft zu uns rüber. »Sag der Trainerin, dass Walsh und ich uns verspäten. Wir müssen uns um etwas kümmern.« Sylvie verschwindet Richtung Sporthalle und Jessa wendet sich mir zu, als hätte sie den ganzen Tag auf mich gewartet. »Also? Los geht's!«

»Wo gehen wir hin?«

Sie rennt Richtung Aula, wo gerade die Generalprobe stattfindet. Ich kann kaum mithalten. »Zu Cleave natürlich. Sie ist deine beste Freundin, stimmt's? Wir können sie nicht den Barnes überlassen.«

Und obwohl es total abgedroschen ist, fühle ich mich wie im Rausch. Die Vorstellung, dass Jessa und ich und Maggie und vielleicht Nasrah und Amara und Sylvie und wer weiß wer noch alle irgendwie verbunden sind, fühlt sich ziemlich gut an. Es ist, als wären wir in einer ganz besonderen Art von Mannschaft.

Ich richte mich auf und laufe hinter Jessa her Richtung Aula. Donna und Doria wackeln aufgeregt mit. Auch wenn sie beim Probespiel versagt haben, wollen sie jetzt unbedingt ein Teil der Mannschaft sein.

46

Mitten im Sommer, an einem richtig heißen Tag, sollte Mom uns zu einer Ausstellung in einem Kulturinstitut fahren. Es wurden Fotos und Zeichnungen gezeigt, die Menschen, die in den Slums von Lagos leben, gemacht hatten. Maggie hatte davon gelesen und war wütend. Darüber, dass der Künstler, der die Ausstellung organisiert hatte, die ganze Anerkennung einheimste, während die Slum-Bewohner nur veraltete Kameras bekommen hatten, die sie noch nicht mal aufladen konnten. Man könnte meinen, dass wir gerade deshalb nicht in diese Ausstellung hatten gehen wollen. Aber wir langweilten uns seit Wochen und sie war ein guter Vorwand, um Mom dazu zu kriegen, uns in die Stadt zu fahren, während sie einen Geschäftstermin mit einer großen Firma hatte.

Aber Moms Besprechung wurde abgesagt, und dass Maggie und ich eine Ausstellung verspotten wollten, war für sie kein Grund, extra nach Chicago zu fahren.

Wir blieben also gelangweilt und genervt zu Hause, uns war heiß und wir setzten uns mit tropfendem Eis am Stiel auf die Vordertreppe und blätterten durch Moms Ordner.

»Wie kann deine Mom den Cold-Stone-Eisladen empfehlen?!«

»Äh, weil es superlecker ist? Und man seine eigenen Zutaten reinmischen kann?«

»Ja, aber es ist eine Kette. Sie sollte unabhängige Läden empfehlen.«

»Maggie, wir waren letzten Donnerstag da. Und du fandest es toll.«

»Nur, weil es neben dem Kino war.«

Wir blätterten weiter zu dem Teil über Friseure und andere kosmetische Dienstleistungen. Ich erkannte den Namen von fast jedem, der mir je die Haare geschnitten hat. »Ich würde mich nie mit Wachs behandeln lassen«, sagte Maggie.

»Natürlich nicht. Du rasierst sie ja noch nicht einmal.«

Maggie schlürfte einen Tropfen Eis von ihrem Handrücken ab. »Sie?«

»Deine Beine?«

Sie stieß ihr Bein mit seiner ganzen Haarpracht gegen meine Stoppeln. »Ich meinte nicht die Beine. Ich meinte meine Mumu.«

Wir müssen beide lachen. Denn seitdem ihr Bruder sich darüber beschwert hat, dass Maggie an ein und demselben Tag einunddreißig Mal das Wort Vagina benutzt hat, probierte sie ständig neue Wörter dafür aus. *Mumu* passte aber ganz und gar nicht zu Maggie und das sagte ich ihr auch.

»Muschi?«, versuchte sie es. »Schatulle?«

»Können wir uns einfach auf ›Bikinizone‹ einigen?«

Maggie schaute mich missbilligend an. »Von mir aus. Ich würde nie zulassen, dass das jemand mit meiner ›Bikinizone‹ macht. Stell dir das mal vor«, sie griff rüber und riss mir im Nacken ein paar Haare aus, »und das da unten, alle auf einmal, von einem Fremden mit heißem Wachs.«

»Aua!« Ich wollte es mir nicht vorstellen, konnte aber nicht anders. »Wie heiß ist das Wachs?« Wie Badewasser wäre ja nicht schlimm. »Vergiss das Wachs. Es geht darum, dass sie es mit einem Ruck entfernen. Ich wette, dazu gibt es ein Video.«

Innerhalb von Sekunden hatte sie ein Video gefunden, in dem die ganze Prozedur des Hollywood Waxing gezeigt wird. Als sie anfingen, den ersten Streifen zu entfernen, zuckten wir beide zusammen. »Verstehst du, was ich meine? Deswegen rasiere ich mich nur.«

»Warte, du rasierst dich da?« Auf meine Schamhaare hatte ich noch nie geachtet. Wie eine von diesen lockigen Perücken beim irischen Volkstanz wuchsen sie wild vor sich hin. Wenn man immer davon ausging, dass einen nie jemand in etwas anderem sehen würde als in einem riesigen Sweatshirt, musste man sich keine Gedanken darüber machen, wie man nackt aussah. »Du rasierst dir noch nicht einmal die Beine! Was ist daraus geworden, sich nicht dem frauenfeindlichen Dogma des modernen Schönheitswahns zu beugen?«

»Ja, aber da geht es um Beinhaare. Ich rede über Schamhaare. Ich will nicht, dass es um mein Bikiniunterteil herum so buschig ist.« Sie machte eine explodierende Geste mit ihren Händen, so als müssten wir gegen einen aufgebauschten Schamhaarball kämpfen, wenn sie sie nicht unter Kontrolle behielt.

Auf meinem Schreibtisch steht ein Foto von uns beiden am Oak Street Beach am Ufer des Michigansees, das war etwa in der fünften Klasse. Und in diesem Sommer konnte ich nicht anders, als mir die kleine Maggie in ihrem rot-weißen Badeanzug voller blauer Anker vorzustellen, aus dem an allen Seiten Haare herausgucken – wie ein großer, räudiger Atompilz. Ich musste laut lachen.

Maggie schnappte nach Luft, als wäre ihr gerade was Unglaubliches eingefallen. »Wir sollten Tahlia anrufen! In ihrem Fitnesscenter gibt es einen riesigen Pool!« Ich hörte auf zu lachen und musste schlucken. »Wollen wir schwimmen gehen?«

Schwimmen gehen?

Nein, Maggie, ich will nicht schwimmen gehen, denn sobald ich am Rand des Schwimmbeckens stehe, wird die Hälfte der Leute dort sich zu ihren Freunden rüberlehnen und denselben Witz über meinen Auftrieb machen.

Ich will nicht schwimmen gehen, denn egal, wie langsam ich mich bewege, jeder Schritt wird dafür sorgen, dass mein Busen zittert, als würde Godzilla durch einen Flohmarkt stampfen.

Weil ich mich nicht, wie ihr anderen alle, auf den Bauch legen kann, um auch auf dem Rücken braun zu werden. Und weil ich etwas gegen all die Schamhaare machen muss, jetzt, wo du mich darauf gebracht hast.

Ich will nicht schwimmen gehen, weil man dann sehen kann, dass Doria sogar noch ein kleines bisschen größer ist als Donna.

Ich will nicht schwimmen gehen. Denn ich ertrage es nicht, dass Leute denken, mein Körper wäre zu ihrer Belustigung da. Die Leute sind nicht an der Tatsache interessiert, dass meine Füße ganz normal groß sind oder dass standardisierte Tests mir Spaß machen oder dass ich wirklich nicht nett zu Tyler bin oder dass meine Eltern mich gemäß der jüdischen Tradition benannt haben, obwohl sie an nichts glauben außer an Matzeknödel, oder dass mir vielleicht auch heiß ist, ich gelangweilt und verschwitzt bin und wie alle anderen gern ins Schwimmbad will. Oder dass unter all diesem Brustgewebe, das übrigens dichter ist als Fettgewebe und einem keinen Auftrieb gibt, tatsächlich ein menschliches Herz schlägt.

Nein, Maggie, ich will nicht schwimmen gehen, denn ich besitze keinen Badeanzug mehr.

»Nein«, sagte ich. »Ich habe meine Tage.« Das war gelogen.

Maggie gab einen enttäuschten Laut von sich. Ich wusste nicht, ob sie sich daran erinnerte, dass ich meine Tage immer nach ihren Tagen bekomme. Ich wusste nicht, ob ihr auffiel, dass ich an meiner Unterlippe kaute. Ich wusste nicht, ob ihr klar war, dass ich, selbst wenn ich mein eigenes Schwimmbad hätte, trotzdem nicht schwimmen gehen würde, weil ich mich so blöd und hässlich fühlte.

Aber vielleicht war ihr das doch alles klar. Wahrscheinlich wusste sie, dass ich noch nicht bereit war, darüber zu reden.

Wir saßen noch ein paar Minuten da, verschwitzt und unruhig. Schließlich sagte Maggie: »Oh! Weißt du, was wir machen? Hast du von *Im Kopf eines Wahnsinnigen* gehört? Da geht es um Psychopathen und Serienmörder. Vielleicht können wir es streamen.«

Mit ihrem Arm wischte sie die Eisflecken von Moms Info-Ord-ner und ich folgte ihr nach drinnen, zur Klimaanlage, um drei Staf-feln in zweiundsiebzig Stunden zu gucken. Und war, zum millions-ten Mal in meinem Leben, so dankbar, dass es Maggie Cleave gibt.

47

Ein Dutzend Schüler steht unbeholfen auf der Bühne rum, während die Bühnentechniker um sie herumkriechen und buntes Klebeband auf den Boden kleben. Alle tun so, als würden sie die geflüsterte Unterhaltung zwischen Maggie, Lizzie, Mr Coles, Dr. Moss und den Barnes im Mittelgang nicht unbedingt mitkriegen wollen. Maggies Haare leuchten praktisch im Dunkeln.

Der Regieassistent, einer der Französischlehrer, sagt: »Okay, dann wollen wir dies so probieren. Nur ein paar Takte. Dies sollte Aidan ein bisschen Raum schaffen, damit er auf keinen drauftritt.«

Die Unruhe auf der Bühne macht es schwierig zu lauschen, aber ich kann sehen, dass sie Maggie nicht zu Wort kommen lassen. Mrs Barnes hört gar nicht mehr auf zu reden und ihr Kopf wackelt dabei wie ein wütender Wackeldackel hin und her. Maggies Gesicht wird rot.

»Los«, sagt Jessa, marschiert den Gang hinunter und stellt sich mit verschränkten Armen direkt hinter Maggie.

Die schenkt uns ein winziges dankbares Lächeln.

Ich muss daran denken, wie oft ich am Rand gestanden und darauf gewartet habe, dass Maggie sich aus etwas heraus- oder in etwas hineinredet. Zum ersten Mal begreife ich, wie viel es ihr bedeutet, dass ich da bin.

Dr. Moss sagt gerade, wie egoistisch sie es findet, wenn eine Schülerin die ganze Aufmerksamkeit auf sich ziehen will, da sich doch alle so viel Mühe gegeben haben. »Genau darum geht es ja«, platzt Maggie heraus.

»Du gibst also zu, dass du die ganze Aufmerksamkeit auf dich ziehen wolltest?«, fragt Mr Barnes, als könnte er nicht glauben, dass die Angeklagte gerade vor dem Richter ein Geständnis abgelegt hat.

»Nein! Ich wollte damit sagen, dass das hier nicht die Lizzie-Barnes-Show ist, deswegen verstehe ich nicht, warum alle so tun.«

»Genau! Es ist eine Mannschaft!«, meldet Jessa sich zu Wort. Alle schauen uns an. Ich bin davon ausgegangen, dass wir nur Statisten sein würden, aber Jessa ist nun voll mittendrin.

»Jessa, was machst du hier?« Dr. Moss stemmt eine Hand in die Hüfte.

»Wir sind wegen Cleave hier. Das hier sind fünf gegen eine.«

»Oh, oh, ich bin hier weder für noch gegen jemanden!«, sagt Mr Coles und wedelt mit den Händen, als wolle er die Anschuldigung, für irgendjemanden Partei ergriffen zu haben, wegfächeln. Die sieben Brüder aus dem Stück hätten ihn einen Angsthasen oder einen Hasenfuß genannt. Ich auch.

Die Tanzprobe klappt überhaupt nicht, weil alle versuchen, dem Prozess vor der Bühne zu lauschen. Der Regieassistent unterbricht sie und das Orchester hört genau in dem Moment auf zu spielen, als Lizzies Mutter sagt: »Aber Lizzie *sollte* mehr Aufmerksamkeit bekommen. Sie ist der *Star*.«

Von der Bühne aus sagt Aidan Neal: »Wie bitte?«

Mr Coles klatscht in die Hände und stürzt zur Bühne. »Gut sah das aus, ihr Tänzer. Heute ist unser großer Abend. Alle sind bitte um Punkt halb sieben wieder hier!«

Die Besetzung macht sich davon und ist froh, gehen zu können, auch wenn sich das Drama vor der Bühne gerade aufheizt.

Zwei von Lizzies Freundinnen gehen an Jessa und mir vorbei. Die eine sagt: »Siehste, die Lesben halten immer zusammen.«

Jessa reagiert völlig unbeeindruckt: »Die Gay-Straight-Alliance trifft sich jeden zweiten Donnerstag vor Unterrichtsbeginn. Alle sind in der GSA willkommen.« Ob Jessa homo- oder heterosexuell ist, weiß ich nicht, aber eine Allianz würde ich jederzeit mit ihr bilden. Ich rücke ein Stück näher an sie ran.

Die Schulleiterin ist bereit, ein Urteil zu verkünden. »Maggie, was immer du für Bedenken hast, du hättest sie den Leitern auf reife und …«

»Das habe ich! Ich …«

»Unterbrich mich nicht. Du wirst den anderen Schülern, die so hart gearbeitet haben, nicht diese Aufführung verderben. Nicht jeder kann die Hauptrolle haben und die meisten Schüler freuen sich über jede Rolle, die sie bekommen. Da du das anscheinend nicht begreifst, kannst du dieses Mal nicht mitmachen.«

»*SIND SIE VERRÜCKT?*«

Alle, ich eingeschlossen, sind überrascht, meine Stimme zu hören. Ich bin wohl jetzt auch mittendrin.

Pat Moss schaut mich an, als wäre ich eine Maus, die gerade einen Luchs zum Kampf herausgefordert hat.

Eine Maus, die gerade kapiert, dass alle in der Aula innehalten, um mitzubekommen, wie das hier ausgeht. Oder vielmehr, um zu sehen, wie die Maus mit einem Happs verschluckt wird. So viel dazu, nicht auffallen zu wollen.

»Ohne Maggie können Sie das Stück gar nicht aufführen.« Alle starren mich an, was nicht wirklich angenehm ist. Aber Maggie sieht aus, als hätte sie gerade entdeckt, dass ihre beste Freundin heimlich Spider-Woman ist, also rede ich weiter. »Sie singt die Hälfte von Lizzies Liedern, weil Lizzie nichts unter einem G trifft. Wenn Sie sie aus dem Stück nehmen, werden alle schlecht dastehen. Auch Lizzie.«

Lizzie brüllt: »Halt die Klappe, Greta!« Maggie und Jessa müssen laut lachen und das macht Schulleiterin Moss und die Barnes noch wütender.

»Das hier hat mit euch beiden überhaupt nichts zu tun. Verschwindet aus der Aula, und zwar sofort. *SOFORT!* Oder ich sorge dafür, dass Coach Reinhold euch für den Rest der Saison auf die Strafbank schickt«, sagt Dr. Moss. Wir bleiben stehen und warten darauf, dass Maggie uns das Okay gibt. Sie nickt und sagt lautlos: »Hab dich lieb.«

»Wir waren gerade auf dem Weg zum Training«, sagt Jessa, als wir den Gang zurückweichen. »Sie sollten mal zu einem Spiel kommen, Dr. Moss.«

Mein Handy summt und ich werfe einen Blick auf die SMS. »Maggie, deine Mom parkt gerade ein. Sie wird gleich hier sein.«

»Ja, sag nichts ohne deine Anwältin«, ergänzt Jessa.

»Bridget Cleave ist hier?« Jetzt sieht Dr. Moss aus, als hätte sie Angst. Ich würde ja gerne bleiben, aber in der Sporthalle warten Sprints zur Hölle und zurück auf uns.

Wir gehen an Rafael Ramos-Sikes vorbei, der still und leise am Ende der Aula steht, und wenn er uns nicht abgeklatscht hätte, hätten wir ihn gar nicht bemerkt.

Jessa und ich werden ein paar Extrarunden drehen müssen, weil wir so spät kommen. Aber für Maggie würde ich jederzeit zur Hölle und zurück sprinten. Und für Jessa auch.

Maggie macht bei der Aufführung mit!

Als das Training vorbei ist, wartet eine lange Videobotschaft auf mich. Ihre Mom ist aufgetaucht, als Jessa und ich gerade gegangen waren. Maggies Lieblingssätze ihrer Mutter:

An Mr Coles gerichtet: »Wie können Sie ein Musical leiten, wenn Sie keine eigene Meinung haben? Ist das nicht Ihr verdammter Job?«

An Mrs Barnes gerichtet, als die meinte, dass grüne Haare nicht in die 1850er passen: »Ach, und Lizzies Balayage schon?« (Sylvie, die, genau wie Jessa, in der Umkleide hinter mir stand und mitgeguckt hat, musste uns erst mal erklären, dass das eine spezielle Methode ist, mit der man Strähnchen ins Haar macht.)

An alle gerichtet: »Seht ihr, deswegen war ich in meiner Schulzeit nicht in der Theatergruppe. Alle sind immer so verflucht EMOTIO-NAL.«

Daraufhin wurde beschlossen, dass Maggie zwar mitmachen darf, während der Aufführung aber eine Haube über ihren grünen Zöpfen tragen soll. Sogar Maggie hat begriffen, dass da nicht mehr rauszuholen war, aber ihre Mom war noch nicht ganz fertig.

An Pat Moss gerichtet: »Und wenn meine Tochter in Zukunft ein Problem in der Schule hat, erwarte ich, dass Sie mich in das Gespräch mit einbeziehen und nicht die Eltern einer anderen Schülerin. Oder ist Ihnen das Gesetz zum Schutz von persönlichen Daten von Schülern und zur Akteneinsicht von Eltern nicht bekannt?«

Dass unsere Schulleiterin sich vor Verlegenheit windet, schafft auch nur Maggies Mutter.

Maggie ist also wieder bei der Aufführung dabei, und als Coach Reinhold hörte, dass Jessa und ich eine Auseinandersetzung mit Dr. Moss hatten, mussten wir nur ein paar Extrasprints machen. Und der Tag wurde noch besser. Alle haben mir gesagt, dass mein Aufschlag nicht mehr so armselig ist; ich bin in amerikanischer Geschichte so weit voraus, dass ich mir laut Mr Feiler die Gruppenarbeit sparen darf; ich habe meine große blaue Strickjacke bei den Wintersachen gefunden, also muss sich meine Mutter nicht über mein Sweatshirt aufregen; und was war da noch? Hmmmm, gab es da heute noch was, über das ich mich freuen kann?

Ach ja. Ich muss bei der Aufführung nicht neben Tyler sitzen.

Denn ich werde neben Jackson sitzen.

Es ist, als wäre heute mein verdammter Geburtstag.

* * *

Als Mom, Ty und ich abends auf dem Weg zur Schule sind, sage ich ganz beiläufig: »Ich habe Jackson Oates angeboten – du weißt schon, der Sohn deiner Kundin? –, dass ich heute Abend neben ihm sitzen werde. Er hatte sonst niemanden, mit dem er hingehen konnte.« Ich versuche so zu klingen, als würde ich neuen Leuten einfach gerne dabei helfen, sich einzugewöhnen. So wie sie mich erzogen hat.

»Das ist aber nett von dir«, sagt Mom, etwas argwöhnisch. »Er kann Dads Karte haben.«

Darauf war ich vorbereitet. »Klar. Daran habe ich auch gedacht. Aber es wäre vielleicht besser, wenn wir nicht mit euch zusammensitzen. Nur damit er mehr Leute kennenlernen kann. Mehr junge Leute.«

Sie sieht mich von der Seite an. »Hm. Natürlich. Gute Idee.« Mir ist egal, was sie denkt, solange wir nicht weiter darüber reden.

»Warum muss ich da heute Abend hin?« Tyler scheint sich auf

dem Rücksitz sehr viel Mühe zu geben, einen Ball aus Klebeband herzustellen. Er hat mir erklärt, dass man ihn sehr gleichmäßig und sehr eng aufwickeln muss, weil er sonst nicht richtig funktioniert. Ich frage mich, woher man weiß, ob ein Ball aus Klebeband »richtig funktioniert«.

»Wir gehen dahin, weil wir die Künste unterstützen«, sagt Mom. Was sie eigentlich sagt, ist: »Wir gehen dahin, weil ich andere Eltern treffen will, damit wir unsere Kinder vergleichen können.«

* * *

Wie sich herausstellt, unterstützen auch Melinda Oates und Quinlan die Künste. Jackson sieht, dass ich sie sehe, und zuckt mit den Schultern. Auch Mom hat sie entdeckt und ist schon dabei, Melinda jemandem vorzustellen. Jackson und ich beschließen, auf die andere Seite der Aula zu gehen, wo mehr Schüler sitzen.

»Jackson will bei seinen neuen Freunden sitzen«, erklärt Mrs Oates Quin.

»Aber Greer kann trotzdem bei uns sitzen«, erwidert sie.

Bevor sie uns eine Szene machen kann, ziehen wir ab. Tyler wirft mir einen Blick zu, als würde ich ihn den Raubtieren überlassen, was in Bezug auf Quinlan und meine Mutter vielleicht stimmt, aber Mrs Oates scheint ziemlich nett zu sein.

Wir erspähen in den vorderen Reihen zwei freie Sitze, aber auf dem Weg dahin hören wir: »Klaus! KLAUS!« Deutschkurs-Mädchen winkt wie eine Irre. Ich folge Jackson wie ein streunendes Schaf. »Ich habe dir einen Platz reserviert!« Sie klopft auf den Sitz neben sich.

Jackson sieht aus, als würde er sich unwohl fühlen. »Ich wollte mich mit Greer gerade da vorn hinsetzen.«

»Aber ich dachte, wir wollten uns hier treffen?«

Jetzt sieht Jackson so aus, als würde ihn ein unsichtbarer Skorpion stechen. »Ich habe das so verstanden, dass du gesagt hast, du würdest mich hier *sehen*.«

»Nun, ich habe hier einen Platz für dich.« Es klingt wie eine Anweisung. Sie schlägt die Beine übereinander und ihr kurzer Rock rutscht noch weiter nach oben. Ihre Beine sind glatt, in dem Licht sind keinerlei Stoppeln zu sehen. Und auch keine Muttermale, blaue Flecken, Kratzer oder Adern. Vielleicht sind sie aus Plastik? Sie drapiert einen bereiften Arm über ihr Knie und dann fällt mir erst auf, wie der Rest von ihr aussieht. Sie hat ein durchsichtiges schwarzes Top über einem Spitzenunterhemd an. Ihre Haare sind offen und geglättet. Sie hat so viel Wimperntusche aufgelegt, dass ihre Augen aussehen wie Spinnen (hübsche Spinnen), und ihre Lippen sind so glänzend und reflektierend, dass man damit eine Nachtwanderung anführen könnte.

Und das zu einer Schulaufführung.

Ich hingegen trage eine Strickjacke, die Hagrid passen würde und ein Loch im Ellbogen hat, die gleichen Jeans, die ich schon in der Schule anhatte, und verwaschene orange Turnschuhe, die ich von meiner Mom geliehen habe, weil meine so verschwitzt waren. So ist das. Mädchen wie Fräulein Deutschkurs sind in Topform und ich habe noch nicht einmal kapiert, dass ich mich in einem Match befinde. Kein Wunder, dass Jackson aussieht, als hätte er Schmerzen.

Wir führen ein peinliches Gespräch, in dem ich vorschlage, mich zu unseren Müttern zu setzen (ich weiß, wer davon absolut begeistert wäre), aber schließlich rücken alle einen Platz weiter, damit wir beide noch in die Reihe passen. Und da sitzen wir: Ich, Jackson und sie. (Ihr richtiger Name ist Elliana und ihr Deutschkurs-Name Monika, aber ich werde sie von nun an Dummkopf nennen, denn jedes Mal, wenn ich »Greer« wiederhole, fragt sie: »Keira?«)

* * *

Das Musical ist überraschend gut. Nicht die Geschichte an sich, denn die ist, wenn überhaupt möglich, noch lächerlicher, nachdem Maggie sie davon überzeugt hat, die Entführung zu streichen. Aber die Darbietung ist anständig.

Vielleicht trägt die Beleuchtung oder die Schminke oder die Akustik dazu bei, aber sogar die Brüder sind ziemlich gut. Und egal, wie wenig Maggie und Lizzie sich ausstehen können, im Oregon des 19. Jahrhunderts sind sie die süßesten Freundinnen.

Unter Maggies Haube schlängeln sich grüne Locken hervor, wie ein Geheimnis, das sie nicht für sich behalten kann. Sie singt wie die Finalisten in einem Gesangswettbewerb im Fernsehen, und wenn sie mit Lizzie zusammensingt, klingt sogar die besser.

In der Pause rede ich mit Anitha Das und ihrer kleinen Schwester über einen Programmieren-für-Mädchen-Kurs, den sie besucht haben, während Jackson und Dummkopf sich eine Tüte Gummibären teilen. Ich entdecke meine Mutter, die zu uns rüberguckt. Sie sieht enttäuscht aus. Tja, nicht nur du, liebe Frau Mama. Im besten Fall war das hier eine komische Art von Verabredung. Jetzt ist es noch nicht einmal mehr meine komische Art von Verabredung. Ich bin das fünfte Rad am Wagen bei der komischen Art von Verabredung von jemand anderem. Vielleicht wollte er nur dafür sorgen, dass *ich* jemanden habe, neben dem ich sitzen kann. Denn er scheint jedenfalls kein Problem damit zu haben, Freundschaften zu schließen.

Der letzte Akt geht fast reibungslos über die Bühne, abgesehen davon, dass Keely ihrem Einsatz zuvorkommt und zu früh mit ihrem Lied anfängt und Aidan Neal einem der anderen Brüder ein-, zweimal auf die Füße tritt.

Aber dann wird es interessant. Nachdem sich alle verbeugt haben, bekommt Lizzie/Milly einen Strauß Supermarktblumen in die Hand gedrückt. Sie verschränkt die Arme vor der Brust in einer Geste, die zum Ausdruck bringen soll, wie unglaublich gerührt sie ist, als wäre das nicht gang und gäbe. Dann zeigt die ganze

Besetzung Richtung Orchestergraben – so haben sie das geübt, wie ich sehr wohl weiß –, damit die kleinen, unbedeutenden Musiker wissen, dass wir auch für sie klatschen.

Aber was jetzt passiert, steht nicht mehr im Skript. Ganz und gar nicht. Die Schüler im Orchestergraben stellen sich auf ihre Stühle, sodass man sie tatsächlich zum ersten Mal sehen kann – oder zumindest ihre Köpfe. Sie tragen Hauben oder Kopftücher. Die meisten der Zuschauer, die von der haarigen Angelegenheit hier nichts mitbekommen haben, lachen. Sie finden das goldig. Sie verstehen nicht, dass die Hauben ein Symbol von zivilem Ungehorsam sind.

Rafa Ramos-Sikes, eine geblümte Haube auf dem Kopf, zieht sich vom Graben auf die Bühne hoch. Er geht direkt auf Maggie zu, macht eine tiefe Verbeugung und legt ihr ein riesiges Bouquet langstielige Rosen in die Arme. Richtige Miss-America-Rosen. Nur sind die nicht für die Schönheit irgendeiner Miss, sondern für Maggie und ihren feministischen Einsatz. Über alles andere würde sie auch wüten. Aber sie wütet nicht. Sie strahlt. Genauso wie Rafa, der wohl doch nicht so schüchtern ist, wie es den Anschein hatte.

Lizzies Mund steht offen, was sich auf einem Foto fürs Jahrbuch nicht besonders gut machen wird. Man muss sich die Szene so vorstellen: Wenn Lizzies Blumen so etwas wie ein schmuddeliger kleiner Stoffpudel sind, den man zuerst ganz süß fand, dann ist Maggie gerade ein vollblütiges Rennpferd mit glänzenden Muskeln und einem Lorbeerkranz um den Hals überreicht worden. Und würde das auf den Pudel treten, würde es das noch nicht einmal bemerken. Maggie wirft Rafa einen Arm um die Schultern und alle verbeugen sich noch einmal. Lizzie sieht aus, als wollte sie die beiden mit ihrem mickrigen Blumenstrauß zu Tode prügeln.

Als die Lichter ausgehen, jubelt das Publikum immer noch, sogar Elliana/Monika/die Gummibär-Dummkopf-Baroness, die gar nicht versteht, das Rafa gerade etwas getan hat, was perfekter nicht hätte sein könnte.

49

Mom und ich halten an Tylers Schule, um ihn abzuholen. Sie muss kurz rein, um Geschenkgutscheine und Weihnachtskarten für die Lehrer abzugeben. Trifft sie jemanden, den sie kennt – und sie kennt jeden –, wird es mindestens eine halbe Stunde dauern. Und eine halbe Stunde in meiner alten Schule macht genauso viel Spaß wie, tja, wie eine halbe Stunde in meiner alten Schule. Also kippe ich meinen Sitz zurück, lasse das Seitenfenster runter und warte.

Tyler albert draußen mit einer Gruppe von Schülern rum und sie sehen so aus, als würden sie gerade eine Werbung für Benetton drehen. Sie tragen Klamotten in allen Farben des Regenbogens, keiner mault und jede Frisur sitzt. Ich kenne die meisten, Jungs aus seiner Mannschaft und Mädchen, mit denen er seit Ewigkeiten zur Schule geht. Siebtklässler. Sie sind kleine/große Menschen – klein für ihre Familien und Lehrer, aus ihrer eigenen Sicht aber groß. Wenn man älter wird, ist es manchmal genau umgekehrt.

War die siebte Klasse für mich auch so? Ich glaube schon. Ich wäre bei dieser Werbeaufnahme auch dabei gewesen.

In der Gruppe von Ty war ich am ehesten die Emily. Nicht Maya, die den Jungs immer wieder die Hockeyschläger klaut, und auch nicht das Mädchen mit den Locken, das ich nicht kenne und das dem einen Sam (es gibt zwei in der Klasse) nicht von der Seite weicht. Emily leert gerade eine Chipstüte, die die Jungs rumgereicht haben, und spricht über ein Denkmal des Lakota-Indianers Crazy Horse, während alle anderen hoffen, dass Maya als Nächstes ihr Zeug klaut.

»Wenn es je fertig wird, wird es größer sein als Mount Rushmore. Der Kopf von Crazy Horse ist sogar größer als der von Präsident Lincoln.«

Maya ist jetzt hinter Tyler her. Es gelingt ihr, seinen Schläger zu bekommen, den er gerade mit rosa Tape umwickelt hat, und sie hält ihn in die Höhe. Alle haben ihre Jacken auf einen Haufen gelegt, denn es ist warm für Dezember. Ihr Shirt rutscht immer wieder nach oben und zunächst bin ich peinlich berührt, bis mir klar wird, dass das so sein soll. Es ist absichtlich winzig und zu kurz. Ich trage ein Sweatshirt, das für einen besonders großen männlichen Menschen gemacht ist, und sie trägt ein Top, das einem besonders kleinen Eichhörnchen passen würde. Sie hält den Schläger über ihren Kopf, als könnte ihn so keiner erreichen. Da treibt mich doch fast die Sorge um, sie könnte eine geistige Störung haben, die es ihr unmöglich macht, Größenverhältnisse einzuschätzen, denn Tyler überragt sie um mindestens zehn Zentimeter.

Aber Tyler weiß auch, wie man dieses Spiel spielt, und anstatt sich den Schläger zurückzuholen, täuscht er an, greift an ihren Po und zieht ihr das Handy aus der Hosentasche. Sie stürzt sich auf ihn, aber er wirft es dem nächsten Jungen zu und Maya stemmt die Hände in die Hüften und tut so, als würde sie schmollen. Um ihr Handy macht sie sich keine Sorgen. Sie hat alles unter Kontrolle.

Ich schaue zurück zu Emily, die allein am Rand steht. Erst gehe ich davon aus, dass sie nicht weiß, wie sie mitmachen könnte, aber dann begreife ich, dass es ihr so am liebsten ist. Während sie auf dem Fahrradständer sitzt, kann ihr nichts passieren und sie kann die anderen beobachten, als wäre es ein Sonntag auf der Hundewiese. Warum mitmachen, wenn das nur bedeutet, dass man die fettigen Fingerabdrücke anderer Leute auf seinem Display hat? Außerdem ist sie im Besitz der Chipstüte. Ich will ihr sagen, dass es bald, sehr bald, wenn es ihr nicht mehr genügt, die führende Expertin der Schule für indianische Denkmäler zu sein – wenn sie

sich wünscht, dass der eine Sam oder auch der andere Sam oder Tyler sie so angucken würde, wie sie jetzt Maya angucken –, viel komplizierter wird, als einfach vom Fahrradständer runterzuspringen
und jemandem die Sachen zu klauen. Mache ich aber nicht, denn
gerade scheint sie glücklich zu sein. Und außerdem habe ich auch
jetzt noch immer keine Ahnung, was ich ihr für die Zukunft raten
sollte.

50

»Du hast dir nicht meine Sonnenbrille geborgt, oder?«

»Die riesige mit den Edelsteinen? Was glaubst du denn?«

»Du musst nicht gleich pampig werden, Greer.«

Ich starre in den Kühlschrank und versuche zu entscheiden, ob Viertel nach elf Frühstück oder Mittagessen bedeutet. »Die liegt bestimmt im Auto.«

Frühstück, beschließe ich und nehme mir einen Joghurt. Und vielleicht eine Waffel aus dem Gefrierfach. Vielleicht auch zwei. Es ist der erste Morgen der langen und Jackson-losen Winterferien. Jaja, Weihnachten, Chanukka, keine Schule, blabla. Ich brauche Waffeln.

Mom steht an der Kücheninsel, die Hände in die Hüften gestemmt, als wolle sie ihre Sonnenbrille dafür ausschimpfen, sich aus dem Staub gemacht zu haben. »Ich weiß, dass ich sie irgendwo hier hatte, denn Melinda hat mich gefragt, wo ich sie herhabe.«

Der Schmetterling wacht aus seinem Winterschlaf auf. *Du hast gesagt, sie sind für zehn Tage weg*, wirft er mir vor. »Mrs Oates war hier?«

Mom öffnet und schließt die Küchenschränke, als hätte jemand ihre Sonnenbrille aus Versehen mit dem Geschirr eingeräumt.

»Sie war kurz hier, um was abzuholen.«

»War sie allein?«

»Jackson war nicht hier, falls du das wissen willst.« Sie grinst, als wäre es wahnsinnig amüsant, dass es mich vielleicht kümmert, ob Jackson hier war oder nicht. Warum sollte es? Die Aufführung ist eine Woche her und alles ist genauso wie vorher. Außerdem fahren sie heute nach Kanada. Die Oates gehen über Weihnachten immer Ski fahren. Der kleine Schmetterling schläft wieder ein, nicht ohne mich vorher daran zu erinnern, dass jemand anderes aus der Oates-Familie etwas mit der verschwundenen Sonnenbrille zu tun haben könnte.

»War Quin mit dabei?«

»Ja. Sie waren nur ganz kurz hier. Vielleicht habe ich sie mit nach unten genommen?«

Ich folge Mom die Treppe runter. Ich habe den Verdacht, dass diese Sonnenbrille sich in der kleinen, heißen Faust von Quinlan Oates befindet, in einem Flugzeug auf dem Weg nach Kanada, obwohl ich dachte, wir beide hätten eine Abmachung: Sie würde nichts mehr klauen und ich niemandem sagen, dass sie eine Kleptomanin ist. Aber vielleicht hat sie diese glitzernden Kristallsteine gesehen und konnte einfach nicht widerstehen.

»Was haben sie eigentlich abgeholt?« Sie sind wohl kaum vorbeigekommen, um sich von Mom Coupons oder Waschmittel-Probepackungen zu holen.

Daran, dass sie so lange braucht, um zu antworten, merke ich, dass sie mir das alles eigentlich gar nicht erzählen wollte. »Nur ein paar gebrauchte Sachen. Sachen, die du nicht mehr benutzt.«

»Sachen, die *ich* nicht mehr benutze? Ich glaube kaum, dass Quinlan Oates irgendetwas von mir will oder braucht.«

»Du würdest es gar nicht merken, wenn ich nichts gesagt hätte.«

»Mom?«

Sie tut so, als müsste sie ihre Sonnenbrille im Keller suchen, aber in Wirklichkeit versucht sie, mir zu entkommen.

»Mom?«, wiederhole ich. Sie sagt nichts. »Spielsachen? Kleidung?« Jetzt schiebt sie tatsächlich das Waschpulver beiseite und guckt dahinter, als hätte sie ihre Sonnenbrille zum Wäschewaschen getragen und sie zwischen zwei Waschladungen abgesetzt. Sie tut so, als würde sie mich nicht hören. »Skistiefel?« Bitte lass es die Skistiefel sein. Aber nein. Das sind nicht die Sachen, von denen Mom meint, dass sie wertvollen Platz im Regal beanspruchen, den man doch für verwitterte Holzschilder verwenden kann, auf denen Lebe Liebe Lache ohne Satzzeichen steht. Nein nein nein. Die Sachen, die ihrer Meinung nach zu viel Platz beanspruchen, sind meine ...

»Bücher? Hast du ihr *BÜCHER* gegeben?«

Jetzt wendet sie sich mir zu. »Es ist ein langer Flug.«

»Du hast ihr meine Bücher gegeben?«

»Mit einem Zwischenstopp.«

»Das Kind hat zwei iPads: eins für Spiele, eins für Filme.«

»Mel hat mir erzählt, dass Quinlan in letzter Zeit so still ist, nur trübsinnig in ihrem Zimmer hockt, und ich habe gesagt, dass du auch immer so warst, nicht trübsinnig, aber allein in deinem Zimmer ...«

»*ICH LESE GERNE.* Deswegen bin ich in meinem Zimmer. Und deswegen mag ich meine *BÜCHER.*«

»Wir dachten, Quinlan liest eher etwas, wenn wir ihr sagen, es ist von dir.«

»Was hast du ihr gegeben?«

»Ich weiß es nicht. Das, wo der Berg auf den Mond trifft, eins von Judy Blume und *Das Geheimnis von NIMH.* Mir war nicht klar, dass das so eine große Sache für dich ist. Es sind Kinderbücher, Greer.« Ich starre sie wütend an. »Es ist ewig her, dass du sie gelesen hast.«

»Darum geht es nicht. Sie gehören nicht dir, also kannst du sie auch nicht verschenken.«

»Greer, dieses kleine Mädchen hat echt zu kämpfen. Sie braucht jemanden, der sich um sie kümmert.«

»Warum kümmerst du dich immer um andere Leute? Warum kümmerst du dich nicht um mich?«, frage ich, obwohl ich den

Grund erahne. Es liegt daran, dass ich auf ihrer Website keine Fünf-Sterne-Bewertung hinterlassen kann.

Mom schnauft. »Regst du dich wirklich wegen ein paar alter Bücher so auf?«

Ja.

Nein.

Ich bin enttäuscht, dass Jackson keinen Vorwand gefunden hat, um mit seiner Mutter zu uns zu kommen, selbst wenn ich da noch geschlafen habe. Ich bin gestresst, weil ich mich nicht entscheiden kann, was ich will, und darum auch nicht weiß, ob ich es vermasselt oder mir etwas erspart habe. Aber ich glaube eher, ich hab's vermasselt. Ich habe Angst, dass wir nach den Ferien entweder wieder ganz von vorne anfangen – oder nicht mal das. Und dass Maggie, wenn sie von ihrem Familienweihnachten in Iowa wiederkommt, die restlichen Ferien mit Rafa verbringen wird, um ihm bei seinem Musical zu helfen. Und jetzt rege ich mich einfach auf, weil Donna, Doria und ich ganz allein sein werden, ohne eine zerfledderte Ausgabe von *Das Geheimnis von NIMH* und mit einer Mutter, deren Netzhaut von der Sonne so zerstört ist, dass sie ohne Sonnenbrille nicht zur Bücherei fahren kann.

»Das waren meine Bücher«, sage ich ohne Überzeugung.

Als ich nach oben komme, macht Tyler gerade ein Selfie. Er hat Moms Sonnenbrille auf der Nase, trägt meinen Stabilisator und isst meine Waffeln.

In den Winterferien suchen Dad, Tyler und ich uns immer eine Filmreihe aus und gucken dann bis zum Schulbeginn alle Teile. Letztes Jahr haben wir alle *Harry Potter*-Filme gesehen. Dieses Jahr hatten wir einen mega Marvel-Marathon geplant, aber Mom hat sich eingemischt und gesagt, dass Ty noch zu jung für *Deadpool* ist. Also haben wir uns für *Herr der Ringe* und *Der Hobbit* entschieden. Dad wollte uns dazu überreden, die Top-Ten-Klassiker der Neunzigerjahre zu sehen, aber da haben Ty und ich rebelliert.

Gestern waren die ersten beiden *Hobbit*-Filme dran und den dritten haben wir heute Abend geguckt. Es ist zu spät, um jetzt noch mit *Herr der Ringe* anzufangen, deswegen zappen wir nur noch durchs normale Fernsehprogramm, Ty hängt in dem riesigen Sitzsack, den wir zu Weihnachten bekommen haben, Dad und ich sitzen auf dem Sofa.

Ty schaltet um auf eine Late-Night-Show. Der Gast ist eine Schauspielerin aus einem Actionfilm. Sie zeigen einen kurzen Ausschnitt einer Actionszene, in der sie einen glänzenden schwarzen Neoprenanzug trägt. Vorne ist der Reißverschluss so weit offen, dass man ihr pralles Dekolleté sehen kann. Während sie die bösen Kerle mit Roundhouse-Kicks fertigmacht, bewegen sich ihre Brüste überhaupt nicht, was völlig unnatürlich ist. Der Filmausschnitt endet damit, dass sie den letzten Bösewicht an ihre Brust drückt, während sie ihm den Hals bricht.

Das Publikum rast. Ich glaube, es denkt, das sei feministisch. Es denkt, so sehe eine starke Frau aus.

»Herzlichen Glückwunsch zu deinem neuen Film! Ich habe gehört, er ist dieses Wochenende gut gestartet«, sagt der Moderator.

Ihr gegenüber sitzt ein älterer Komiker, er war wohl der erste Gast und er stimmt ein: »Ganz groß. Ich wette, es war *riesig*.«

Die Schauspielerin lässt die Wimpern klimpern, die wie Vogelspinnen aussehen, und lacht mit, als würde sie sich geschmeichelt fühlen, auch wenn sie natürlich weiß, dass der Kommentar sich auf ihre Brüste bezog. Zieht sich in ihr gerade alles zusammen? Wünscht sie sich, dass sie ein großes Sweatshirt zu dem Interview getragen hätte, damit sie vernünftig über den Film, über die unzähligen Stunden harter Arbeit sprechen können, anstatt über ihren Körper?

»Wir können, äh, was anderes gucken«, sagt mein Dad.

Der Komiker mischt sich ein. »Ich muss dich was fragen. Musstet ihr die Szene mehrmals drehen? Dieser Typ, dem du den Hals umgedreht hast, hat der gesagt: ›Oh, lass uns das noch mal machen?‹«

»Schalt mal auf Food Network um, Ty«, sagt Dad. Ty hat sich in den Sitzsack eingekuschelt, scrollt durch sein Handy und bekommt nichts mit.

Ich suche nach irgendeinem Hinweis darauf, dass die Schauspielerin jetzt genug hat. Aber nein, für sie ist es was anderes. Sie weiß, wie das läuft. Sie weiß, wofür sie da ist. Vielleicht hat sie sogar einen Arzt dafür bezahlt, ihren Körper so aussehen zu lassen, damit er immer im Mittelpunkt steht. Geht man danach, wie keck und fröhlich ihre Brüste aus ihrem Kleid gucken, sind sie nicht aus demselben Material wie meine gemacht.

Sie blenden ein paar Bilder von ihr aus anderen Filmen und Preisverleihungen ein. Auf keinem einzigen trägt sie etwas, das nicht tief ausgeschnitten oder eng anliegend ist. Für einen Film trägt sie sogar eine Fellmütze und ein Tanktop. Ich möchte bitte wissen, an welchem Ort ein Film spielt, wo es kalt genug für eine

Fellmütze, aber gleichzeitig warm genug für ein Tanktop ist. Ich kann sehen, dass sie eigentlich Bizepse wie ein Boxer hat, in den gezeigten Filmausschnitten ist davon aber nichts zu erkennen.

»Und da bist du letztes Jahr mit deinem Verlobten bei den MTV Awards«, sagt der Moderator. Auf dem Foto sieht sie aus, als hätten ihre Brüste sich in einem funkelnden Fischernetz verfangen. Ihr Verlobter trägt einen schlichten schwarzen Anzug.

Vielleicht hat sie gedacht, das wäre der einzige Weg, um in die Filmbranche zu kommen. Denn das kann doch nicht das sein, was sie wirklich will, oder? Aber vielleicht kommt es dem schon ziemlich nahe? Da zu sitzen und zu lächeln, während so ein Affe peinliche Witze über ihre Brüste macht? Und wenn es das tatsächlich ist? Wenn das ihr großer Traum ist? Vielleicht wollte sie ja einen Abschluss in Physik machen und hat dann beschlossen: »Wisst ihr was? Ich könnte ein Atom spalten, aber es ist mir einfach zu anstrengend.« Welche Auswirkungen hat diese Einstellung auf alle anderen? Wobei, warum sollte sie eigentlich dafür verantwortlich sein? Ich sehe zu meinem kleinen Bruder, der gedankenverloren in sich aufnimmt, was da im Fernsehen gesagt wird.

»Wir gucken mal, was sonst noch läuft«, unterbricht mein Dad. »Ty, schaltest du mal um?« Tyler ist zu geistesabwesend, zu bequem, um zu reagieren. »Tyler! Ty! Schalte mal um.«

Mein Dad hingegen sieht so aus, als wäre ihm schlecht. Wir sehen zu, wie Fräulein Busenwunder weiter interviewt wird, und er will unbedingt umschalten. Ich merke, dass er nicht zu mir hinguckt, und dann wird mir allmählich klar: Es ist ihm peinlich. Es ist ihm peinlich, zuzugucken, wie ein Typ eine Frau wegen ihrer großen Brüste vorführt, weil ich dabei bin. Weil er sich vorstellt, dass irgendein Typ so über mich redet. Über meine großen Brüste.

Jetzt ist es auch mir peinlich. Und ich bin plötzlich so, so müde.

»Ich gehe ins Bett.« Ich lasse die Jungs vor dem Fernseher zurück.

52

»Nein, nein. Das stimmt überhaupt nicht.«

Mom und ich sind in einem Café (keins, das nach einem Astronomen benannt ist; sondern nach einer Romanfigur aus Herman Melvilles *Moby Dick*), nachdem wir gerade alles zurückgeschickt haben, was meine Großeltern uns zu Chanukka geschenkt haben. An einem benachbarten Tisch sitzen ein paar aufgedonnerte Tweens mit dicken Ketten und klobigen Stiefeln. Sie sehen aus wie Supermodels an ihrem freien Tag, zumindest in der Vorstellung eines Kindes. Ich habe gerade behauptet, ohne das Gen geboren worden zu sein, das dafür sorgt, dass man sich für Kleider interessiert, aber Mom ist anderer Meinung.

»Wie meinst du das?«

»Du hast dich früher genauso gerne zurechtgemacht wie jedes andere kleine Mädchen auch. Die meisten machen das jedenfalls gerne. Manchmal hast du dich dreimal am Tag umgezogen.«

Das klingt nicht nach mir. Ich bevorzuge es, mich null Mal am Tag umzuziehen. Wenn ich in Sweatshirt und Jogginghosen schlafen könnte, wäre ich am nächsten Tag schon fertig angezogen.
»Wann war das?«

»Bis du etwa vier Jahre alt warst. Genau genommen viereinhalb.«
Sie spielt mit ihrer neuen Sonnenbrille herum, schließt und öffnet die Bügel. Sobald Tyler ihr gesagt hat, sie sehe mit der glitzernden aus wie eine alte Frau, hat sie die weggeworfen.

»Was ist passiert?«

»Wir sind zum Einkaufszentrum gefahren. Du hattest ein Outfit an, das du dir wie immer selbst zusammengestellt hast. Aber an dem Tag trugst du deine absoluten Lieblingsteile, es waren Greers Greatest Hits. Dein Top gehörte zu einem Halloweenkostüm: Dornröschen. Es war so ein billiger Satin, Kaugummi-Rosa. Hinten war eigentlich ein Klettverschluss, aber der war dir zu ›kratzelig‹, deswegen musste ich ihn raustrennen und das Top mit einer Sicherheitsnadel zumachen.«

»Und damit hast du mich vor die Tür gelassen?«

»Gelassen? Ich kann dir sagen, du warst sehr bestimmend, was deine Kleiderwahl anging.«

»Was für Hosen zieht man denn zu einem halben Dornröschen-Kostüm an?«

»Nein, nein. Keine Hosen. Aber auch nicht den passenden Rock von dem Kostüm, sondern diesen von Hanna Andersson. Von all deinen Sachen war der, glaube ich, mein Lieblingsteil. Er ist auf ganz vielen Fotos.«

»Der leuchtende mit den Blumen?«

»Genau der. Er war orange und rot und blau, geblümt und mit großen Volants. Ich musste so tun, als würde er mir nicht gefallen, damit du ihn trägst. Wir haben immer gesagt, dass er sehr herumwirbelig ist.«

»Passte er überhaupt irgendwie zum Satintop?«

»Du fandest das schon. Aber du hattest den Rock, seit du zwei warst, deswegen ging er dir gerade mal über den Po. Ich habe dir gesagt, wenn du nichts darunter trägst, werden alle deine Unterhose sehen. Das wäre dir normalerweise egal gewesen, aber es war ein Freitag und deine Freitags-Unterhosen waren in der Wäsche, weshalb du die von Dienstag tragen musstest. Du hattest Angst, dass die Leute, wenn sie deine Unterhose sehen, denken würden, du kannst nicht lesen.«

»Ich habe mir Sorgen gemacht, dass die Leute denken, ich könnte meine eigene Unterhose nicht lesen?« Das klingt ganz nach mir.

»Das wäre wohl wirklich etwas peinlich gewesen. Also habe ich Strumpfhosen angezogen?«

»Ein Bikiniunterteil mit Flamingos drauf.«

»Natürlich. Und was hatte ich für Schuhe an? Stöckelschuhe? Moonboots?« Ich kann noch immer nicht glauben, dass sie das alles nicht gerade erfindet. Aber wenn ich so darüber nachdenke, bin ich auf allen Fotos aus der Vorschulzeit tatsächlich ziemlich schick. Ich bin nur immer davon ausgegangen, dass das Moms Schuld war.

»Turnschuhe. Was Schuhe angeht, warst du schon immer sehr praktisch veranlagt.« Ich gucke auf meine Füße und muss lachen. Moms verwaschene orangefarbene Turnschuhe habe ich inzwischen ganz übernommen, weil sie so eingetragen und bequem sind. Sie denkt sich das alles nicht einfach so aus.

»Also, was ist passiert? Warum war das das letzte Mal, dass ich mich so zurechtgemacht habe? Habe ich mich im Spiegel gesehen?«

»Nein, hast du nicht.« Mom macht es Spaß, mir die Geschichte zu erzählen. Vor allem, glaube ich, weil sie merkt, dass es mir auch viel Spaß macht, sie zu hören. Wir machen so etwas nicht sehr oft, miteinander in Ruhe über etwas reden, bei dem es nicht um etwas Organisatorisches geht oder ohne dass eine von uns enttäuscht/genervt/wütend wegen der anderen ist. Wir haben in diesen Ferien alle viel Zeit gemeinsam verbracht, aber das heute ist besonders schön.

Moms Stimmung verändert sich jetzt, wird ernster. Sie lächelt vor sich hin, erinnert sich und ich weiß nicht, ob es ein glückliches oder ein trauriges Lächeln ist. »Wir sind in den Lego-Laden gegangen. Sie hatten damals immer große Tonnen mit Lego davor stehen und eine Rampe. Dann konnte man ein kleines Auto bauen und Wettrennen fahren.«

»Das weiß ich noch! Und danach hast du mich immer desinfiziert!«

»Du warst da, zusammen mit einem Haufen kleiner Jungs. Die

Jungen haben riesige Autos gebaut mit Extrareifen und Fenstern und Waffen und Leitern und allem möglichen anderen, das an allen Ecken und Enden herausragte. Am Ende der Rampe sind sie dann immer zu Bruch gegangen und dann haben sie sie noch dämlicher wieder zusammengebaut. Dein Auto war schnittig. Nach jedem Rennen hast du es angepasst: zusätzliches Gewicht, den Luftwiderstand reduziert, größere Reifen, das Gleichgewicht austariert. So hättest du es natürlich nicht beschrieben. Du hast es einfach ausprobiert. Und schon bald hat dein Auto – du hast es, glaube ich, das Raketen-Auto genannt, ach nein, das Raketen-Boot – alle anderen geschlagen. Selbst wenn die anderen Kinder versucht haben zu mogeln – ihr Auto noch einmal angeschubst oder draufgepustet oder deinem etwas in den Weg gestellt haben –, deins hat alle geschlagen und ist nie kaputtgegangen.«

Ich bin ganz stolz auf die kleine Greer.

»Und dann kam jemand aus dem Laden und hat die Wettrennen beobachtet und gesehen, dass dein Raketen-Boot immer gewinnt. Und weißt du, was dann passierte?« Mom sieht aus, als würde sie auf etwas herumkauen. Etwas, das sie gerne ausspucken würde. Es ist keine lustige Erinnerung mehr für sie.

»Was denn?«

Du wurdest angesprochen und gefragt: »Bist du nicht eine hübsche Prinzessin? Hast du dir dein Outfit selbst ausgesucht?«

Diese Sätze hängen eine Weile zwischen uns in der Luft und ausnahmsweise widersteht Kathryn Walsh der Versuchung, mich zu belehren und mir zu erklären, was sie bedeuten. Denn das wissen wir beide ganz genau: Es bedeutet, ich hätte eine funktionierende Raumstation bauen können, aber alle hätten trotzdem nur den rosa Satin und den Prinzessinnenrock gesehen.

Schließlich sage ich: »Hast du ihm die Meinung gegeigt?«

»Wem?«

»Dem Typ vom Lego-Laden?«

Sie schaut nach oben, dann auf ihre Hände. »Es war eine Frau, Greer.« Ganz leise, als würde es sie schmerzen, das zu sagen, ergänzt sie: »Und das Einzige, was ich gesagt habe, war: ›Sag Danke, Schätzchen.‹«

Wieder schweigen wir. »Und dann habe ich aufgehört, mich zurechtzumachen?«

»Dann hast du aufgehört.«

Ich denke darüber nach. Was ist das für eine Wahl? Bikiniunterteile mit Flamingos oder Lego-Rennwagen. Bewundert oder respektiert werden. Prinzessin oder Präsidentin. Aber wenn man zwischen diesen Möglichkeiten wählen muss, dann ist die Entscheidung ja wohl keine Frage, oder?

»Besser das, als keine Raketen-Boote mehr zu bauen.«

Mom lacht und schiebt mir eine Haarsträhne hinters Ohr. Sie versucht nicht einmal, sich mit meinen Federn zu schmücken, zu sagen, meine technischen Fähigkeiten hätte ich von ihr. »Es tut mir leid, dass es sich so anfühlt, als müsstest du eine Wahl treffen, Greer. Ich wünsche mir für dich, dass du beides sein kannst.«

53

An 98 Prozent der Schultage bringt Mom mich hin, also bin ich an 98 Prozent davon pünktlich. Es ist der erste Schultag nach den Winterferien und durch eine blöde Laune des Schicksals hat Dad heute mal keine frühe Besprechung, zu der er zu spät kommen kann, und er soll mich fahren.

Also bin ich heute im Zwei-Prozent-Klub von Eric Walsh, in anderen Worten: spät dran.

Ich möchte unbedingt wissen, ob Jackson noch vor Unterrichtsbeginn auf mich wartet oder ob zehn Tage in den kanadischen Bergen ihn zur Vernunft gebracht haben. In den ersten paar Tagen habe ich noch von ihm gehört, dann hat Quin sein Handy aus dem Sessellift fallen lassen. Ich weiß das, weil Quin mir eine Nachricht von ihrem iPad geschickt hat – die und etwa tausend Selfies mit Rentiergeweihen oder Weihnachtsmannmützen-Filtern.

Dad plappert die ganze Zeit und ist überhaupt nicht gehetzt, obwohl wir fünfzehn Minuten später losgefahren sind, als Mom und ich das tun. Und er macht den Anfängerfehler, den längeren Weg zu nehmen, den mit zwei weiteren Ampeln und einem Zebrastreifen voller Grundschüler. Wenn man leitender Angestellter ist, ist man wohl nie zu spät dran. Alles fängt erst dann an, wenn man ankommt.

In der Schule bin ich keine leitende Angestellte und der Unterricht wird mit mir oder ohne mich anfangen. Als ich aus dem Auto steige, klingelt es, was bedeutet, dass ich es noch zu Mathe schaffen kann, wenn ich den ganzen Weg renne, nicht an meinem Spind haltmache und die Zeit um vier Minuten zurückdrehe. Wenn das allerdings möglich wäre, würde ich sie um zehn Minuten zurückdrehen und Jackson noch begrüßen.

»Danke, dass du mich gefahren hast.« Reine Höflichkeit.

»Irgendwelche wichtigen Tests heute?« Er redet noch immer mit mir.

»Nach zehn Tagen Winterferien werden keine Tests geschrieben.« Ich trete die Tür hinter mir zu.

Während ich mich davonmache, höre ich, wie das Fenster runtergeht. »Hab einen schönen Tag, Greer! Hab dich lieb, Kind!«

Ich winke. Netter Kerl, Eric Walsh, aber er muss dringend an seiner Zeitplanung arbeiten.

Der Mathe/Deutsch/Was-sonst-noch-Flur ist leer, so wie ich es mir gedacht, aber anders erhofft habe. Ms Tanner wirft mir einen Blick zu, als ich mich vor Omar und Kurtis auf meinen Platz schiebe. Ich schenke ihr ein entschuldigendes Lächeln und sie guckt böse, sagt aber nichts.

Sie haben schon angefangen, die Hausaufgaben durchzugehen, als mein Handy piepst. Ich fummele es aus meiner Tasche, während Ms Tanner laut ausatmet und mir einen wütenden Blick zuwirft. Ich schalte es auf stumm, nicht bevor ich gesehen habe, dass es eine Nachricht von Jackson ist.

Ms Tanner bittet Asher, die erste Aufgabe vorzulesen. Sie steht hinter ihm, während er vorliest.

Wo bist du? Krank?

Nur zu spät.

Du?! zu spät?!!!

Dad ist schuld. Ich dachte,
dein Handy hatte einen
Ski-Unfall?

Hab gestern ein neues bekommen.

Und Q. auch.

(augenverdrehendes Emoji)

(überraschtes Emoji)

Wartest du nach dem
Unterricht auf mich?

Nur für eine Sekunde?

Ich schicke ein Daumen-hoch-Emoji.

»Isst du das Ei da noch?«

»Hast du kein Mittagessen dabei? Brauchst du Geld für einen Müsliriegel oder so?«

Maggie scheucht Carlisle Patone aus meinem Mathekurs auf, der ein Auge auf mein Ei geworfen hat. Maggie hat schon immer alle eingeschüchtert, aber nach der Aufführung schafft sie das noch besser: Sie hat ihre Sieben-Brüder-neongrünen Haare wieder braun gefärbt und jetzt sind sie irgendwie armeegrün. Sie hat eine Ausstrahlung wie ein Soldat, der keine Gefangenen nimmt.

»Warte!« Ich reiche Carlisle das Ei. Er nimmt es dankbar entgegen und rennt dann vor Maggie davon.

Sie verdreht die Augen. Ich weiß nicht genau, ob das an ihn oder an mich gerichtet ist. »Ich verstehe das Problem nicht! Du hast doch noch wochenlang Zeit, ein Kleid zu finden.«

Wir sitzen allein an der Theke, von der man auf den Sportplatz guckt, eingeklemmt zwischen Schülern, die in ihre Laptops gucken. Natalie und Tahlia waren mir heute zu viel.

Ich hatte unglaubliche fantastische fünf Minuten heute Morgen. Und dann bin ich ins furchtbare, vernichtende Jetzt gerutscht und hatte noch nicht einmal mehr Lust, mein Ei zu essen.

So sahen die guten fünf Minuten aus:

»Hi!« Jackson muss so früh aus seinem Deutschkurs gehüpft sein, dass er im Prinzip in dem Moment vor Ms Tanners Tür steht, als es klingelt. Beim Skifahren hat sein Gesicht vom Wind oder von der Sonne Farbe bekommen und lässt ihn glücklich und strahlend aussehen. Farbe im Gesicht habe ich bestimmt auch gerade, nur bin ich nirgendwo hingefahren.

Es ist zehn Tage her, seit ich ihn das letzte Mal gesehen habe, und mein Körper will ganz instinktiv auf ihn zustürzen und ihn umarmen. Stattdessen strecke ich meine Faust aus und er schlägt ein. Er kennt mich. Obwohl ich es ihm verboten habe, hat der kleine Schmetterling einen Haufen Freunde eingeladen. Ich glaube, sie machen gerade Zumba.

»Wie geht's?« Er hat weder einen Muffin mit Ahornsirup noch ein Popsocket mit einem Ahornblatt in der Hand, also hat er mir wohl nichts aus Kanada mitgebracht.

»Was hast du jetzt? Spanisch?«

»*Sí.*«

»Dann begleite ich dich. Zu Sport kann ich ein bisschen zu spät kommen.«

»Aber mach mich nicht dafür verantwortlich, wenn sie dich ein paar Extrarunden laufen lässt.« Ich mache mir keine Sorgen darüber, dass Jackson ein paar Extrarunden laufen muss. Seine Beine sind lang. Aber ich mache mir Sorgen darüber, dass er für den ersten Schultag nach den Ferien ein bisschen sehr aufgedreht ist.

»Hattest du schöne Ferien?«

»Es war okay. Sehr viel Zeit mit der Familie. Wie war Kanada?«

»Auch sehr viel Zeit mit der Familie.«

»Aber mit der Familie Ski zu fahren ist besser, als mit der Familie Fernsehen zu gucken.«

»Kommt auf die Familie an«, sagt er.

Ein Teil von mir wünscht sich, dass der Spanischraum weiter weg wäre, damit wir immer weitergehen und reden können. Zum Beispiel bis nach Spanien. Der andere Teil von mir möchte den Kopf in das nächste offene Spindfach stecken, denn wenn man jeden Gesichtsausdruck von Jackson lange genug studiert hat, dann kann man erkennen, dass er gerade nicht besonders selbstbewusst ist. Und dass er dabei trotzdem so aufgeregt ist, macht mich irre.

»Was hat es eigentlich mit diesem Winterball auf sich?«, fragt er.

Oh.

Das.

Heute Morgen hingen die Plakate überall, HOLT DEINE EINTRITTSKARTE JETZT, mit schlampig gezeichneten Pfeilen, die auf eine winzige URL zeigen. Ich habe mich bei Kurtis und Omar über den Schülerrat und ihre völlige Missachtung jeglicher Grammatik beschwert. Ich habe mich gefragt, wer seine Ferien damit verbringt, das alles vorzubereiten. Und jetzt wird mir klar, dass das genau die Art von Veranstaltung ist, die einen Neuen, der noch seinen Platz in der Schule finden muss, der gerne überall mitmacht, der gerne ausgeht, der lauter tanzende Pärchen nicht peinlich findet, interessieren könnte.

Der Frühstücks-Burrito, auf dem Dad bestanden hat, wickelt sich in meinem Bauch auseinander. Im Ordner steht nichts von dem Ball im Februar und ich habe ihn auch nie erwähnt.

»Schicker als der Homecoming-, nicht so schick wie der Abschlussball«, versuche ich so informativ wie möglich zu antworten. Ich zögere und ergänze dann noch: »Und die Neunt- und Zehntklässler dürfen auch hin.«

»Macht es Spaß?«

»Keine Ahnung.«

»Gehst du denn hin?«

»Ich habe noch nicht so wirklich darüber nachgedacht.« Das ist gelogen. Das ist mein Versuch ihn hinzuhalten, denn es gibt nur zwei Möglichkeiten, wie dieses Gespräch weitergehen kann. Entweder er bittet mich um Hilfe für eine lustige Idee, wie er Dummkopf fragen könnte, was schrecklich und widerlich und vorhersehbar und herzzerreißend wäre, oder …

»Meinst du, wir könnten zusammen gehen?«

… er fragt mich, was überwältigend und fantastisch und verwirrend und sehr kompliziert wäre.

»Äh, was?«, sage ich und muss schwer schlucken. Der Schmetterlings-Zumbakurs ist in meinen Hals geschwärmt und droht mich zu ersticken.

Jackson stößt einen entnervten Seufzer aus. Er stellt sich direkt vor mich hin und spricht so langsam, als würde er mit einem Kind reden. Das kaum Englisch versteht. Und eine Gehirnerschütterung hat. »Möchtest du mit mir zum Winterball gehen?«

Im Ernst jetzt? Natürlich will ich das. Selbstverständlich will ich das. Das Einzige, was ich mir noch mehr wünschen würde, wäre, dass auf der ganzen Welt vernünftige Frauen als Staatsoberhäupter gewählt werden; wirksame und ethische Lösungen für die Herausforderungen des Klimawandels und der Nachhaltigkeit; und einen eigenen Kühlschrank, damit ich nichts essen muss, was Tyler berührt hat. Aber direkt danach auf meiner Liste – und plötzlich scheint das zu meinen Lebzeiten auch erreichbar zu sein – steht, mit dir zum Winterball zu gehen.

»Du kannst Nein sagen. Ich werde nicht beleidigt sein. Dann nehme ich einfach mein Tagebuch mit meinen Gedichten voller Wehmut mit, das mir Gesellschaft leisten kann.«

Aber bevor ich Ja schreie, erklärst du mir bitte, was »zusammen« bedeutet? Wie als wir zu Maggies Aufführung gegangen sind und mit dem Mädchen aus deinem Deutschkurs zusammengesessen haben? Oder als wir bei euch waren und zusammen mit unseren Geschwistern zu Abend gegessen haben? Oder als wir ins Kopernikus-Café gegangen sind und ich dir diesen Scheiß erzählt habe, von wegen ich müsse mich auf die Schule konzentrieren? Du meinst Letzteres, oder? Freundschaftlich. Du meinst nicht wirklich »mit mir«, oder? Oder doch?

»Greer? Hat sich deine linke Gehirnhälfte gerade abgeschaltet? Oder überlegst du dir, wie du auf nette Art Nein sagen kannst?«

Du weißt sogar, welche Gehirnhälfte für Sprachprozesse verant-
wortlich ist? Es könnte tatsächlich sein, dass ich dich liebe.

»Nein, ich meine, ja, was den Winterball angeht, nein, was mein Gehirn angeht.« Dabei sollte ich es belassen. Ich sollte darauf vertrauen, dass alles – so oder so – gut wird, darauf vertrauen, dass er mich gut genug kennt, um es zu kapieren, mir selbst vertrauen und das Risiko eingehen, aber weil ich ich bin, tue ich das nicht. Ich kann nicht. Deswegen platze ich heraus mit: »Dann schreiben wir darüber eine Bewertung für den Ordner! Für die nächste Familie.« Ich lache gezwungen, denn lustig ist das eigentlich nicht.

Der Ordner. Habe ich wirklich gerade den Ordner aufs Tapet gebracht? Natürlich habe ich das. Der Ordner ist ungefährlich. Neutral. Damit haben wir angefangen und es wird nie darüber hinausgehen. *Ich würde jede Minute mit dir verbringen, Jackson. Aber du musst verstehen, dass du nicht wirklich mit mir ausgehen kannst. Mich nicht berühren kannst. Früher oder später wirst du mehr wollen und deiner Wege gehen.*

Aber lass es bitte später sein, bitte?

Er sieht mich an und blinzelt und es fühlt sich an wie eine Stunde. Dann sagt er: »Klar. Okay. In eurer Familie habt ihr es aber auch mit diesem Ordner, oder?«

Er lächelt, nicht so wie eben, aber immerhin.

* * *

Auf einer Wolke von *mariposas* schwebe ich zur Spanischstunde. Ein Abend mit Jackson, dabei hätte er mit jeder anderen gehen können. Ich verspreche mir selbst, dass ich das nicht vermasseln werde.

Und dann zeigt uns Maestra Bonnie (deren Muttersprache Wisconsisch ist) Bilder von der Hochzeit ihrer Tochter und bittet uns, sie auf Spanisch zu beschreiben. Das ist ihre Lieblingsmethode und deshalb ist mein Spanisch-Wortschatz bei allem, was mit Bonnies Leben zu tun hat, hervorragend – Hunde, Weihnachtskekse, Büromaterialien – und ganz schlecht, wenn es um irgendetwas geht, was mit spanischer und lateinamerikanischer Kultur zu tun hat. Ich kann sagen: »Der Mops wälzte sich in einer stinkenden Pfütze«, habe aber keine Ahnung, ob es eine mexikanische Nationalhymne gibt.

Während Nella Woster in aller Ausführlichkeit das *vestido hermoso* beschreibt, wird mir schlagartig klar, dass ich für den Winterball auch ein *vestido hermoso* brauche. Aber wie um alles in der Welt sollen Donna, Doria und ich ein schönes Kleid finden, in das wir alle reinpassen? Und das zu meinem Sweatshirt passt?

Meine Laune geht *infierno*, sodass Maggie die gesamte Mittagspause damit verbringt, mich davon zu überzeugen, dass alles gut wird.

»Na, komm schon, Greer, wir finden was ganz Fantastisches für dich.«

»Das bezweifle ich.«

»Okay, dann finden wir was, das gut ist.«

»Es ist nicht nur das Kleid. Ich weiß auch nicht, ob ich da überhaupt hinwill.«

»Ach wirklich.« Sie verschränkt die Arme und hebt eine Augenbraue.

»Das verstehst du nicht, Mags.«

»Dann erklär es mir.« Sie lehnt sich zu mir rüber und ich weiche instinktiv zurück. Wie kann ich es ihr erklären, wenn ich es mir selbst nicht erklären kann? Ich wünschte, ich hätte die Klappe gehalten und mich schweigend durch die Mittagspause gequält.

Und dann kommt meine Rettung. Nat und Tahlia tauchen aus einer Gruppe von Schülern auf, die gerade die Mensa verlassen.

»Warum habt ihr nicht mit uns gegessen?«, fragt Tahlia und schüttelt Kaugummi aus einer Dose.

»Ooooh!« Natalie greift sich einen.

Maggie wendet ihren Blick nicht von mir ab, aber sie seufzt und sagt: »Greer hat versucht, mir Logarithmen zu erklären.«

»Musch schön schein, schein eignes Mathegenie schur Verfügung schu haben«, sagt Natalie mit einem Mundvoll Kaugummi. »Warte mal. Ischt dasch Traubengeschmack?«

Ich verabschiede mich und flüchte in die nächste Unterrichtsstunde. Wenn doch alles so einfach wäre wie Logarithmen.

55

Wenn ich ganz ehrlich bin, gab es einen Augenblick – und es war wirklich nur ein einziger Augenblick –, als Donna und Doria etwa bei D waren, da fand ich es okay mit ihnen. Mehr als das. Ich mochte sie irgendwie.

Ich war nie jemand, dem Popstars oder Promis wichtig waren und das, was sie anhatten oder machten (abgesehen von J. K. Rowling oder Bill Nye oder Stephen Hawking (RIP)). Und ich habe wirklich nie über Brüste nachgedacht. Wir waren noch klein, als Tahlia bei einer Pyjamaparty zwei Stofftiere in ihr T-Shirt gesteckt und Katy Perry auf der Karaokemaschine eingeschaltet hat. Die anderen Mädchen haben schnell um noch größere Stofftiere gerangelt, um noch bessere Katy Perrys zu sein. Jemand hat eine Packung abwaschbare Filzstifte gefunden und sie haben sich gegenseitig große rote Lippen aufgemalt. Dann ist jemand über einen Schlafsack gestolpert, was zu großem Gehüpfe auf den Sofakissen führte. Da habe ich dann mitgemacht. Hüpfen war ein Spaß, den ich auch verstand.

Worauf ich hinauswill, ist, dass manche Mädchen darauf gewartet haben. Sie haben nach Anzeichen gesucht, dass sich etwas wölbt, nach komischen Haaren, nach Dingen, die sie zu … Frauen machen, schätze ich mal? Die Poster, die an meinen Wänden hingen, waren vom Mars-Rover. Ich habe nicht darauf gewartet, eine Frau zu werden. Ich habe darauf gewartet, eine Wissenschaftlerin zu werden.

Aber dann, gerade als die neunte Klasse begann und mein Körper anfing, sich zu der Form zu entwickeln, die er jetzt hat, wurden meine Eltern zu einer Wohltätigkeitsgala für den Theaterverband von Chicago eingeladen. Mom hat mir ein Kleid besorgt – blau und mit Flügelärmeln, die eigentlich gar keine richtigen Ärmel sind. In der Taille war es eng und der Rock war weit ausgestellt. Der Stoff schimmerte. Nicht wie ein Spiegel, eher wie ein Hologramm. Saphirblau und gleichzeitig violett und schwarz und stahlgrau. Und auf dem Rock und an den Seiten war mit schwarzem Faden ein Muster gestickt.

Mom hat mich überredet, es anzuprobieren, nur so zum Spaß. Ich weiß, dass sie sich wünscht, ich würde mich mehr für so etwas interessieren. Sie hat Freundinnen, die mit ihren Töchtern ausgelassene Einkaufstouren machen und sich dann darüber beschweren, dass die nur Tanktops für hundert Dollar tragen. Dabei sind die Mütter ganz genauso. Ich ziehe einfach das an, was ich bequem finde, besonders wenn ich es am Tag vorher auch schon eingetragen habe, und das verdirbt ihr den Spaß. Anscheinend ist das seit dem Lego-Debakel so. Inzwischen ist sie aber vielleicht erleichtert, dass ich nicht shoppen gehen will. Im Ordner gibt es keinen Abschnitt mit Fashion-Outlets für Frauen mit großem Vorbau.

Doch an dem Tag – es kommt mir vor, als wäre es hundert Jahre her –, als ich in das Kleid geglitten bin und den Reißverschluss an der Seite zugemacht habe, war es wie für mich gemacht. Der Stoff bedeckte meine Brüste, lag oben eng an und betonte meine Taille. Meine Augen sahen aus, als würden sie das schimmernde Blau des Kleides widerspiegeln. Zum ersten Mal wirkte ich nicht wie ein kleines Mädchen, das sich verkleidet hatte. Ich sah aus, als wäre ich dazu geboren worden, mit einem Glas Champagner in der Hand auf Wohltätigkeitsgalas rumzustehen. Meine Haare hatte ich zu einem unordentlichen Knoten hochgebunden, damit meine nackten Schultern voll zur Geltung kamen, und war so lange mit der Zunge über meine Lippen gefahren, bis sie glänzten. Ich habe sogar Moms hohe silberne Schuhe angezogen.

»Oh! Schätzchen, du bist wunderschön in dem Kleid!«

Das war ich.

Und es war herrlich.

Nur damit mich keiner falsch versteht: Ich war trotzdem noch stark und klug und sarkastisch. Ich habe mir nicht vorgestellt, bei der Gala in den Armen eines Mannes herumgewirbelt zu werden; ich habe mir vorgestellt, dort der Ehrengast zu sein, weil ich das Geld, das ich für meinen Physiknobelpreis bekommen hatte, an mein Museum für Gleichberechtigung spendete. Oder so was in der Art. Doch dabei sah ich gleichzeitig atemberaubend schön auf dem Podium aus.

Ich stand vor dem großen Spiegel und habe gedacht, dass es so sein würde, wenn man erwachsen ist: Alles wäre ganz einfach. Egal, was ich anziehen würde, es würde vollkommen und wunderschön sein und ich würde mich vollkommen und wunderschön fühlen. Alle Teile von mir – der Mathe-Teil und der lustige Teil, der Bücher-Teil und der körperliche Teil – würden zusammenpassen.

Aber so war es nur an diesem Tag. Nie wieder habe ich mich so vollkommen gefühlt: nicht in meinem übergroßen Sweatshirt, nicht in meinem maßgeschneiderten Volleyballtrikot, noch nicht einmal im Stabilisator.

Dieser BH sorgt dafür, dass alles hält. Aber nicht dafür, dass alles schön aussieht. Und wenn ich heute das Kleid von damals anprobieren würde, würde ich noch nicht einmal mehr den Reißverschluss zubekommen.

Jessa und ein paar andere Mädchen aus der Mannschaft wollen gemeinsam Kleider shoppen gehen und haben gefragt, ob ich mitkomme. Jessa geht mit Kermie Walltower und einer ganzen Gruppe von Leuten zum Winterball. Kermie heißt in Wirklichkeit Kobe, aber seit er in der zweiten Klasse eine Brotdose mit Kermit-der-Frosch-Motiv mit zur Schule gebracht hat, wird er Kermie genannt. Die beiden sind befreundet, seit sie zusammen Völkerball gespielt haben. Jessa hat Ja gesagt und die Einladung dann auf fünf weitere Mädchen und ein paar Jungs ausgedehnt. Sie findet, man solle alles zusammen machen. Kermie ist zum Glück kein Spielverderber.

Suzannes Hochzeits- und Ballmode ist ein Lagerhaus voller Abendkleider. Es hat hohe Decken und ist hell beleuchtet. Ein Kleiderständer steht neben dem nächsten und die Kleider sind nach Farbe und Länge sortiert. Es sieht mehr aus wie ein Supermarkt, nicht wie eine edle Boutique. Es gibt einen Kleiderständer mit den »Schnäppchen des Tages – bis 79 Dollar«, an dem nur Kleider in Barbierosa oder Kotzgelb hängen. Bei den *Petite*-Modellen wimmelt es vor Teenagern, die genauso klein und zart sind wie die Kleider selbst. Ich bin enttäuscht, aber nicht überrascht, dass mit »Sondergrößen« Kleider ab Größe 46 gemeint sind. Wenn zu den »Sondergrößen« auch Kleider gehörten, die unten Größe 34 und oben Größe Holzfäller hätten, dann wären die Sondergrößen wirklich besonders.

Ich lasse mich durch die Reihen der Kleiderständer treiben, zeige ab und zu mit dem Daumen nach oben, wenn eines der Mädchen ein Kleid hochhält, weil es eine zweite Meinung braucht. Eine nach der anderen verschwinden die Kennedy-Schülerinnen in die Umkleidekabinen mit Armen voller Charmeuse und Perlenstickerei. Als kleines Mädchen wäre das für mich bestimmt ein magischer Ort gewesen. Bevor ich herausgefunden habe, dass mein Outfit mehr Aufmerksamkeit bekommt als meine technischen Fähigkeiten. Alles an diesem Laden schreit: Du bist dazu bestimmt, dich hübsch zu machen. Es gibt Mädchen, die dem wohl nie entwachsen, aber auch solche wie Jessa, die die meiste Zeit schweißabweisende Sportkleidung tragen und es lustig finden, ab und zu eine andere Identität anzunehmen.

»Das würde toll an dir aussehen.« Ich habe gar nicht mitbekommen, dass hinter mir eine Verkäuferin aufgetaucht ist. Ich stehe neben einer Schaufensterpuppe, die ein trägerloses karamellfarbenes Kleid trägt, mit einem Schlitz vom Boden bis zur Mitte des Oberschenkels und voller Glitzersteine. Es würde toll an mir aussehen, wenn ich eine ausgemergelte Fünfzigjährige bei einer Gala im Naturkundemuseum wäre und nicht eine fünfzehnjährige Volleyballspielerin, die hofft, ein Kleid zu finden, das ihrem Sweatshirt entspricht.

»Das glaube ich nicht.«

»Was suchen wir denn? Was gefällt uns denn?«

Wir suchen etwas, das locker und kastenförmig ist und verhindert, dass zwei von uns aneinanderreiben. Gibt es dafür eine Abteilung?

Die Verkäuferin grinst, als wollte sie mich gleich auffressen. Sie trägt einen cremefarbenen Rock und dazu passende Pumps und hat ein Maßband um den Hals. Das Maßband von Ms K-B ist abgenutzt und weich, es wurde um Taillen gewickelt, an Beine gehalten, über Stoffbahnen gelegt, hat Fehler überprüft und die Zahlen und Linien sind über die Jahre verblasst. Das Maßband um den Hals dieser Frau ist glänzend, steif, neu. Dieses Maßband ist nie einem Körper wie meinem begegnet und wird es auch heute definitiv nicht tun.

»Ich schaue mich erst mal nur um.«

»Möchten wir etwas Schlichteres haben? Vielleicht eher eine A-Linie?«

»Ich bin nur mit Freundinnen hier. Ich brauche keine Hilfe.«

»Welche Größe suchen wir denn?«

»Ich, äh, wie bitte?«

»Alles gut. Wenn man nur an S, M und L gewöhnt ist, können die Größen hier verwirrend sein. Das ist ja nicht so, als würde man ein Sweatshirt überstreifen!« Sie nickt in Richtung meines Sweatshirts, als wäre ich zu blöd, um zu wissen, dass Kleidergrößen in Zahlen ausgedrückt werden. »Lass uns mal nach hinten gehen und abmessen, dann wissen wir, wonach wir suchen müssen.« Sie geht davon, in der Erwartung, dass ich ihr folgen werde.

Ich mache, was jeder vernünftige Mensch machen würde: Ich lasse mich auf den Boden fallen, krieche unter einen Kleiderständer und schleiche mich mit gesenktem Kopf davon.

Vor den Umkleidekabinen gibt es Sitzgelegenheiten. Ich lasse mich in einen geblümten Sessel fallen und schaue zu, wie die Mädchen vor einer großen Spiegelfront herumwirbeln.

Jessa und die anderen haben so viel Spaß, dass es fast ansteckend ist. Sie sind nicht affig. Einfach gut gelaunt. Es erinnert mich an den Tag, an dem wir unsere Trikots bekommen haben, als die Mannschaft sich vor meinen Augen umgezogen und verwandelt hat, und ich bin schon wieder ein bisschen neidisch.

Mena, deren Mutter sagt, sie sei so dünn wie eine ungekochte Nudel, probiert gerade ein blaues Kleid an, das an einer Schulter ausgeschnitten ist. Jessa, die in einen schwarzen Schlauch gequetscht ist, steht hinter ihr und nimmt den weiten Stoff zwischen die Finger: »Perfekt! Dann können wir da drin unsere Handys aufbewahren. Und unsere Schlüssel. Und unsere Jacken.« Mena scheucht sie mit einer Handbewegung weg.

»Tut mir leid. Das ist die kleinste Größe, die wir haben«, sagt die Verkäuferin. »Aber wir können es ändern lassen.«

»Und wie viel wird *das* kosten?«, fragt Jessa.

»Das hängt von vielen Faktoren ab.«

»Das heißt, es wird teuer«, sagt Jessa zu Mena. »Vielleicht kannst du es einfach feststecken.«

»Das würde ich nicht empfehlen«, sagt die Verkäuferin, aber Mena hat sich schon wieder in die Umkleidekabine zurückgezogen.

»In dem habe ich ein gutes Gefühl«, sagt Jessa. Sie tanzt vor den Spiegeln, kreist mit den Hüften, auch wenn das nicht zu dem Streichquartett passt, das wir über die Lautsprecher hören. Sie versucht nicht, den Stoff von sich zu zupfen oder die Luft anzuhalten. Sie versucht nicht, sich aus jedem Blickwinkel zu untersuchen. Sie bewegt sich einfach. Sie bewegt sich so, als sollten Rundungen und Kurven Teil des menschlichen Körpers sein. Als hätte sie eine neue Haut gefunden. Oder ein neues Trikot. Jessa trägt dieses Kleid wie alles andere auch: als würde sie sich wohlfühlen.

»Jessa? Holst du dir zu dem Kleid noch schwarze Knieschoner?«, fragt Mena durch die Tür.

»*DA* sind wir ja!« Ms Maßband ist wieder da und klackert mit den Armen voller Kleider auf mich zu. »Ich habe gedacht, wir hätten einander verloren.«

Das dachte ich auch.

»Für den Anfang sind hier ein paar unterschiedliche Stile, und sobald wir wissen, was wir mögen, machen wir von da weiter.« Sie fängt an, die Kleider an die Stange einer offenen Umkleidekabine zu hängen.

»Wir gehen zu den Accessoires«, sagt Kate, die zusammen mit Chloe hereinschaut. Warum kann ich nicht Teil dieses »wir« sein, anstatt zu dem verkorksten »wir« dieser penetranten Pumps-Tante zu gehören?

Jessa zieht sich das schwarze Kleid vor den Spiegeln vom Leib. »Möchtest du das anprobieren? Es ist total dehnbar, wie Yogahosen oder so. Wir könnten es beide kaufen.«

Na bitte. Für sie ist das wie ein Trikot.

Sie hält mir das verwurschtelte Kleid hin, aber ich schüttele den Kopf.

Ich versuche jedoch optimistisch zu sein, da Jessa und Mena ja auch Kleider anprobieren und auch nicht die »idealen« Körpermaße haben. *Irgendetwas* muss ich finden und hier haben sie schließlich wirklich alles. Ich schließe die Tür hinter mir und schlüpfe aus meinen Jeans. Im Spiegel sehen meine Beine lang und stark aus, nicht die markanten Beine einer Turnerin oder Tänzerin – einfach Beine, über die man nichts Schlechtes sagen kann. Bis auf die vielen alten und neuen blauen Flecken, die ich mir auf dem Spielfeld hole, vielleicht. Meine Beine brauchen keine Sondergröße.

Aber dann streife ich mein Top ab. Der Teil oberhalb der Taille sieht aus, als würde er nicht zu der Person passen, zu der der Teil unterhalb der Taille gehört. Wäre meine untere Hälfte aus Lego –, dann wäre meine obere aus Duplo-Steinen. Die Größe für mich muss keine Sondergröße sein, sondern eine magische Größe, sonst weiß ich nicht, wie das mit dem Abendkleid was werden soll.

Ich glaube, ich werde es bereuen, aber ich greife nach einem Kleid, das Ms Maßband mir gebracht hat.

Es ist ein Etuikleid, wie das, was Mena anhatte. Ich bekomme es bis zu den Achseln und dann geht es nicht weiter. Ich zerre es nach unten, aber da lässt sich nichts machen. Ich ziehe es aus und versuche es andersherum: Ich steige mit den Füßen hinein und ziehe es nach oben. Diesmal gleitet es bis über meine Hüften, aber bleibt dann auf dem Weg nach oben stecken. Als würde man versuchen, einen Seelöwen in eine Socke zu stopfen, nur schlimmer, denn die Socke würde sich wenigstens dehnen. Ich ziehe es aus und halte es mir an. Es ist oben wie unten gleich schmal. Mein Optimismus beginnt zu bröckeln, aber schließlich ist es erst Kleid Nummer eins. Vorsichtig hänge ich es wieder auf den Bügel, denn Kathryn Walsh hat mich gut erzogen.

Als Nächstes probiere ich ein Kleid in einem hellen Petrol mit einem Tellerrock an. Diesmal fange ich von unten an, ziehe es wie eine Hose hoch. Um die Taille herum fühlt es sich richtig an und der Stoff ist schön seidig mit so einer Art Struktur – Dupionseide nennt sich das, glaube ich. Es hat eine gute Länge für mich, geht gerade bis zu den Knien und ich stelle mich ein paarmal auf die Zehenspitzen, um mir vorzustellen, wie es mit hohen Schuhen aussehen würde.

Ich will in die Ärmel schlüpfen und versuche das Oberteil hochzuziehen. Das funktioniert nicht, weil meine Brüste im Weg sind. Ich ziehe das Ganze noch höher, um mir mehr Raum zu geben, und jetzt gelingt es mir auch, in die Ärmel zu kommen. Der obere Teil des Kleides sitzt sehr straff über meine Brüste gespannt. Der Rock fällt nicht richtig, hängt hinten tiefer als vorne, ich kann die Schultern nicht bewegen und das Ganze sieht aus, als hätte ich ein paar Säcke Reis um den Bauch geschnallt. Ich habe noch gar nicht versucht, den Reißverschluss an der Seite zu schließen, der etwa zwanzig Zentimeter auseinanderklafft. Man bräuchte noch ein weiteres Kleid in Mena-Größe, um diesen Spalt zu schließen.

Ich kann es gar nicht schnell genug ausziehen.

»Finden wir irgendetwas?«, fragt Maßband von der anderen Seite der Tür.

Hör auf, »wir« *zu sagen.* »Nicht so wirklich«, sage ich. Ich hänge das Kleid etwas weniger vorsichtig auf seinen Bügel.

»Brauchen wir bei irgendeinem noch eine andere Größe?«

Ich meine es ernst, meine Liebe. »Ich glaube nicht, dass das helfen würde.«

»Was passt uns denn nicht?«

Solange du nicht bereit bist, dich in diese zu kleine Folterkammer mit G-Körbchen zu quetschen, gibt es kein »wir«. *Ich bin hier ganz allein.* »Ähm, sie sind oben zu eng.«

Lange Pause.

»Warum nehmen wir nicht einmal Maß?« Die Türklinke klappert, aber ich habe abgeschlossen.

»Nein, danke.« Ich muss nicht gemessen werden. So weit können deine Kleider sowieso nicht zählen.

Jetzt höre ich Jessa. »Sie hat einen ziemlich großen Busen. Vielleicht ist es das.«

Ich starre wütend auf die Tür und hoffe, sie kann meinen Blick spüren. Jessa hat noch immer nicht begriffen, dass *wir* nicht über Greers Brüste sprechen. Sie glaubt nach wie vor, wir sprechen über das, was uns gerade durch den Kopf geht. Meistens über Volleyball. Manchmal über Proteindrinks. Ab und zu über Brüste.

Ich probiere die anderen Kleider an und eins ist schlimmer als das nächste. Gerade lehne ich mich im T-Shirt aus der Umkleide raus und sage Katie, dass sie toll aussieht, da taucht Maßband mit Kleiderbügeln in jeder Hand auf. »Ich dachte, dieses blaue könnte sehr schön zu …« Und irgendwo mitten in diesem Satz wandert ihr Blick von meinem Gesicht, landet auf meiner Brust und bleibt dort hängen. »… deinen Augen passen«, beendet sie den Satz.

Das sind nicht meine Augen. Meine Augen sind hier oben. »Danke«, sage ich und nehme die Kleider mit in meine Vorhölle.

Warum halten Schulen überhaupt solche Tanzveranstaltungen ab? Beschweren sie sich nicht immer, dass meine Generation nur vor dem Bildschirm hängt? Warum kann der Ball nicht auch in einer virtuellen Realität stattfinden? Mein Avatar hätte dann Körbchengröße A. Und statt Armen vielleicht Schwerter. Ist doch alles scheiße.

Noch mehr Beratung durch die Tür. Noch mehr gescheiterte Anproben. Aber Maßband gibt nicht auf. Immer wieder bringt sie mir Kleider, immer ein paar auf einmal, und hängt sie über die Tür. Von eng anliegend bis fließend ist alles dabei, aber nichts, wirklich nichts davon ist für jemanden gemacht, dessen Brustumfang so groß ist wie ein aufgepumpter Gummireifen für Wasserrutschen. Die Reißverschlüsse lassen sich nicht schließen, meine Liebe.

Alle anderen sind schon längst beim Schmuck. Ich habe Jessa gesagt, sie soll mit ihnen gehen. Irgendwann höre ich auf, anzuprobieren, was sie mir bringt. Ich nehme es einfach entgegen und hänge es auf, denn nichts davon wird funktionieren. Nicht ein Kleid war überhaupt nah dran. Ich versuche, nicht darüber nachzudenken, was das bedeutet, denn es bedeutet, dass ich mir einen Vorwand ausdenken muss, um nicht zum Ball zu gehen. Das hätte mir gleich klar sein sollen, dann hätte ich Jackson sagen können, dass ich auf einer Bar-Mizwa in New Mexiko bin oder so. Jetzt wird es so aussehen, als wollte ich nicht mit ihm hingehen.

Ich hocke auf der Bank und spiele auf meinem Handy, während die Umkleidekabine sich mit Kleidern füllt.

»So, nun versuchen wir es mal in die Richtung. Und außerdem können wir alles ändern lassen.« Die Zehen von Maßbands cremefarbenen Pumps lugen unter der Tür hervor. Eine zirkuszeltgroße Stoffmenge plumpst über die Tür. Ich beschließe, ihr noch eine Chance zu geben und mich dann aus dem Staub zu machen.

Das Kleid ist lang, locker und fließend. Alles andere, was sie ausgesucht hat, war bunt, dieses hier ist vollkommen weiß. Ich schlüpfe hinein und es gelingt mir, den Reißverschluss am Rücken fast ganz zu schließen. Mit ein bisschen Hilfe könnte ich es bis nach oben schaffen, Brüste inklusive. Um die Taille herum ist es aber zu groß – seltsam groß –, ganz abgesehen davon, dass es lang und weiß ist. Aber Donna und Doria sind unter Kontrolle und das ist schon mal gut. Und dann sehe ich mich im Spiegel.

Auf dem Etikett, das aus der Achselhöhle hängt, steht: »Suzannes Umstandsbrautmode«.

Ich bin angezogen wie eine schwangere Braut.

Diesmal mache ich mir nicht die Mühe, das Kleid wieder aufzuhängen. Ich lasse es einfach in einer Lache auf dem Boden liegen und stampfe auf meinem Weg nach draußen darüber. Ich sage kein Wort zu Maßband, die draußen wartet, noch immer dasselbe milde

Grinsen im Gesicht, das sie bestimmt den ganzen Tag trägt, wahrscheinlich schläft sie sogar so.

Jessa und die anderen amüsieren sich gerade bei den Accessoires. Sie sehen gar nicht, dass ich aus dem Laden raus auf den Bürgersteig renne. Ich werde Jessa nachher schreiben und mich entschuldigen. Jetzt muss ich allein sein.

Oder vielmehr: Wir müssen jetzt allein sein. Wir drei.

57

Bevor ich klingeln kann, öffnet Quinlan mir schon die Tür, als hätte sie auf mich gewartet.

Vielleicht hat sie mich aus dem Fenster beobachtet. Vielleicht hat sie gesehen, wie ich vor der Auffahrt stehen geblieben, dann weitergegangen, dann zurückgekommen, dann die halbe Auffahrt hochgegangen, dann zurückgegangen bin, mich dann auf den Bordstein gesetzt und mit meinem Handy herumgespielt habe, um dann schließlich bis zur Haustür zu gehen.

Falls sie das alles beobachtet hat, sagt sie nichts dazu. Sie sagt einfach: »Hi, Greer«, und tritt zurück, um mich reinzulassen. Auf ihrer Schlafanzughose sind winzige Wale mit Lacrosseschlägern.

Sie merkt, dass ich sie angucke, und sagt: »Ich wollte Volleybälle, aber sie hatten nur diese Schläger.« Sie zeigt auf einen Lacrosseschläger. Unter ihrer Hose gucken mehrere Zentimeter ihrer dünnen Fußknöchel hervor, ihre Haut ist so bleich, dass sie schon fast lila ist. Ob sie wohl ein Paar Hosen besitzt, das lang genug ist?

»Das sind Lacrosseschläger. Tyler spielt Lacrosse.«

»Aber du spielst Volleyball.«

»Ja. Ich habe gerade damit angefangen. Lacrosse macht aber auch Spaß. Tyler gefällt es, weil sie sich manchmal gegenseitig mit den Schlägern hauen.«

Sie kichert. »Danke für die Bücher, die du mir gegeben hast«, sagt sie.

GELIEHEN habe, denke ich, aber ich sage: »Hast du schon welche gelesen?«

»Fast alle. Jetzt lese ich *Artemis Fowl*.« *Artemis Fowl*! Stimmt, das fehlte auch. »Hast du alle Bände?«

»Habe ich.«

»Hast du sie alle gelesen?«

»Natürlich.«

»Jackson hat nur die ersten drei gelesen.« Das überrascht mich nicht.

»Ich finde die ersten Bände sowieso am besten«, sage ich ihr.

»Das ist meistens so. Aber ich habe dann das Gefühl, dass ich trotzdem alle lesen muss, und dann werde ich wütend auf den Autor, weil er mich nicht das Buch von jemand anderem lesen lässt, das mir besser gefallen könnte.« Ich lache, weil es mir immer ganz genauso geht.

»Oh, es ist Greer.« Melinda kommt zum Eingang. »Ist deine Mutter mitgekommen?« Sie schaut sich um, als hätte ich meine Mutter möglicherweise hinter meinen Brüsten versteckt.

»Nein, ich muss nur kurz mit Jackson sprechen.«

»Natürlich. Ich glaube, er kommt gerade aus der Dusche. Moment mal.« Sie springt die Treppe rauf und lässt mich mit Quinlan und der Vorstellung von Jackson in der Dusche, schaumig und tropfnass, mit Muskeln wie ein Krebspanzer, zurück. Der kleine Schmetterling legt einen Striptease hin, aber ich knuffe mir fest in die Seite, damit er aufhört. *Lass das! Du musst jetzt damit aufhören.*

»Ist die echt?« Quinlan betrachtet meine Halskette mit dem Diamanten-Anhänger, den Mom für mich aufbewahrt hat, nachdem Grandma gestorben ist. (Genau genommen hat sie ihn von dem Geld, das sie bekommen hat, nachdem sie Grandmas Schmuck an einen Antiquitätenladen verkauft hat, bei Tiffanys gekauft. Für Mom war es trotzdem so, als würde die Kette von meiner toten Großmutter kommen, nur etwas stilvoller als die dicken Glitzersteine, die ihre Mutter so gern mochte.)

»Nein«, lüge ich und stecke die Kette wieder unter mein Top.

»Gefälscht.« Ich bin mir nicht sicher, warum ich das sage. Inzwischen weiß ich ja, dass Quin nicht stiehlt, weil etwas besonders wertvoll ist; sie stiehlt, weil etwas für jemanden besonders wertvoll ist.

Melinda kommt wieder nach unten. »Geh ruhig hoch, Greer.« Sie hält Quin davon ab, mir zu folgen.

Ich war ja sowieso schon nervös und jetzt explodiert mein Gehirn fast, weil es sich nicht entscheiden kann, ob ich will, dass er nur ein Handtuch umhat, oder nicht. Aber was würde ich mit einem handtuchumwickelten Jackson anfangen? Ihm die Hand schütteln? Ihm sagen, dass es im Ordner einen Abschnitt mit Herrenmode gibt? Sabbern?

Jeans und ein verwaschenes T-Shirt. Nasse Haare, nackte Füße und er riecht nach Dusche. »Hi«, sagt er und lächelt. Er hat sich nicht rasiert. Die Sonne scheint durch das Fenster seines Zimmers, lässt jede seiner Bartstoppeln aufleuchten und ist völlig fehl am Platz. Das Licht ist viel zu grell und sollte sich lieber hinter einer dicken Wolke verstecken. »Was gibt's?«

»Ja, ich, äh, ich bin hier, um euren Wasserdruck zu überprüfen.«

Er lacht, dann deutet er mit dem Kopf Richtung Bad. »Du willst ihn überprüfen? Na, dann los.«

Ich werde knallrot. Verdammt, ist er gut.

»Mein Herr, ich bin vom Chicagoer Büro für Wasserschutz. Wir duschen nie.« Punkt an Greer, Flirtversuch abgewehrt. »Wussten Sie, dass die Wassermenge einer Dusche für Hunderte von Latte macchiatos reicht?«

Er lacht wieder und auch er leuchtet viel zu hell für diesen Moment. Früher oder später werde ich ihm sagen müssen, warum ich hier bin, auch wenn ich das nicht will. Ich habe geübt: Ich werde ihm direkt ins Gesicht sehen und ihm sagen, dass ich es mir wegen des Winterballs anders überlegt habe, dass es besser wäre, wenn er jemand anderen fragen würde, und ich hoffe, dass wir weiterhin

Freunde bleiben. So ist mein Plan. Ich werde offen und sachlich sein und er wird keine Fragen stellen – wahrscheinlich ist er erleichtert – und dann gehen wir getrennte Wege. Ich werde mir nicht mehr vorstellen, wie sein Handtuch runterfällt, und er kann sein Leben weiterleben und wie ein ganz normaler Mensch Tanzveranstaltungen mit Angela Merkel aus seinem Deutschkurs besuchen.

»Aha! Sie kamen mir bekannt vor. Sie sind von Starbucks.«

Ich werde wieder rot, denke an den Tag, an dem wir uns kennengelernt haben, denke daran, dass ich seitdem jeden Tag an ihn denke. Denke daran, wie schön es war. Aber ich wollte ja mehr als das und nun stecke ich in der Klemme. »Ja, und Sie sind der deutsche Geschäftsmann.« Aber es klingt leise und traurig.

Das merkt er auch, neigt den Kopf und sagt nichts.

»Willst du Kartoffelsalat?«, frage ich auf Deutsch. Das hat er mir mal geschrieben, als ich beim Training war, nachdem ich ihm gesagt hatte, dass ich kurz vorm Verhungern bin. Es war einer der ersten deutschen Sätze, die er gelernt hat. Das fand ich lustig, also haben wir uns Bilder und Rezepte von Kartoffelsalat hin- und hergeschickt, bis die Co-Trainerin mich aufgefordert hat, mein Handy in die Umkleide zu bringen. Warum bringt Kartoffelsalat mich jetzt fast zum Weinen?

»Was ist los, Greer?« Diese unausstehliche, grelle Sonne lässt die rosafarbene Linie auf seiner Stirn, wo er genäht wurde, aufleuchten. Er runzelt sie, während er darauf wartet, dass ich antworte.

Jetzt oder nie, und da ›nie‹ nicht zur Wahl steht, heißt es ›jetzt‹. »Ich wollte mit dir reden …« Ich kann ihn nicht angucken, denn er ist klug und freundlich und neugierig, und wenn ich ihn ansehe, kann ich nicht so tun, als würde mich das hier nicht umbringen. Also schaue ich über seinen Kopf hinweg und da fällt mir auf, dass etwas Neues in seiner Sammlung oben auf dem Bücherregal steht. Ich sehe Batman in seinem Lego-Boot, den Stofftier-Leguan, den Aquarium-Becher, den Tennis-Pokal und ganz am Ende einen

Becher, auf dem ein Auto, ein Hund und eine Aktentasche um einen Kaffeebecher kreisen. Der aus dem Kopernikus-Café. *Was macht der denn da?*

»Über irgendetwas Bestimmtes?«, ermuntert er mich. Ich bin versucht, ihn nach dem Becher zu fragen, aber ich muss jetzt diesen anderen Weg gehen, den ich nicht gehen will, und außerdem will ich das bestimmt sowieso nicht wissen. »Ja. Tut mir leid. Es geht um den Winterball.«

»Okay.« Er wartet, und als ich nicht weiterrede, ergänzt er: »Ich dachte mir, wir nehmen ein Uber von deinem Haus aus.«

»Ja«, sage ich und bin noch immer abgelenkt von dem Becher. *Warum hat er den da stehen?* »Darum geht es nicht. Ich, äh, ich werde nicht hingehen.«

»Du wirst nicht hingehen?«

»Ja. Tut mir leid. Ich dachte, ich könnte, aber ich kann nicht.« *Warum ist er nicht in der Küche? Warum ist er neben dem Leguan und Batman?*

»Hast du was anderes vor oder so?«

»Nein. Ich meine, nicht wirklich.« *Was bedeutet diese Sammlung?*

»Ah. Okay.« Ich hätte es nicht für möglich gehalten, aber Jackson sieht verlegen aus. Vielleicht sogar beschämt. Er sieht so aus, wie ich wahrscheinlich jedes Mal aussehe, wenn ich Freunde meiner Eltern treffe, die mich eine Weile nicht gesehen haben. (»Wow, du bist aber ... groß geworden.«)

»Es ist nicht so, dass ich nicht will«, sage ich schnell. Es hat überhaupt nichts genutzt, dass ich geübt habe. Wegen diesem blöden Becher muss ich an Schnucks denken und an das Kopernikus-Café und wie ich mich an dem Tag gefühlt habe – albern und glücklich und hoffnungsfroh – und dass ich dachte, der Winterball könnte auch so werden. Aber ich kann zu einem Ball kein Sweatshirt tragen, und wenn ich in einem Brautkleid stecke, das eigentlich für eine Schwangere im achten Monat gedacht ist, werde ich auch nicht albern und glücklich und hoffnungsfroh sein. Ich weiß nicht, was ich noch sagen soll.

»Alles gut, Greer. Schon kapiert.«

»Nein, hast du nicht«, sage ich. Er kapiert es überhaupt nicht. Er denkt, ich will nicht mit ihm dahin gehen, aber er irrt sich. Ich würde überall mit ihm hingehen – zu Starbucks oder ins Kopernikus-Café oder in den Supermarkt oder nach Cleveland –, wenn ich nur den Rest von mir nicht mitnehmen müsste. Ich gucke auf den winzigen Hund, der auf dem Becher um den Kaffee kreist. Galileo war ein Idiot. Er dachte, das Universum kreist um die Sonne. Für mich nicht. Für mich kreist es um meine Brüste. »Es ist nur«, stottere ich, »ich weiß nicht, was ich anziehen soll.«

Er schaut plötzlich hoch. »Was?«

Ich wechsle das Standbein. »Ich kann kein … es gibt kein Kleid …«

»Du willst sagen, dass du nicht hingehen kannst, weil du kein Kleid findest?«

Ganz offensichtlich findet er das idiotisch und ich merke, wie ich in die Defensive gehe. Denkt er denn jetzt, nach all dieser Zeit, tatsächlich, ich wäre so eine unzuverlässige, blöde Tussi, die ein Kleider-Snob ist? Wirklich?

»Möchtest du einen Anzug tragen und ich trage ein Kleid?« Ich weiß nicht, ob er das ernst meint. Ich glaube schon.

»Du verstehst das nicht.« *Du kannst das nicht verstehen. Du kannst alles anziehen – überall hingehen – und bist immer du selbst.*

Das hier läuft gerade gründlich schief und ich weiß nicht, wie ich es aufhalten soll. Wäre ich mal besser bei der Entschuldigung mit der Bar-Mizwa geblieben. Wobei, letztendlich wären wir sowieso an diesen Punkt gekommen. Ich habe das Gefühl, ich müsste gleich weinen, wie so oft in letzter Zeit. Das war früher nicht so. Ich habe nie geweint, als mein Leben nur aus Schule, Maggie und Backsendungen bestand.

»Oder du trägst einfach dein Lieblings-Sweatshirt.« Das war ein Seitenhieb. Ein gemeiner, spöttischer Seitenhieb, und da bleibt mir glatt die Luft weg.

Mein Lieblings-Sweatshirt?

Ich schaue auf mein Sweatshirt runter, voller Stofffusseln und am Bund langsam etwas ausgefranst. Er hat recht. Es ist mein Lieblings-Sweatshirt. Denn es ist kastenförmig, viel zu groß, aber die Ärmel sind trotzdem nicht zu lang. Es ist mein Lieblings-Sweatshirt, weil der Stoff nicht klebt oder zu eng an meinem Körper anliegt. Es ist mein Lieblings-Sweatshirt, weil der untere Saum nicht zu eng ist und es sich deshalb nicht aufbauscht. Es ist mein Lieblings-Sweatshirt, weil es so schlicht und unauffällig grau ist, dass ich es Tag für Tag anziehen kann, ohne dass es den Leuten großartig auffällt. Es ist mein Lieblings-Sweatshirt, weil ich sogar meine Hände tief in den Taschen vergraben kann. Er hat recht: Es ist mein Lieblings-Sweatshirt.

Und ich hasse das Scheißding.

Ich will antworten, knurren, kämpfen, mich verteidigen, ihn anflehen, aber Jackson ist ungewöhnlich rot im Gesicht. Und er blinzelt ganz oft. Und eine winzige Träne droht über seine Wimpern hinabzustürzen. Er ist nicht wütend. Er ist verletzt. Die Sonne scheint noch immer grell durchs Fenster, aber er leuchtet nicht mehr. Er fühlt, glaube ich, dasselbe wie ich.

»Warum hast du nicht gleich gesagt, dass du nicht willst?«, fragt er das Fenster.

»Es tut mir leid«, flüstere ich. *Ich wollte ja, sage ich, aber nur in meinem Kopf, ich wollte wirklich.*

Und dann gehe ich.

Als ich diesmal nach Hause komme und meine Zimmertür schließe, ziehe ich nicht meinen BH aus und lege mich auf den Rücken. Dieses Mal kauere ich mich zusammen. Und weine.

58

Die gute Nachricht ist: Als Tyler von einem Hockeyschläger im Gesicht getroffen wurde, hat seine Zahnklammer seinen Mund so zerschnitten, dass er einen komischen Infekt bekommen hat.

Noch mal von vorne.

Es ist keine gute Nachricht, dass mein Bruder leidet. Ich bin kein Monster. Es ist ziemlich schlimm. Und ekelig. Eigentlich bekommt man im Mund keinen Infekt, außer man wurde dort operiert, aber anscheinend ist Tyler eine menschliche Petrischale. Die Bakterien haben sich in seinen Lippen angesiedelt. Sein Gesicht war bis zur Stirn angeschwollen und er bekam Fieber. Sie haben ihn in die Notaufnahme geschickt und da musste er mehrere Stunden lang an den Tropf. Jetzt ist er wieder zu Hause und bekommt ganz viele Antibiotika, die auch all die guten Bakterien in seinem Darm töten, sodass er Durchfall hat und Mom ihn zwingt, Joghurt zu essen.

Ich verstehe, dass das nicht wie eine gute Nachricht klingt. Es ist nur so, dass es eben auch – ganz unbeabsichtigt – eine gute Seite gibt. Meine Mutter ist nämlich so sehr mit Tylers maxillofazialen/gastrointestinalen Problemen beschäftigt, dass sie mich in Ruhe gelassen hat. Als ich ihr neulich erzählt habe, dass ich zum Winterball gehe, habe ich behauptet, ich tue Jackson damit einen Gefallen, weil er noch nicht so viele Leute kennt. Ihre Reaktion war ein süffisantes: »Hach, das ist ja so edelmütig von dir, Greer.« Das habe ich einfach ignoriert. Dieses Wochenende habe ich ihr mitgeteilt, es gebe eine gute Nachricht: Jackson habe jemand anderen gefunden und ich sei froh darüber, fein raus zu sein.

Das war wohl die am wenigsten überzeugende Lüge, die ich je von mir gegeben habe (abgesehen von dem einen Mal, als ich Mom gegenüber behauptet habe, ich hätte Baby Ty in ihrem Rollkoffer *gefunden*, auf all seinen Kleidern liegend, mit einem Schnulli im Mund, um ihn ruhig zu halten). Normalerweise hätte Mom mich nach dieser Eröffnung nicht in Ruhe gelassen, aber in dem Moment kam Tyler mit rotem, aufgequollenem Gesicht runter und sagte: »Kannst du mal meine Mippe anschehen?«

Am Montag trödele ich vor Mathe rum und versuche den Anschein zu erwecken, dass ich auf Jackson warte, falls er mit mir reden will, und als würde ich nur zufällig hier rumstehen, falls er das nicht will. Als es klingelt, habe ich ihn noch nicht einmal gesehen.

Am Dienstag warte ich genauso lange und schleiche dann den Flur runter, um beim Deutschkurs hineinzulugen. Er ist schon im Klassenzimmer und unterhält sich mit einer Gruppe Schüler (zu der auch Dummkopf gehört).

Am Mittwoch gehe ich geradewegs direkt in den Mathekurs, um wie früher die tägliche Hausaufgabendebatte zwischen Kurtis und Omar zu schlichten.

Ich habe jetzt verstanden, dass wir uns offiziell aus dem Weg gehen.

* * *

Maggies gegenwärtiger Kreuzzug richtet sich »gegen antifeministische Verhaltensweisen, gegen eine Kultur voller Vorurteile, die nur auf Reichtum basiert, und gegen implizite Maßstäbe an das Selbstwertgefühl, die sich in der veralteten, überteuerten, aber noch immer vorherrschenden Sitte, Tanzveranstaltungen an Highschools abzuhalten, manifestieren«. Sie beklagt sich darüber bei jedem, der ihr zuhört, also hauptsächlich bei mir und Rafa. Man könnte ja meinen, sie würde ihren Protest über den Ball vor allem dadurch zum Ausdruck bringen, dass sie nicht hingeht. Aber Maggie möchte ihre Einwände gerne sichtbar machen. Sie und Rafa gehen zum Winterball, aber vorher verbringt sie die Mittagspausen damit, im Internet ein mittelalterliches Kleid zu suchen, um zu demonstrieren, wie altmodisch die Veranstaltung ist.

Ich habe ihr erzählt, dass Jackson sich ganz offensichtlich nur verpflichtet gefühlt hat, mich zu fragen, und ich mich verpflichtet gefühlt habe, Ja zu sagen, obwohl ich eigentlich gar nicht hinwollte. Aber sobald wir das beide begriffen hatten, waren wir aus dem Schneider. Ich werde nun nicht hingehen müssen und er kann fragen, wen immer er will.

»Das war euer Gespräch dazu?«, hatte sie nachgehakt.

»Es war nicht so wirklich ein richtiges Gespräch.«

»Aber hat er denn genau *gesagt*, dass er nicht mit dir gehen will? Oder dass es eine andere gibt, mit der er gehen will?«

»Also, ich glaube, nicht so ganz, nicht Wort für Wort, aber es war offensichtlich.«

»Es war offensichtlich? Also hat es nichts mit dem Kle…«

Bevor sie weiterreden konnte, habe ich FaceTime beendet und ihr dann eine Nachricht geschrieben, dass mein WLAN spinnt. Das war vor drei Tagen und seitdem hat sie nicht noch einmal versucht, mit mir darüber zu sprechen.

Ich lehne mich zu ihr rüber, um einen Blick auf die Website zu werfen, die sie gerade aufgerufen hat. Die ganze Seite ist voller wunderschöner, fließender Abendkleider in dunklem Weinrot und Smaragdgrün mit weit fallenden Ärmeln und Goldstickereien. Die meisten Models tragen Blumenkronen auf dem Kopf und eine hat ein Paar Flügel auf dem Rücken – historisch korrekt ist was anderes. Die Preise liegen zwischen achthundertfünfzig und mehr als eintausend Dollar.

»Also, im Prinzip möchtest du dich so anziehen, als würdest du auf einem Mittelalter-Festival arbeiten.«

Sie kaut auf ihrem kleinen Finger rum. »Ja, das merke ich gerade auch.«

»Da ihr ja beide in der Theatergruppe seid, ergibt das sogar Sinn.«

»Haha.«

»Was zieht Rafa denn an? Ein Kettenhemd? Geht er als Ritter?«

»Ich hab's kapiert, Greer.«

»Wie willst du dir außerdem ein Kleid für tausend Dollar leisten? Oh, entschuldige, tausend *Reichsmünzen*«, sage ich und ahme die Stimme eines Marktschreiers auf einem Mittelalter-Fest nach.

»Okay, ist gut. Ich weiß! Nicht die richtige Epoche. Wonach soll ich dann suchen? Vielleicht viktorianisch? Im viktorianischen Zeitalter wurden Frauen auch unterdrückt, oder?«

»Bestimmt.«

Sie sucht nach Bildern viktorianischer Mode und wir bekommen eine Seite voller bauschiger, berüschter Reifröcke mit hochgeschlossenen Oberteilen angezeigt.

»Die sind eindeutig altmodisch.«

»Okay«, sagt sie. Sie scrollt durch die Seite und macht ein Gesicht, als hätte sie gerade eine Geleebohne mit Popelgeschmack erwischt. Sie klickt auf ein lilafarbenes Kleid, das bis zum Kinn hochgeknöpft ist, mit langen Ärmeln und vielen Lagen Stoff. Es ist mit schwarzen Rüschen gesäumt und erinnert an Frankensteins Braut. Außer dem Gesicht der Frau ist keine Haut zu sehen. »Das ist, äh …«

»Abgrundtief hässlich.« Ich frage mich, ob Maggies Überzeugungen stark genug sind, um so etwas Hässliches anzuziehen.

»In welcher historischen Epoche sind Frauen noch nicht gleichbehandelt worden?«

»In jeder?«, sage ich. »Gestern? Nächsten Donnerstag?«

Maggie lacht. Sie versucht es mit »biblische Kleider« und wir sehen die Art Kleid, die Maria im Krippenspiel trägt. Ich lehne mich über sie und gebe »Cocktailkleid 50er Jahre« ein. Meine Eltern gucken gerade die Serie *The Marvelous Mrs Maisel* und Mom kann gar nicht aufhören, von den Kleidern zu schwärmen.

»Oooh. Ein paar von denen sind ja süß«, sagt Maggie.

»Absolut.« Ich klicke das Foto einer Frau an, die ein kurzes Kleid mit Tellerrock und einem U-Boot-Ausschnitt anhat. Es ist lindgrün mit Flügelärmeln. Ein anderes ist ärmellos und hat ein gewickeltes Top und einen farbig abgesetzten Gürtel. Ich spüre ein Stechen im Bauch und wünsche mir kurz, wir würden für mich shoppen.

»Welche Schuhe wohl dazu passen«, murmelt Maggie vor sich hin.

Wir finden noch eine Menge Kleider aus den Fünfziger- und Sechzigerjahren. Nur wenn dein Ziel ist, lächerlich auszusehen, damit alle wissen, dass du im Grunde die Tanzveranstaltung verspotten willst, dann sind diese Kleider nicht das Richtige. Dafür sind sie zu schön. Ich kann sehen, dass Maggie gerade ihre Sichtweise ändert.

»Weißt du, wenn ich eins dieser mittelalterlichen Kleider kaufen würde, um meinen Standpunkt klarzumachen, dann würden meine Eltern Hunderte von Dollar bezahlen, und das gehört ja auch zu den Dingen, die total falsch sind, oder? Dass man so viel Geld für etwas ausgibt, das man nur ein Mal tragen wird? Der Materialismus ist genauso schlimm wie der Chauvinismus.« Während sie spricht, tippt sie »Vintage-Kleider in deiner Nähe« ein.

»Aha.«

»Wenn ich ein Vintage-Kleid finde, würde ich es ja wiederverwenden. Damit würde ich trotzdem noch den ganzen Industriekomplex rund um die Tanzveranstaltungen in der Highschool ablehnen.«

Ich zupfe an den verblassten grünen Haaren ihres Pferdeschwanzes. »Damit würdest du wirklich Stellung beziehen«, sage ich.

Sie kaut auf ihrer Lippe herum und versucht sich darüber klar zu werden, ob sie ihre Ideale verrät, wenn sie sich über ein Kleid freut. Ich finde ja, dass Maggie nicht weniger feministisch ist, wenn sie Stellung bezieht *und* dabei ein hübsches Kleid trägt.

Ich will einfach nur ein hübsches Kleid tragen, ohne darin aufzufallen. In der Masse verschwinden. Was sagt das über mich aus?

59

Am Donnerstag haben wir in Mathe eine Vertretung. Da Ms Tanner für die Mathelehrpläne im gesamten Schulbezirk verantwortlich ist und sich häufig mit der Verwaltungsbehörde beraten muss, kommt das öfter vor. Die Vertretungslehrer sind meistens keine Mathe-Lehrer, deshalb verteilen sie am Anfang der Stunde Arbeitsblätter und spielen den Rest der Stunde auf ihrem Handy. Manche von den Schülern bearbeiten die Aufgaben gewissenhaft (die Ashers und Anithas), aber für Kyle Tuck und seine dummen Freunde heißt das Freistunde. (Sie sind natürlich nicht dumm im fachlichen Sinne, da das hier ja immer noch ein Mathematik-Leistungskurs ist. Sie sind die Wen-möchte-man-in-einer-zivilisierten-Gesellschaft-nicht-dabeihaben-Art von dumm.) Die kleine Gruppe von Orks steht zusammen und lacht.

Vielleicht machen sie gerade Memes über die Vertretungslehrerin, der das mit Sicherheit völlig egal ist. Als Vertretung muss man ein dickes Fell haben und ich wette, die hier hat schon Hornhaut vom Candy-Crush-Spielen, während die mobbenden Schüler sich gegenseitig erziehen.

Einer nach dem anderen schaut zu mir rüber. Begegnen sie meinem Blick, drehen sie sich schnell wieder um. Ich lasse die Schultern noch mehr hängen als sonst. Ich falle allmählich in mich zusammen, verschränke die Arme vor mir auf dem Tisch. Der vernünftige Teil von mir weiß, dass es blöd ist, dass ich da drüberstehen sollte, dass das, was sie denken, unwichtiger ist als Tylers Toastkrümel, die ich jeden Morgen wegwische. Ich versuche mich durch die Aufgaben von nächster Woche zu arbeiten, damit ich sie nicht nach dem Training machen muss. Aber Kyle und Konsorten grunzen weiter rum.

Ich bin schon zur Tür raus, als es noch nicht mal aufgehört hat zu klingeln. Ich spiele dieses Spiel nicht mehr mit, dieses Spiel, das nur ihnen Spaß macht. Ich kann das heute nicht. Diese Woche nicht. Aber ich bin nicht schnell genug.

»Hey, Greer!« Ich sollte gar nicht hochgucken und einfach weitergehen, aber ich drehe mich um. Kyle steht in der Tür und hält mir ein Blatt Papier entgegen. »Möchtest du unser Kreuzworträtsel lösen?«

»Wortfinder, du Depp«, korrigiert ihn einer der Idioten.

Jackson kommt den Flur entlang. Ich fange aus Versehen seinen Blick auf und er bleibt stehen und guckt auf den Fußboden. Das ist also seine Strategie: vor Unterrichtsbeginn schon im Klassenzimmer sein und danach rausrennen, damit er mich nicht sehen muss. Und ich habe seine Strategie heute durcheinandergebracht, weil ich so in Eile war.

»Möchtest du unser Wortfinderspiel ausprobieren?«, sagt Kyle. Seine kackbraunen Augen leuchten vor Freude, wie ein Hund, der ein totes Karnickel gefunden hat, in dem er sich wälzen kann. Er versucht, nicht zu lachen, während er mit dem Blatt Papier winkt. Darauf ist eine handgezeichnete Tabelle mit Buchstaben und ich kann mir denken, was da steht. Ziemlich viele Us. Eine Menge Bs. Und reichlich Ts.

Mein Spielzug müsste jetzt irgendeine witzige und schlagfertige Antwort sein, die beweist, dass ich darüberstehe. Tue ich aber nicht. Es ist zum Kotzen. Es verletzt mich. Es lässt meine Schultern dahinwelken. Anstatt wie üblich Überlegenheit vorzutäuschen, schlage ich Kyle das Blatt Papier aus der Hand. »Du kannst mich mal, Kyle.« Der ganze Flur hört es. Die Wörter dröhnen bis zu Jackson rüber.

Ich fange seinen überraschten Blick auf, bevor ich verschwinde, aber auch er kann mich mal.

60

Nach dem Training sitzen ein paar von uns in einer Reihe auf der Steinmauer und warten darauf, abgeholt zu werden. Es ist Januar, aber nachdem wir zwei Stunden lang gerannt sind, tut die kalte Luft uns gut. Alle, die ein Auto haben oder eine Freundin mit einem Auto oder nah genug wohnen, um zu laufen, sind schon weg. Sylvie hält sich mit dem Ellbogen ein Kühlpack gegens Knie und ein weiteres um ihren Mittelfinger, während sie Nasrah von ihren Plänen erzählt, ein Brückenjahr auf einer Olivenfarm in Kalifornien zu verbringen, damit sie sich dort für niedrigere Studiengebühren qualifizieren kann. Mena versucht mir zu zeigen, wie man einen Fischgrätenzopf flicht, aber die Haare von Khloe Vang-Ellis sind zu kurz dafür. Darauf führt Mena meinen missglückten Versuch jedenfalls zurück, aber in Wahrheit bin ich einfach nicht gut in so was. Und habe ihren Anweisungen nicht meine volle Aufmerksamkeit geschenkt, weil ich Jessa zuhörte, die gerade Kaia Beaumont aufgemuntert hat.

»Du kriegst das schon hin. Du bist wirklich schnell. Du hast heute eine Menge Bälle erwischt.« Ich weiß, dass Jessa etwas übertreibt, denn Kaia ist in diesem Jahr die größte Enttäuschung in der Mannschaft. Ihr Aufschlag ist in Ordnung, weil sie nur dabei keine Angst vor dem Ball zu haben scheint. Sobald er in ihre Richtung fliegt, wird sie panisch. Bei den Probespielen hat sie eine gute Figur gemacht, aber wenn es einen ein paarmal erwischt hat, muss man das entweder als Teil des Spiels akzeptieren und sich so wie Sylvie ein Kühlpack schnappen oder man fällt in sich zusammen. Für eine

Spielerin wie Jessa, die auch keine Angst vor dem Ball hätte, wenn er aus einem Wespennest bestehen und aus einer Kanone geschossen werden würde, muss diese Situation mit Kaia unerträglich sein. Kaia gehört zur Mannschaft, und solange sie auftaucht, sich umzieht und schwitzt, ist Jessa auf ihrer Seite.

Khloes Mom fährt vor. Auf dem Weg zum Auto löst Khloe den unordentlichen Zopf auf, den ich ihr geflochten habe. »Ich hoffe, du hast nicht vor, Kosmetologie zu studieren, Greer!«

»Undankbarer Mensch!«

Bald sind auch die anderen weg, alle, außer Jessa. Mein Dad holt mich ab, was bedeutet, ich werde noch weitere zwölf Stunden warten müssen. Jessas Eltern verspäten sich auch.

»Mein Dad wäre nur pünktlich, wenn man ihn anlügen und behaupten würde, er muss früher da sein«, sage ich.

»Machst du das?«

»Nein«, gebe ich zu. »Mom und ich sagen zwar immer, dass wir das machen werden, aber ausgerechnet dann wäre er bestimmt mal pünktlich.«

»Und dann wäre er sauer.«

»Nein, eigentlich nicht. Er wäre nur zu früh.« Ich denke einen Moment lang darüber nach. Vielleicht ist es doch keine schlechte Idee, Dad zu sagen, dass das Training um fünf anstatt um fünf Uhr dreißig zu Ende ist.

»Wie schade, dass du ihn nicht zu ein paar Extrarunden verdonnern kannst, wenn er zu spät ist. Das spornt die Leute an.«

»Ich frage mich, was die Leichtathleten anspornt? Wenn man sowieso rennen muss …«

»Ha!« Jessa gefallen sogar meine blödesten Witze. Eine Zeit lang dachte ich, dass es in ihrer Familie sehr ernst zugehen muss und sie deshalb so viel lacht, aber inzwischen habe ich die Timms kennengelernt und ich glaube, sie sind einfach Menschen, die es zu schätzen wissen, wenn man sich Mühe gibt.

Jessa hüpft von der Mauer und dribbelt ein paarmal einen Volleyball. Sie lässt ihn sanft aufschlagen, trifft ihn von unten und lässt ihn wieder hochfliegen und fängt dann wieder von vorne an. Fällt er zu Seite, fängt sie ihn und macht alles wieder von vorne.

»Sind alle in deiner Familie sportlich?«

»Ich glaube schon. Maddie hält sich für die Beste.« Sie versucht, den Volleyball auf einem Finger kreisen zu lassen. Er dreht sich nicht ein einziges Mal, aber sie versucht es wieder.

»Die, die auf dem College ist?« Jessas große Schwester spielt Fußball für die Ohio State University.

»Ja. Sie wäre sicher in jeder Sportart gut, aber sie hat Fußball schon immer geliebt.« Sie versucht, den Ball von ihren Knien abprallen zu lassen, wie eine Fußballspielerin, aber mehr als zweimal schafft sie es nicht. »Fußball war noch nie mein Ding. Ich kann nicht so gut rennen. Sie ist eher wie meine Mom. Ich bin eher wie mein Dad.« Jetzt dribbelt Jessa den Ball wieder.

»Wie meinst du das?«

»Sie ist dünn und schnell. Ich meine nicht dünn-dünn. Nur normal dünn. Was ich nicht bin.« Ich beobachte Jessa genau, als sie das sagt. Sie hat die Augen weiter auf den Ball gerichtet. Nichts in ihrer Stimme lässt auf Neid schließen. Nichts in ihrem Gesicht auf Bedauern. Es sind einfach nur Tatsachen. »Sie und meine Mom sind schnell und ausdauernd, aber sie haben keine Kraft, verstehst du?« Sie guckt direkt auf den Ball, schätzt ein, bewegt sich, bekommt es hin, wieder und wieder. Sie sieht glücklich aus, als wäre sie da, wo sie hingehört. Als wäre sie die, die sie sein soll. »Mein Dad, meine kleine Schwester und ich, wir haben Kraft.« Mir wird klar, dass Jessa sich genau so sieht. Sie sieht sich nicht als »nicht dünn«. Sie sieht sich als stark. Voller Kraft. Und sie hat völlig recht. »Und außerdem reißen wir uns den Arsch auf.« Der Ball fliegt hoch und landet etwa zwei Meter von ihr entfernt. Sie springt und hechtet nach dem Ball und bekommt ihre Fäuste genau in dem Moment darunter, bevor er auf dem Boden landet. Sie fällt dabei mit den Knien auf den Beton, aber der Ball ist sicher.

Als Dad schließlich zwanzig Minuten zu spät ankommt, biete ich Jessa an, mitzufahren, da ihre Eltern anscheinend verschollen sind. »Nein, danke. Mein Dad ist schon da.« Sie winkt einem Auto zu, das am Rand des Parkplatzes steht. Mr Timms lehnt seinen Kopf aus dem Fenster, winkt zurück und strahlt dabei übers ganze Gesicht. Ich habe ihn nicht reinfahren sehen, also muss er die ganze Zeit hier gewesen sein. »Bis morgen!« Sie joggt zum Auto, den Ball unterm Arm, und steigt ein.

Sie hat nicht darauf gewartet, abgeholt zu werden. Sie hat mit der Mannschaft gewartet.

Wenn es ans Streichen geht, macht mein Dad das am liebsten mit mir.

Tyler ist zu schlampig. Selbst wenn man denkt, man hätte wirklich jede erdenkliche Fläche abgedeckt, tritt er in die Farbe und hinterlässt eine Spur von »Muschelweiß« oder »Elegante Gelassenheit« oder irgendeinem trendigen Beige, das Mom diesmal ausgesucht hat, auf dem Fußboden.

Mom kann zwar hervorragend streichen – sie bereitet alles sorgfältig vor, klebt genau ab, hinterlässt keine Farbkleckse und ihre Ecken sind rasiermesserscharf. Aber sie kommandiert alle rum. Sie hält uns für ihre Lehrlinge.

Also streicht Dad am liebsten mit mir. Nie würde ich die Farbrolle wie einen Lacrosseschläger schwingen und ich sage ihm auch nicht, dass er um die Fenster herum gegen den Uhrzeigersinn streichen muss, weil so die glänzende Struktur das Licht nach außen lenkt. Ich bin gut, aber nicht zwanghaft. Und ich mag seine Musik.

Mom ist beim Pilates und Ty ist noch im Bett und guckt alte Folgen von *Parks & Recreation – Das Grünflächenamt* auf dem iPad. Er sagt, sein Mund tue noch immer viel zu weh, um sich die Zähne zu putzen. Dad und ich wollen gerade den ersten Farbeimer aufknacken, als es an der Tür klingelt. Meistens ist das ein Umweltaktivist mit einer Petition oder ein Kind aus der Nachbarschaft, das Kekse verkauft.

Weder noch. Es ist Maggie mit einer Flasche Vitaminwasser.

»Wir müssen reden.« Sie hat ihr Geschäftsgesicht aufgesetzt. Das bedeutet, sie hat entweder herausgefunden, dass unsere Schule für das Footballfeld über eine Million Liter Wasser verbraucht, oder, dass reiche Leute weniger Steuern zahlen als ihre Chauffeure, aber das bezweifle ich. Ich glaube, es geht um mich. »Und es wäre sehr schade, wenn FaceTime wieder abschmiert.«

Es geht eindeutig um mich.

»Klar, aber wir wollten gerade anfangen, das Arbeitszimmer oben zu streichen, also …«

Mein hilfsbereiter/nicht so hilfsbereiter Dad steckt seinen Kopf durch die Tür: »Weißt du was? Ich wollte sowieso noch Kaffee holen gehen, bevor wir richtig loslegen.« Dem Mann entgeht nichts.

»Toll.« Ich versuche, begeistert zu klingen. Ich liebe Maggie mehr als fast jeden anderen, aber es ist mir jetzt seit fast vier Monaten gelungen, ein ernstes Gespräch mit ihr zu vermeiden, und ich hatte gehofft, noch ein paar weitere Jahre damit durchzukommen.

Dad macht sich auf den Weg und Maggie und ich gehen ins Wohnzimmer. Bisher hat sie nur Fotos von dem Sitzsack gesehen.

»Oh mein Gott. Da passt ja eure ganze Familie rein!« Sie lässt sich mittendrin reinfallen und besteht darauf, dass ich mich mit reinsetze, also über sie klettern muss. Bevor wir uns dann auf dem Sitzsack von der Größe eines Zwergplaneten gegenübersitzen, müssen erst mal ein paar Ellbogen und Knie aus dem Weg geräumt werden.

Sie reicht mir ihr Vitaminwasser und beobachtet mich vorsichtig, als würde sie überlegen, wie sie anfangen soll. Mir wird klar, dass ich nervös bin. Wegen Maggie. Das sollte nicht so sein. »Habe ich dir erzählt, dass meine Mom neue Kunden aus Hongkong bekommt, die Drillinge haben?«, versuche ich es.

»Jackson Oates«, antwortet sie.

Mit der Flasche in der Hand halte ich kurz vor meinem Mund inne. Ich rutsche ein Stück und der Sitzsack verlagert sich. »Was ist mit Jackson Oates?«

Sie lehnt sich nach vorne und legt die Hände wie ein Dach zusammen, wie einer dieser Fernsehdetektive, der dann gleichzeitig auch Psychologe ist. »Lange Zeit habe ich gedacht, dass er dich mag und du es einfach nicht merkst.«

»Nein, er war einfach immer freundlich, wegen unserer Mütter.«

»Moment. Das dachte ich ganz zu Anfang auch. Aber dann wurde mir klar, dass das nicht stimmt. Dann dachte ich, er mag sie, sie mag ihn nicht, tut aber aus Höflichkeit so, als würde sie es nicht merken. Du bist nämlich total konfliktscheu.«

»Nein, Maggie, nur weil ich der erste Mensch war, den …«

»Geduld, meine Liebe!« Sie nimmt sich die Flasche zurück und trinkt sie leer. Maggie ist richtig in Fahrt. »Ich bin noch nicht fertig. Denn dann dachte ich, sie mag ihn, aber hat nicht gemerkt, dass er sie auch mag.« Ich verdrehe die Augen. »Aber auch das stimmte nicht, und was ich jetzt denke, ist: Er mag sie, sie mag ihn, sie weiß es auch, tut aber so, als würde sie es nicht wissen, damit sie es vermasseln kann.« Sie sagt es zwar so, als hätte sie den Fall gelöst, aber so richtig triumphierend sieht sie nicht aus. Sie sieht traurig aus. Ich zupfe an dem Kunstfell herum. Nach einem Augenblick sagt sie leise: »Was ich aber nicht verstehe, ist, warum.«

Ich könnte auf Hunderte von Arten sarkastisch darauf antworten. Aber ich sage nichts und schaue nach unten. Lange warte ich darauf, dass sie weiterredet, aber das tut sie nicht. Als ich sie schließlich wieder angucke, streckt sie die Arme aus. Wahrscheinlich habe ich sie genauso angesehen, als sie mir damals sagte, ihr Hund habe Krebs. Endlich bekomme ich etwas heraus: »Ich habe es total vermasselt.«

Und als ich anfange zu weinen, weint sie auch.

Und zum eine Million und ersten Mal in meinem Leben bin ich dankbar dafür, dass es Maggie Cleave gibt.

Es ist schwierig, jemanden in einem Sitzsack zu umarmen. Donna bekommt einen spitzen Ellbogen in die Brustwarze und mein

Kopf knallt gegen Maggies Kinn. Das Ding verschluckt uns fast. Weinen wird zu Lachen wird zu Uffen wird zu noch mehr Weinen. Jedes Mal, wenn ich ein Stück abrücken will, sinken wir noch tiefer ein oder eine von uns fällt fast raus. Aber wir klammern uns aneinander, kämpfen uns zurück in die Mitte und da sind wir, wir zwei, ein Durcheinander von Armen, Beinen und Körpern, Maggie liegt quer über mir und ich kann wieder normal atmen.

»Du hast ja ziemlich viel Zeit in diese Gedanken über Jackson und mich investiert«, sage ich.

»Ich weiß. Ehrlich gesagt war es ganz schön anstrengend.«

»Du hättest mich einfach fragen können.«

»Das habe ich versucht. Etwa vierzig Mal.«

Ich weiß, dass das stimmt. Ich habe immer gewusst, dass das stimmt. »Ich weiß sowieso nicht, was ich dann gesagt hätte.« Ich gucke zur Decke und versuche zu sortieren, was ich eigentlich will, was ich nicht will, was ich mir wünsche, wovor ich Angst habe. »Perfekt wäre es, einen Freund zu haben, der total auf mich steht, aber mich nicht wirklich berühren will.«

Maggie muss lachen. »Nein, wäre es nicht.«

Ich ziehe an ihren Beinhaaren. Fest. »Lach mich nicht aus. Ich versuche, ehrlich zu sein.«

»Tust du nicht.«

Ich werfe ihr einen wütenden Blick zu.

»Bist du nicht! Echt jetzt, Greer? Du denkst nie darüber nach, ihn zu küssen? Du stellst dir nie vor, mit den Händen unter sein Hemd zu fassen oder seine Brust zu küssen oder wie er dir diese winzigen Shorts abstreift, die zu deiner Volleyballuniform gehören? Du willst ehrlich behaupten, du willst nicht, dass Jackson Oates dich berührt?«

»Oh mein Gott«, sage ich und lege mir die Hände vors Gesicht. Habe ich schon erwähnt, dass Maggie Cleave Gedanken lesen kann? »Nein. Nein, darüber kann ich nicht mit dir reden. Ach Mann. Ich mag ihn, Maggie. Ich mag ihn wirklich. Oder mochte ihn. Oder mag ihn noch. So, so sehr. Ich weiß nicht, was ich hier mache.«

Ich lasse mich über ihre Beine fallen, die über meinen liegen, und bleibe einen Moment lang so sitzen, während Maggie mit meinen Haaren spielt. Sie sagt mir jetzt bestimmt, dass es ganz einfach ist, denn für sie ist es bestimmt einfach. Bestimmt ist es für alle ganz einfach, außer für mich.

»Ich glaube …«, fängt sie an und hört wieder auf. »Du lebst dein ganzes Leben in deinem Kopf. Ich meine, du warst schon immer ein Superhirn, aber in den letzten paar Jahren war es anders. Weißt du, wie in *Futurama*, wo sie die Köpfe von berühmten Leuten in Gläsern aufbewahren? Ich konnte dich als Kopf in einem Glas sehen.

Als du dich dann für Volleyball beworben hast, dachte ich zuerst, wie soll das denn gehen? Aber als ich begriffen habe, dass es dir ernst ist, habe ich mich so gefreut! Besonders wenn ich dich nach dem Training gesehen habe, als wärst du endlich aus deinem Glas rausgekommen. Du warst verschwitzt und müde und hast gemüffelt (nicht böse gemeint), aber du warst auch irgendwie, ich weiß nicht, entspannt. Locker. Glücklich? Das klingt verrückt, aber als du das erste Mal vom Volleyball zurückgekommen bist, dachte ich, du wärst gewachsen. Ich meine, deine Körperhaltung ist noch immer grauenvoll (nicht böse gemeint), aber wenn du kurz vorher gespielt hast, stehst du gerader.«

Wir reden ewig und Maggie versucht mir die Haare zu flechten, aber eigentlich verknotet sie sie nur. Dad ruft mich nicht nur nicht zum Streichen, er bringt uns sogar genau das Richtige aus dem Coffeeshop mit. Kakao für mich, Soja Mokka Latte für Maggie. Mein Dad ist ein guter Mensch und ein guter Mensch weiß, wenn das, was man gerade braucht, eine gute Freundin ist.

Wie sich herausstellt, behauptet Maggie gar nicht, dass es einfach ist. Sie sagt mir, dass es schwer ist. Es ist schwer, weil sie weiß, wer ich bin. Aber sie sagt mir auch, dass es leichter wird.

»Vergiss Jackson mal kurz. Denk an einen geheimnisvollen Mann. Stell dir vor, alles läuft super zwischen euch und aus irgendeinem Grund regst du dich nicht über deine Brüste auf. Und dann stellt sich heraus, dass der Typ ein Muttermal hat.« Ich starre sie wütend an. »Aber es ist kein normales Muttermal. Es sieht aus wie ein Hakenkreuz. Und da er weiß, dass du halb jüdisch bist, sorgt er dafür, dass du es nie siehst, weil ihm das so peinlich ist. Was machst du?«

»Ich schicke ihn zum Hautarzt, denn das klingt wie ein medizinisch sehr auffälliges Muttermal.«

»Ach, komm, Greer. Ist er dir so wichtig, dass das Muttermal keine Rolle spielt?«

»Vergleichst du gerade meine Brüste mit einem Nazi-Muttermal?«

»Ich finde nicht, dass deine Brüste ein Nazi-Muttermal sind. Aber ich glaube, *du* denkst das. Und übrigens, falls du es nicht mitbekommen haben solltest, die meisten heterosexuellen Männer halten große Brüste für etwas sehr Positives.«

»Sie müssen damit ja auch nicht Volleyball spielen.«

»Würden sie aber gerne.«

Ich zwicke sie leicht. »Aber was willst du mir damit sagen? Dass ich mit jemandem ausgehen würde, obwohl er ein komisches Muttermal hat? Das ist nicht dasselbe, Maggie.«

»Ich weiß, dass es nicht dasselbe ist. Niemand hat dasselbe. Aber alle haben *irgendwas*.«

»Ich glaube nicht, dass Nella Woster irgendetwas hat.«

»Ich wusste, dass du das sagen würdest. Du bist geradezu verliebt in sie.«

»Das Problem ist folgendes. Was ist, wenn mir das Muttermal egal ist? Vielleicht machen mich komische Muttermale sogar an. Aber was ist, wenn er nicht will, dass ich es sehe oder berühre, es aber immer im Weg ist, und jedes Mal, wenn ich ihm zu nahe komme, dreht er durch, weil er denkt, ich drehe durch?«

»Okay, dann sagen wir mal, er hat einen richtig krummen Penis.«

»*MAGGIE!*«

»Wenn es wirklich so laufen würde, wie du befürchtest, dann würdest du das Muttermal nicht anfassen. Nicht, bis er dafür bereit wäre.«

»Und was ist, wenn ich nicht so lange warten will?«

»Dann wärst du nicht die Richtige für ihn. Und das würdet ihr beide herausfinden.« Sie nimmt meine Hand und drückt sie. »Aber Greer? Ich glaube, du wirst wollen, dass er deine Muttermale berührt. Und mit Muttermalen meine ich …«

»*MAGGIE!*«

* * *

Bevor Maggie geht, erfahre ich alles über Rafa, dass er gar nicht so schüchtern ist wie gedacht und dass er gerade ein Musical schreibt, von dem sie hoffen, es nächstes Jahr mit dem Theaterkurs aufzuführen. Sie nimmt mir das Versprechen ab, dass ich sie beim nächsten Jackson nicht ausschließe. Ich nehme ihr das Versprechen ab, dass sie mir deswegen keinen Druck macht – und sie tut so, als würde sie so was sowieso nie machen. Ich will nicht, dass es einen nächsten Jackson gibt. Ich will nur, dass es diesen Jackson gibt.

»Wir haben Milch da, wenn du willst.« Als ich von der Schule nach Hause komme, kann ich Tyler hören. Es ist Mittwoch, Moms Yoga-Tag. Er hat wohl einen Freund zu Besuch.

Ich biege um die Ecke und sehe Quinlan vor einer Schüssel Bio-Choco-Krispies sitzen (Schoko-Knusper aus zertifiziertem gluten-freiem Maismehl und mit echtem Ahornzucker). »Mandelmilch oder Sojamilch?«

»Einfach, äh, normale Milch?«, antwortet Tyler.

»Kuhmilch?«

»Ich glaube schon?« Kann es sein, dass mein Bruder nicht weiß, wo die Milch herkommt?

»Okay, nur dieses eine Mal.«

Tyler stellt den Krug neben sie. Er wirft mir einen kurzen Blick zu. Quinlans Finger sind so bleich und dünn, dass sie unter dem Gewicht des Krugs zu zerbrechen scheinen. Sie gießt sich einen dünnen Strahl ein, bis das Schoko-Knusper am oberen Rand der Schüssel schwimmt.

»Hi, Quin.«

Sie sieht mich und ihr Gesicht leuchtet auf. »Du bist zu Hause! Ich habe auf dich gewartet!«

Ich erwarte Mom und Melinda zu hören, aber das Haus ist still, abgesehen von dem knuspernden Schoko-Knusper, das in Quins Schüssel herumschwappt. »Ist deine Mutter auch hier? Oder dein Bruder?« Nun sind es schon Wochen, seit Jackson und ich uns aus dem Weg gehen. Wenn wir es mal nicht schaffen, tauschen wir nur ein schwaches »Hallo« aus. Sollte er also hier sein, dann versteckt er sich bestimmt.

»Nein.« Sie schaufelt Schoko-Knusper auf ihren Löffel und leckt einen Tropfen Milch von der Rückseite.

»Haben sie dich hier abgesetzt?« Ist Tyler jetzt zum Babysitter aufgestiegen? Der Junge schafft es ja kaum, sich nicht mit der Fernbedienung hinzurichten.

»Ich bin mit dem Schulbus gefahren.« Sie klaubt ein Stück Knuspermüsli aus ihrer Schüssel und knabbert daran, als bräuchte man für jedes drei oder vier Bissen. Ich werfe einen Blick ins Wohnzimmer. Brummbär und seine sechs Brüder stehen sicher im Bücherregal.

»Dein Bus hat dich heute hier abgesetzt?«

»Quinlan ist mit unserem alten Bus gekommen«, meldet sich Tyler zu Wort, als hätte er nur darauf gewartet, das zu verraten. »Sie hat die Schul-App benutzt, um herauszukriegen, wer bei uns in der Nähe wohnt, und ist dann Pia Katz gefolgt.« Seine Augen sind weit aufgerissen, wie um mir verschlüsselt zu verstehen zu geben, dass das Kind völlig gaga ist. Er hat ihr immer noch nicht wegen der Kopfhörer verziehen. Ich möchte Tyler sagen, dass ein Kind, das schlau genug ist, uns zu orten, ihn schon längst umgebracht hätte, wenn es gewollt hätte. Er weiß nicht, was ich weiß. Sie ist kein Psycho. Sie ist einsam.

»Dann bist du also allein hier?«, sage ich. »Hast du deiner Mutter gesagt, wo du hingehst?«

»Ich habe dein Buch zurückgebracht.« Sie rutscht vom Stuhl, öffnet ihren Rucksack und gibt mir *Das Geheimnis von NIMH*. Hinten steckt ein zusammengefaltetes Papier zwischen den Seiten, wie ein behelfsmäßiges Lesezeichen.

»Danke, Quinlan. Du hättest mir das nicht zurückgeben müssen.« Ich merke, dass ich das auch wirklich so meine.

»Mir hat es gut gefallen«, sagt sie und dann, ohne ersichtlichen

Grund, fängt sie an zu weinen. Ihr Gesicht verzieht sich und die Tränen laufen. Von einer Sekunde auf die nächste verwandelt sie sich von einem entlaufenen Superhirn zu einem traurigen, verletzten kleinen Mädchen. Hilflos tauschen Tyler und ich einen Blick aus.

»Mann, Greer, lass es sie doch behalten«, schimpft Tyler. Aber worum es hier auch geht, es hat nichts mit dem Buch zu tun.

»Quin, was ist los? Ist etwas in der Schule passiert? Tyler, hol mal Taschentücher.« Tyler ist froh, eine Aufgabe zu haben, bei der er nicht mit einem schluchzenden Kind sprechen muss. *Und ruf Mom an*, sage ich lautlos, während ich mich neben sie hocke.

Sie wirft ihre Arme um mich und ich falle auf meinen Hintern. Als Tyler mit einer Schachtel Taschentücher zurückkommt, sitze ich auf dem Küchenfußboden mit Quinlan auf dem Schoß, die in meinen Hals weint. Sie ist lang und knochig, versucht sich aber ganz klein zu machen. »Alles wird gut, Kleine.« Ich habe keine Ahnung, was *alles* ist, deswegen weiß ich nicht, ob es gut wird. Aber wie schlimm kann es schon sein, oder? Sie ist in der dritten Klasse. Wahrscheinlich war jemand in der Mittagspause gemein zu ihr. Oder das Klassen-Meerschweinchen hat sich mit einem anderen Kind zusammengetan.

»Ich will nicht weg«, sagt sie und schnieft. »Ich will nicht weg.« Sie keucht und schluchzt. Zitternd drückt sie sich eng an meine Brust. Sie hält mich ganz, ganz fest, aber so unbequem es auch ist, ich lasse sie.

»Du kannst bleiben«, sage ich. »Wir rufen deine Mutter an. Fragen sie, ob sie dich später abholen kann.« Jetzt weint sie noch mehr. »Wir suchen uns noch ein paar Bücher aus. Ich habe sehr, sehr viele Bücher. Kennst du die *Fabelheim*-Reihe? Die habe ich geliebt.« So dünn und zerbrechlich hockt sie da in meinem Schoß. Und so, so traurig. Ich würde ihr all meine Bücher geben, Brummbär und eine von Tylers Nieren, wenn sie das glücklich machen würde. Aber sie reagiert nicht auf das, was ich sage. Sie hört mich gar nicht.

»Ich möchte nicht wieder weg«, sagt sie. »Mir gefällt es hier.«

»Ich weiß, Schätzchen, wir rufen deine …«

»Ich mag euch.«

»Wir mögen dich auch …«

»Ich will nicht nach Ha-Hamsterdam«, heult sie.

»Du willst was nicht?«

»Ich will nicht nach Amsterdam ziehen. Ich will in dem Haus bleiben, wo wir jetzt wohnen.«

Mir wird von Kopf bis Fuß ganz schlecht. »Was meinst du mit ›nach Amsterdam ziehen‹? Quin?«

Sie setzt sich auf und ich sehe sie an. Ihre Augen und ihre Nase sind rot und auf ihrem Porzellangesicht sind nasse Spuren. Ihr Pferdeschwanz hat sich halb aufgelöst, wie ein flaumiger weißblonder Heiligenschein. Sie wischt sich die Nase mit dem Handrücken ab. »Und in meiner Klasse ist ein richtig nettes Mädchen, die heißt Avery und sie hat gesagt, sie lädt mich zu ihrem Geburtstag ein, aber der ist erst im Juli, deswegen kann ich noch nicht mal auf eine Geburtstagsparty. Ich war schon das ganze Jahr auf keiner Geburtstagsparty.«

Und ich verstehe. Mein Bauch füllt sich mit nassem Zement. Er sickert in all meine Organe und zwischen meine Organe und wird auch schon fest. Erschrocken beobachtet der kleine Schmetterling, wie seine Beine darin versinken. Die Panik verwandelt sich in eine Last, die immer schwerer zu werden scheint.

Es ist so, wie Dad gesagt hat. Sie ziehen um. Wieder. Dieses Mal nach Amsterdam. Ich weiß nicht, wann, aber auf jeden Fall vor der Geburtstagsparty der netten Avery. Vor der elften Klasse. Bevor ich genug Zeit hatte, um meine Freundschaft mit Jackson wieder zu flicken und mit ihm noch mal von vorne anzufangen, oder bevor ich mich selbst davon überzeugen kann, dass ich das überhaupt nicht will. Ich lege meine Arme um das Elfenmädchen und halte sie ganz fest. Ihretwegen und meinetwegen.

Die Geflüchtete sitzt auf dem Schoß ihrer Mutter und hat meine mexikanische Puppe Josefina im Arm und einen Stapel Bücher zu ihren Füßen. Ihre Augen sind noch rot, aber sie weint nicht mehr. Ich habe Melinda angerufen, und als Mom nach Hause kam, ist sie mit uns zu ihr hingefahren. Die Wiedervereinigung haben wir schon hinter uns gebracht, bei der Melinda mit Quinlan geschimpft hat, weil sie einfach verschwunden ist, und die Walshes hoch gelobt hat, weil wir uns um sie gekümmert haben.

Ben habe ein Jobangebot aus Amsterdam, erzählt sie uns, habe sich aber noch nicht entschieden. Es sei »ein sehr gutes Angebot«, was wohl bedeutet, dass er Billionen von Dollar gezahlt bekommt, was wohl bedeutet, dass er Ja sagen wird.

»Ich glaube, Quinlan will nicht, dass er es annimmt«, sage ich. Obwohl die damit beschäftigt ist, Josefinas Haare zu flechten, nickt sie zustimmend.

»Ach, Quinny macht sich nur Sorgen, dass sie die Geburtstagsparty verpasst.« Melinda drückt Quins Schultern. »Ich habe ihr aber gesagt, dass wir stattdessen dann ins Disneyland Paris fahren können, für ein ganzes Wochenende.«

»Aber Avery kann dann nicht mit und die hat doch Geburtstag.«

»Ich weiß, Schätzchen. Aber vielleicht freundest du dich ja mit einem Mädchen in Amsterdam an!« Quin sieht mich an und zieht die Nase kraus. Melinda redet weiter: »Kinder gewinnen immer so schnell neue Freunde.« Sie hält kurz inne und sagt dann: »Nun, Jackson gewinnt immer schnell neue Freunde.«

Der Zementblock in meinem Bauch wird um zehn Kilo schwerer. Jackson gewinnt immer schnell neue Freunde; was sie aber nicht sagt, ist, dass er sie genauso schnell wieder verliert. Das habe ich erst jetzt verstanden.

Ich würde gerne wissen, was Jackson zu dem Umzug gesagt hat – wie zum Beispiel, dass er lieber in den Müllcontainer hinter dem Kopernikus-Café ziehen würde, als mich und die Kennedy Highschool zu verlassen –, aber Quinlan steht vor mir und stupst mich mit dem Bein von Josefina an.

»Greer, kommst du mit in mein Zimmer und guckst dir was an?«

»Klar«, sage ich, weil ich eigentlich sowieso nicht wissen will, was Jackson zu seiner Mutter wegen des Umzugs gesagt hat.

Während ich Quinlan nach oben folge, höre ich Mom sagen: »Ich habe immer gedacht, dass es bestimmt Spaß macht, in Europa zur Schule zu gehen!«

Jacksons Tür steht auf, aber in seinem Zimmer ist es still. Er trainiert gerade mit der Baseballmannschaft, hat Melinda gesagt. Ob er ihnen wohl erzählt hat, dass er zu Saisonbeginn vielleicht gar nicht mehr da ist?

Quin hat auch zwei Puppen, eine mit einem Strohhut und eine mit Fechtmaske und Florett. Sie zieht die mit dem Strohhut von einem Pferd und setzt stattdessen Josefina drauf. Richtig so, denke ich, schließlich kommt Josefina von einer Ranch. Bei mir zu Hause hatte sie nur einen Stoffseelöwen. Hier wird sie glücklich sein.

Was sie wohl in Hamsterdam von Quins Puppen halten werden?

Was immer Quin mir zeigen wollte, sie hat es vergessen, weil sie damit beschäftigt ist, das Puppenzeug neu zu verteilen. Ich wandere durch ihr Zimmer. Es ist noch voller als letztes Mal. Sie könnte in einer Doku über das Messie-Syndrom auftreten.

Auf ihrer Kommode fallen mir bunte Klümpchen ins Auge. Sie sehen aus wie Knete, aber als ich eins anfasse, scheint es aus Plastik zu sein.

Ich weiß, was das ist. Das ist Fimo. Man bekommt es im Bastel-laden. Es ist eigentlich ein weiches Material, das aber hart wird, wenn man es in den Ofen legt. Maggie und ich haben in einem Sommer mal versucht, Perlen zu machen, aber es hat nicht geklappt.

Quin hat ganz viele kleine Sachen hergestellt, manche sind zu erkennen, andere nicht. Es gibt ein rosa Kätzchen und etwas, das wohl ein Frosch sein soll. Vieles sieht aus wie gekauter Kaugummi. Da fällt mir etwas Vertrautes ins Auge. Vielleicht nicht ganz ver-traut, aber erkennbar. Ein kleiner Mann mit einem spitzen Hut und mit etwas, das wie ein langer weißer Bart aussieht. Es ist Brummbär. Sie hat sich den Zwerg Brummbär gemacht.

Ich gehe den ganzen Haufen durch und finde noch mehr Zwer-ge und eine dünne Figur mit einem blau-roten Kleid, einem wei-ßen Kopf und schwarzen Haaren. Sie hat sie alle nachgemacht, mit Fimo. Das ist bemerkenswert. Nicht die Figuren an sich, die sind nicht besonders gut, sondern dass sie sie überhaupt gemacht hat.

Ich nehme ein weiteres Klümpchen in die Hand. Jetzt, da ich verstehe, was sie da gemacht hat, sind sie leichter zu erkennen. Das hier ist ein Tennisschläger auf einem Klotz: Jacksons Tennis-Pokal von seinem Bücherregal. Ein kleiner Leguan. Ich wäre nie darauf gekommen, dass dieser gesprenkelte, zerflossene Murks ein Lego-Boot mit Batman ist, wenn ich es nicht kennen würde, aber ich bin mir ganz sicher. Eine Miniaturversion von Jacksons Sammlung.

Ich stelle alle in mehreren geraden Reihen auf. Und ich finde, was ich suche: einen winzigen Kaffeebecher. Ich kann mir vorstellen, wie ihre kleinen Finger den winzigen Henkel gerollt haben. Einen Moment lang verstehe ich Quin ganz und gar, denn es fällt mir schwer, den Becher nicht in meiner Tasche verschwinden zu lassen.

Auch die Dinge, die ich nicht wiedererkenne, haben bestimmt ein Gegenstück im wirklichen Leben. Also hat Quinlan auch eine Sammlung, nur ist ihre Sammlung eine Sammlung von Sammlun-gen. Eine Miniaturkopie anderer Leute Leben.

»Hast du schon mal was mit Fimo gemacht?«, fragt sie. Sie steht jetzt neben mir und lehnt ihr Elfengesicht gegen meinen Arm.

»Ich hab's versucht. Aber es ist mir nicht so gut gelungen wie dir.« Jetzt habe ich alles in Reihen aufgestellt.

»Nicht?«

»Nee. Ich habe nur kleine Kugeln gemacht.«

»Wofür?«

»Es sollten Perlen werden, aber die Löcher sind im Ofen wieder zugegangen.«

Quin rückt meine Reihen gerade, gleicht den Abstand zwischen Kätzchen und Volleyball aus. »Was wolltest du damit machen?«

»Maggie und ich wollten Armbänder machen. Und dann hat Tyler ein paar davon gegessen.« Quinlan keucht und kichert. »Es war nicht seine Schuld. Er war noch klein und sie sahen aus wie Bonbons. Wenn du es nicht besser wüsstest, dann würdest du das hier doch auch essen, oder?« Ich halte ein dickes lila Herz hoch, das zu dem Monsterfell-Kissen auf ihrem Bett passt. Quin nimmt es mir weg und stellt es wieder in seine Reihe. »Also hat meine Mom sie weggeschmissen.«

Quin denkt einen Moment lang darüber nach. »Ich lasse nicht zu, dass meine Mutter Sachen wegwirft.«

Ich schaue mich in ihrem chaotischen Zimmer um, mit seinen überlaufenden Behältern und vollgepackten Regalen und Bergen von Kleidern und Stofftieren und Stapeln von Spielen, die keiner mit ihr spielt. Es ist nicht zu übersehen, dass niemand hier je etwas weggeworfen hat. Der Umzugswagen muss von Mal zu Mal größer werden. Wenn man ständig umzieht, versucht man die Welt mit umzuziehen.

Außer man ist Jackson. Dann macht man das Gegenteil. Dann lässt man alles zurück.

»Du hast wirklich ganz schön viel Zeug«, sage ich.

»Danke«, sagt Quin, als wäre das ein Kompliment.

64

Jackson sitzt auf dem Boden und lehnt gegen meinen Spind. Es ist weit und breit niemand anderes so früh hier zu sehen. Ich wollte vor dem Klingeln im Mathekurs in Sicherheit sein (Mom hat mich gefahren). Das muss er geahnt haben, denn hier ist er und sieht aus, als hätte er hier geschlafen.

Vor ein paar Wochen wäre ich noch über und über rot geworden. Jetzt wird der Zementblock in meinem Bauch noch härter und schwerer.

Aber trotzdem, der blöde Schmetterling schlägt wieder und wieder gegen die Wand, einhundertfünfzig Mal in der Minute. Er versteht nicht, dass es keinen Sinn macht. Hat es noch nie.

Weder für den Schmetterling. Noch für mein Herz.

Er hat mir gestern Abend eine Nachricht geschrieben: Quin sei ihm zuvorgekommen, sonst hätte er es mir selbst gesagt. Es stehe noch nicht endgültig fest, deshalb sollte es auch noch keiner wissen. Wenn die Leute mitbekommen, dass man im nächsten Schuljahr nicht wiederkommt, meinte er, würden sie sich nicht mehr mit einem abgeben.

Meine Antworten waren:

Kein Problem.

Verstanden.

Trauriges Emoji-Gesicht, geheuchelt.

Das traurige Emoji-Gesicht ist einfach ein trauriges Emoji-Gesicht. Es gibt kein besonderes Emoji für ein geheucheltes trauriges Gesicht. Nur ich wusste, dass es geheuchelt war.

Er hat noch andere Sachen geschrieben. Aber nichts davon war: »Ist das scheiße«, oder: »Ich hasse meine Eltern«, oder: »Lass uns zusammen nach Stockholm abhauen und zur Verleihung des Nobelpreises für Physik gehen.« Nichts davon war das, was ich eigentlich hören wollte.

Ich wäre weniger enttäuscht, wenn ich wüsste, dass er enttäuschter wäre. Was ich am liebsten geschrieben hätte, ist:

> Dann geh endlich. Du bist eine
> Fata Morgana, die zehn Sekunden
> währt, während ich vier Jahre auf
> dieser blöden Schule verbringen
> muss. Alles war leichter, bevor du da
> warst. Und wenn du weg bist, werde
> ich wieder nur die Dinge machen,
> die ich gut kann, und dazu gehörst
> nicht du.

Natürlich habe ich das nicht abgeschickt, sondern stattdessen ein GIF einer Kuh, die mit den Schultern zuckt, und dann bin ich ins Bett gegangen.

Und nun sitzt er da gegen meinen Spind gelehnt und ich kann ihm nicht einfach eine Kuh schicken. Er besteht nur aus gebeugten Armen und Beinen und sieht aus wie ein dünnes M. Wenn ich so sitzen würde, dann würden Donna und Doria den ganzen Platz zwischen meinem Körper und meinen Knien ausfüllen. Ich wäre ein ausgemaltes O.

Ich schwebe über ihm und warte darauf, meinen Spind öffnen zu können.

»Meine Mutter wollte, dass ich dir das gebe«, sagt er. Er gibt mir eine Papiertüte. »Als Dank dafür, dass du dich gestern um Quinlan gekümmert hast. Sie ist noch nie abgehauen.« Die Tüte ist warm. Darin sind frisch gebackene Blaubeer-Scones.

Sie duften so wie ein Frühlingsmorgen auf einem Berg nach dem Aufwachen. Natürlich in einer feinen Unterkunft, nicht richtig draußen, wo ein Bär dich zerfleischen und deinen Scone essen würde. Zumindest weiß ich jetzt, was seine Mom von mir denkt: nettes Mädchen mit großem Appetit. »Sag ihr Danke.«

Ich warte geduldig, bis er aufgestanden ist und aus dem Weg geht, packe meine Bücher in den Spind und frage mich, was ich als Nächstes sagen soll. Viel Glück in Amsterdam? Ich hoffe, die Relocation-Spezialisten da sind goed?

»Das hier sollte der letzte Umzug sein, bis Quin mit der Schule fertig ist. Das haben sie gesagt, als wir aus Cleveland weggezogen sind. Und das habe ich auch geglaubt.« Ich warte noch immer darauf, dass er sagt, er wird etwas dagegen unternehmen. »Aber mein Dad sagt, so eine Chance bekommt er nie wieder«, ergänzt er.

Mein sarkastisches Naserümpfen ist unbeabsichtigt. *Also bitte. Es ist nicht so, als wäre dein Vater Diplomat.*

Wir sprechen wieder miteinander, bloß fühlt sich das hier schlimmer an, als nicht miteinander zu sprechen. Ich muss locker bleiben. Ich muss beweisen, dass mir das alles nichts ausmacht. Wenigstens um mich selbst zu überzeugen. Wegen der Schwere in meinem Bauch habe ich überhaupt keinen Appetit, aber ich will so aussehen, als könnte ich essen. Ich nehme mir einen Scone aus der Tüte. »Amsterdam klingt cool. Und dann kannst du deine Sammlung mit einem weiteren Andenken ergänzen.«

»Ich habe keine Sammlung.«

»Natürlich hast du das. Auf deinem Bücherregal. Du kannst einen Holzschuh dazustellen oder einen Van-Gogh-Schlüsselanhänger. Ich weiß nicht, was es da sonst noch gibt. Vielleicht gibt es in Den Haag Magneten mit Kriegsverbrechern!« Ich versuche es wirklich. Versuche lustig zu sein. Denn jetzt ist der Druck raus. Ich schlucke ein Stück Scone, das wegen der ganzen Zement-Sache aber zum größten Teil in meiner Kehle stecken bleibt.

»Wovon redest du?«

»Den Niederlanden?«

Der Druck ist nicht raus. Ich kann nicht neben ihm stehen und so tun, als wäre ich nicht enttäuscht und wütend und beschämt. Ich habe diese Raupe von einer Vorstellung reingelassen, der Vorstellung von Jackson und mir, und sie hat sich eingenistet und ist geschlüpft und gewachsen und hat ihre Flügel ausgebreitet und dann habe ich sie in Zement ertränkt.

Ich gehe weiter Richtung Mathe und Jackson geht mir hinterher.

»Und, bist du bereit für den Winterball am Wochenende? Ich habe gehört, es werden Tanz-Pokale verliehen, und du bist mit deinen Pokalen doch im Rückstand, oder?« Nicht einmal ein Lächeln. »Gehst du mit Elliana hin? Sie tanzt doch bestimmt gut.« Ich hasse es, ihren Namen auszusprechen.

»Nein.« Er klingt überrascht, als wüsste er nicht, wie ich auf die Idee gekommen bin. Sie schwirrt die ganze Zeit durch meinen Kopf. Ganz einfach. »Ich treffe mich nur mit ein paar Leuten da.«

»Cool. So macht's am meisten Spaß«, sage ich. Ich wette, die Mädchen werden vor ihm regelrecht Schlange stehen, wie in einer Folge von *Der Bachelor*. »Oder vielleicht findet bei den Erfrischungen auch ein Treffen der Dichter wehmütiger Gedichte statt«, versuche ich es.

»Klar.« Es funktioniert nicht. Er macht nicht mit. Die Flure füllen sich. Eine Menge Leute nicken oder winken Jackson auf unserem Weg zur ersten Stunde zu. Wir gehen an Mena und Khloe vorbei, die neugierig die Augenbrauen heben. Sie haben ja keine Ahnung.

Als gerade keiner um uns rum steht, greift Jackson nach meinem Arm. »Greer, kannst du mal kurz anhalten?« Er wendet sich mir zu und holt tief Luft. »Ich weiß nie, was du ...«

Griffin Townsend läuft an uns vorbei und ich sehe, wie sein Blick von meinem Gesicht zu meiner Brust wandert, nur für eine Sekunde. Ich folge seiner Blickrichtung und sehe einen Scone-Krümel auf meinem Sweatshirt. Doria hat ihn aufgefangen.

Ich wische ihn weg und er hinterlässt einen grellen violetten Fleck auf meiner Brustwarze. Ich wische noch einmal und der Fleck wird größer, verschmiert über meine ganze Brust. Ich gucke auf meine Hand und sehe, dass sich meine Fingerkuppen violett verfärbt haben.

Meine Brust ist eine Zielscheibe. Eine violette Zielscheibe. Als hätte der Dinosaurier aus *Barney und seine Freunde* mich begrapscht. Ich rubbele mit meinem Ärmel, aber es wird immer schlimmer.

Ich gerate in Panik. Ich könnte zum Klo rennen und versuchen es auszuwaschen, aber es sind Blaubeerflecken und dann hätte ich eine nasse violette Brustwarze. Kyle Tuck und seine Freunde werden denken, dass ich plötzlich Traubensaft absondere.

Ob ich Mom anrufen und sie bitten kann, mich abzuholen? Und gilt ein Busenfleck als entschuldigtes oder unentschuldigtes Fehlen? Soll ich mir den ganzen Schultag über ein Heft vor die Brust halten? Das habe ich schon mal gemacht.

Nein, Moment! Meine Jacke! Es wird heiß und seltsam, mit meiner Winterjacke im Unterricht zu sitzen, aber ich sage einfach, mir wäre kalt.

Ich schlängele mich durch die Schüler hindurch und eile zurück zu meinem Spind. Ich reiße die Tür auf, schlüpfe in die Jacke und bin wieder in Sicherheit. Als ich die Tür wieder schließe, bin ich überrascht, dass Jackson mir gefolgt ist. Er steht einfach da.

»Tut mir leid. Was wolltest du sagen?«

Um uns herum knallen die Leute ihre Spindtüren auf und zu,

eilen in den Unterricht und noch immer sagt Jackson nichts. Ein paar Minuten lang ist es so laut, da ist es egal, dass wir nicht reden, denn alle anderen reden gleichzeitig. Dann klingelt es zum ersten Mal und es wird leiser, die Schüler verschwinden in den Klassenzimmern, wir nicht. Ich warte auf ihn und weiß nicht, worauf er wartet. Meine Jacke knistert, als ich von einem Fuß auf den anderen trete.

Wir stehen so lange da, dass die Flure wieder leer sind.

»Ich gehe jetzt einfach«, sagt er.

Ich weiß nicht, ob er damit meint, dass er jetzt zu seinem Deutschkurs geht oder in die Niederlande, und mir wird klar, dass es nicht wirklich einen Unterschied macht. Als er den Flur hinuntergeht, fühlt es sich an, als würde jemand mit einem Vorschlaghammer gegen den Zementblock in meinem Bauch schlagen. Der herumrieselnde Staub und die Leichenteile des toten Schmetterlings machen es mir schwer zu schlucken.

Was habe ich mir denn vorgestellt? Dass er sich an meinen Parka schmeißt und mir sagt, dass er wahnsinnig in mich verliebt ist? Und wenn wir dann quer über den Atlantik über FaceTime kommunizieren, stelle ich den Laptop so hin, dass meine Brüste nicht im Bild sind? Und Maggie würde falschliegen, weil ich dann genau das bekommen würde, was ich angeblich haben will?

Tja, das habe ich mir nicht *nicht* vorgestellt.

»Weißt du«, sage ich und meine Stimme ist laut und zittert. Er bleibt stehen und dreht sich um, »nicht alle können einfach so von Ort zu Ort rennen, bis sie den Menschen finden, den sie mögen.«

Sein Adamsapfel bewegt sich wie wild auf und ab, als würde er denselben Staub schlucken wie ich. Seine Augen verengen sich und eine Sekunde lang überlege ich, was ich getan habe. Dann verhärtet sich sein Kiefer, so wie wenn er Quinlan anknurrt.

»Und wir können uns nicht alle unter einem Sweatshirt verstecken, wenn uns unser Leben nicht gefällt.«

Und dann geht er davon, schneller, als manche Menschen rennen. Selbst von hinten kann ich sehen, dass er sich über die Augen wischt. Ich verstehe nicht, was da gerade passiert ist, aber ich verstehe, dass ich verletzt und wütend bin und dass Jackson auch verletzt und wütend ist, und ich weiß nicht, wie ich es für uns beide wieder in Ordnung bringen kann. Und das macht mich noch wütender.

Letztes Jahr sind wir alle nach Boston gefahren, als Dad dort auf Geschäftsreise war. Mom hat uns auf einer Bootstour zur Walbeobachtung angemeldet. Manchmal fährt man raus aufs Meer und sieht gar nichts, aber als wir die Tour gemacht haben, war es ein absolutes Wal-Festival. Unendlich viele Wale, die auftauchten, abtauchten, Luft ausstießen – alle Greatest Hits der Wale – genau neben unserem Schiff. Die unter Sechzehnjährigen an Bord mussten eine Rettungsweste tragen, aber keine davon ließ sich über meiner Brust schließen. Ich beschloss, dass ich nah genug dran war an der Sechzehn, um es sein zu lassen. Bestimmt könnte ich lange genug Wasser treten, bis mich jemand entdeckte, sollte ich über Bord gehen. Der Erste Offizier war da anderer Meinung. Er hat eine schmuddelige alte Jacke für mich aufgetrieben, die bestimmt auch einem Wal gepasst hätte, und der Kapitän hat die Tour erst begonnen, als ich sie anhatte. Das Ding war so riesig, dass ich bestimmt rausgetrieben und von den Gurten erwürgt worden wäre, hätte die *Delphin IV* einen Zusammenstoß mit einem Eisberg gehabt.

Meine Brüste waren also nicht nur nervig und peinlich, sie hätten mich vielleicht sogar umgebracht. Ich stand die ganze Zeit an der Reling und war sauer, anstatt die Wale zu bewundern; anstatt zu kichern, wenn ein Spritzer aus dem Atlantik auf den Kameras landete; anstatt mich schuldig zu fühlen, als der Reiseführer erzählte, in welcher Gefahr diese uralten und majestätischen Säugetiere durch den Klimawandel wären. Ich stand einfach da und war wütend. Wütend über die blöden Vorschriften der Küstenwache.

Wütend auf den Kapitän, weil er sie umsetzte. Wütend auf die Rettungswesten. Wütend auf Tyler, weil seine ihm passte. Wütend auf die verdammten Wale, weil sie so angaben und es ihnen scheißegal war, wie lächerlich groß und blöde sie aussahen, während sie sprangen und planschten und sich amüsierten.

Aber am meisten war ich wütend auf mich selbst.

Wütend auf die Zwei.

Auf dem Foto von Tyler und mir, in dem hinter uns ein Wal durchs Bild springt, lächele ich noch nicht einmal.

Und genauso wütend bin ich jetzt auch.

Ich habe noch immer einen von Melinda Oates' perfekten Blaubeer-Scones in der Hand und werfe ihn mit voller Kraft gegen den Spind gegenüber. Er zerplatzt in eine Million Stücke und hinterlässt eine violette Spur auf der Tür. Und ich koche in meinem Parka, während ich ganz allein zu Mathe gehe.

65

Wir spielen gegen Ironwood, ein harter Gegner, und uns fehlen zwei unserer stärksten Spielerinnen. Es ist das letzte Spiel der Saison und die Trainerin hat Jessa gebeten, in der A-Mannschaft mitzuspielen, für sie eine tolle Chance, für uns aber nicht ganz so toll. Sylvie hat Pfeiffersches Drüsenfieber, ist aber gekommen, um zuzugucken, und sitzt bei der A-Mannschaft. Es bleiben also nur Nasrah, Kate Wood und ich, um alles zusammenzuhalten. Keine von uns darf jetzt ausfallen. Bei dem Spiel vor zwei Wochen wäre sogar die beste Volleyballspielerin der Welt, Misty May-Treanor, stolz auf uns gewesen. Heute können wir von Glück reden, wenn die Gegner uns nicht komplett zerstören.

Die Sporthalle ist brechend voll. Alle Eltern und Freunde, die bisher die Saison verpasst haben, sind zu diesem Spiel gekommen. Außerdem war gestern das letzte Basketballspiel, Unsere Sportart ist also die einzige, bei der noch was passiert. Rafael und Maggie sitzen zwei Reihen vor Mom, Dad und Tyler. Max und ein paar seiner Freunde sind da, aber natürlich kein Jackson. Und massenhaft Leute in Lila, die Ironwood unterstützen.

Während ich mich aufwärme, bin ich fest entschlossen, konzentriert zu bleiben, aber immer wieder geht mir das Gespräch mit Jackson heute Morgen durch den Kopf, besonders der Teil mit dem Sweatshirt. Er hat ja keine Ahnung. Es muss einfach sein, Jackson zu sein.

Ich ziehe an meinem Trikot, bekomme die Rotation während der Aufwärmübung nicht mit und kriege einen Ball an den Kopf.

So viel zu meiner Konzentration. Jessa ist mit der A-Mannschaft außerhalb des Spielfeldes, macht aber trotzdem ein Was-war-das-denn-Gesicht, das ich schon länger nicht gesehen habe.

Ich bin froh, dass ich nicht auf der anderen Seite des Netzes stehe, denn der Ironwood-Trainer hört nicht auf, seine Spielerinnen anzubrüllen. Einmal reißt er einem Mädchen die Wasserflasche aus der Hand und spritzt ihr damit ins Gesicht. »Habe ich dir erlaubt, was zu trinken?«

Wir nehmen unsere Positionen ein. Ich muss mich konzentrieren, auch wenn ich es nicht gewohnt bin, vor so viel Publikum zu spielen. Ich lasse meinen Blick über die Tribüne schweifen. Es sind massenhaft Leute da, die ich nicht bei einem Spiel erwartet hätte. Es sieht aus, als wäre die ganze Schule da. Leute aus der Theatergruppe. Die meisten aus der Baseballmannschaft. Fußballspieler, mit der Nummer eines Spielers aus der A-Mannschaft auf der Wange. Schüler, die ich kenne, seit wir klein waren. Schüler, die ich kaum kenne. Griffin Townsend. Elliana, die Stalkerin aus dem Deutschkurs. Alle von der Vang- und alle von der Ellis-Seite aus Khloes Familie. Mr Feiler. Natalie und Tahlia inmitten einer großen Gruppe. Kurtis und Omar. Nella. Ein Teil von mir wünscht sich, ich hätte auch Pfeiffersches Drüsenfieber. Aber hauptsächlich bin ich ein Teil dieser Mannschaft und fest entschlossen, zu spielen, wie Jessa immer spielt: Ich werde alles geben. Ich rücke noch einmal mein Trikot zurecht.

Das Spiel hätte eigentlich längst anfangen sollen, aber die Trainer brauchen länger als sonst, um sich mit dem Schiedsrichter zu besprechen. Einfach rumzustehen, ohne spielen zu können, macht alle nervöser, als sie sowieso schon sind, aber die Trainer scheinen eine Meinungsverschiedenheit zu haben.

Der Schiedsrichter tritt vor und sagt: »In der Mannschaft der Kennedy Highschool wird ein Trikot infrage gestellt. Eine Verzögerung von fünf Minuten wird gestattet.«

Trainerin Reinhold kommt aufs Spielfeld und sieht unfassbar wütend aus. Bestimmt sagt sie Nasrah, dass sie ihre neonpinken Schnürsenkel loswerden muss, das ist nämlich schon mal passiert. Aber sie geht an Nasrah vorbei und greift mich am Ellbogen. Sie zieht mich vom Spielfeld und alle in der Halle schauen ihr interessiert dabei zu.

Sie hält einen Ordner in der Hand, den der Ironwood-Ironman mitgebracht hat – etwa neuntausend Seiten Regeln und Vorschriften des Ausschusses für Sport an der Highschool.

»Walsh, tut mir leid, aber er stellt dein Trikot infrage.« Sie spricht leise, sodass uns niemand anders hören kann, aber ich merke auch so, wie verärgert sie ist.

Sie zeigt mir die Seite im Ordner, die alle Regeln dazu beinhaltet – wo etwas farbig abgesetzt werden darf, wie groß die Buchstaben und wie lang die Trikots sein dürfen. Es gibt Dutzende von sehr spezifischen Einzelheiten, über die man sich beschweren kann. Wahrscheinlich haben das Leute zusammengestellt, die eine genauso warmherzige Persönlichkeit haben wie der Trainer von Ironwood. Den meisten ist gar nicht aufgefallen, dass wir an dem Trikot etwas geändert haben, aber der gegnerische Trainer scheint deswegen sehr besorgt zu sein.

Sein Problem ist der goldene Stoff am Rücken – da, wo das Kleid der guten Hexe Glinda durch den dunkelroten Netzstoff zu sehen ist. Unser Libero (und wer sich mit Volleyball nicht auskennt, muss lediglich wissen, dass das die Person ist, die als einzige ein Trikot in einer anderen Farbe tragen darf, so wie der Torwart beim Fußball) trägt Gold und die Regeln besagen im Grunde, dass alle anderen Trikots nur ganz wenig Gold haben dürfen, sonst könnte der Schiedsrichter nicht mehr wissen, wer wer ist.

Wenn dieser Schiedsrichter nicht den Unterschied zwischen Kate Wood, deren Trikot als Libero vorn so Gold ist, als hätte sie es aus einer Schatzkiste geklaut, und mir mit meinem Sammelsurium aus Stoffresten erkennen kann, dann haben wir größere Probleme als unsere Trikots. Aber dieser Du-trinkst-nur-wenn-ich-dir-erlaube-zu-trinken-Trainer bekommt einen Tobsuchtsanfall, wenn ich in diesem Oberteil spiele.

Ich schaue von dem Ordner hoch und sehe, dass meine Mannschaft sich fragt, was los ist. Auf der Tribüne hat sich mein Dad von seinem Sitz erhoben. Er weiß auch nicht, was los ist, fragt sich aber offensichtlich, ob er helfen soll, weil er mein Dad ist, oder ob er mich in Ruhe lassen soll, weil ich kein Kind mehr bin. Ich wende mich ab, bevor er denkt, ich käme nicht klar, denn dann würde er herkommen und das würde alles schlimmer machen. Ich brauche nicht noch jemanden, der mich anguckt.

»Du musst Timms Trikot anziehen.«

Ich schüttele den Kopf.

»Sie wird nichts dagegen haben. Wenn die A-Mannschaft drankommt, kriegt sie es zurück.«

»Ich kann nicht«, bekomme ich heraus. »Es wird nicht passen.«

»Timms ist ganz schön groß. Ich glaube, das geht.«

Ich schließe die Augen und schüttele den Kopf. Ich weiß, dass es nicht passt. Mein Trikot hatte dieselbe Größe wie Jessas, bevor Ms K-B es abgeändert hat. Selbst wenn ich es über meine Brust bekomme, werde ich mich nicht darin bewegen können. Ich wünschte, ich hätte Gebärdensprache gelernt anstatt Spanisch, denn wenn ich jetzt versuche zu sprechen, wird sowieso kein Ton rauskommen.

»Kind, dieser Typ macht nur auf dicke Hose, weil er das kann, aber er wird nicht nachgeben. Er ist ein totales A-. Bitte, Greer. Wir brauchen dich.« Das ist wahrscheinlich das erste Mal, dass sie mich Greer und nicht Walsh nennt. Und ich sehe ihr an, dass sie weiß, um was sie mich hier bittet, also gehe ich Richtung Umkleide, um es zu versuchen. Sie schickt mir Jessa hinterher. Ich schaue nicht zur Tribüne hin, von der Hunderte von Augen meinen Abgang beobachten. Warum musstet ihr alle zu diesem Spiel kommen?

Wenn ich nicht spielen kann, wird die Trainerin Kaia Beaumont reinschicken, das heißt, sie könnte genauso gut ein winziges Kätzchen mit verbundenen Augen auf Rollschuhen spielen lassen. Dann werden wir nicht nur verlieren, sondern Kaia wird untergehen.

Jessa lässt eine wüste Schimpftirade vom Stapel, weiß aber auch, dass im Sport sinnlose Formalitäten dazugehören. Bevor wir die Treppe runtergegangen sind, hat sie ihr Trikot schon ausgezogen. Da steht sie in ihrem Sport-BH, ihr Bauch quillt an den Seiten über ihre Shorts und sie hält mir das Trikot hin, das schon Schweißflecken unter den Armen hat, obwohl die A-Mannschaft sich noch nicht einmal aufgewärmt hat.

Ich schiebe meine übliche Verlegenheit beiseite und ziehe mein Trikot aus. Sie ist der einzige Mensch auf dem Planeten, der mich in diesem BH gesehen hat. Vielleicht haben ja all die Hechtbagger, Zuspiele, Sprünge und Dehnungen dafür gesorgt, dass ihr Trikot ausgeleiert ist. Vielleicht lässt ihr Trikot ja Gnade walten, denn da draußen wird es niemand anders tun.

Ich stecke meinen Kopf durch den Halsausschnitt und meine Arme durch die Ärmel, aber das Trikot bleibt über meinen Brüsten hängen. Der Stoff rollt und dehnt sich bis zum Anschlag. Er ist so straff gezogen, dass die dunkelrote Farbe rosa aussieht. Ich lasse alle Luft aus meiner Lunge. Vielleicht kann ich spielen, ohne tief zu atmen. Ich ziehe das Trikot langsam nach unten. Jessa zieht am Rückenteil, und zwar so fest, dass ich fast hintenüberkippe. Wir bekommen das Trikot über die größten Erhebungen, aber nicht so weit nach unten, dass es auf meine Shorts trifft.

Ich stehe vor dem Spiegel und sehe aus, als hätte ich mir das Oberteil einer Puppe geborgt. Ich fühle mich gedemütigt, dabei hat mich bisher nur Jessa so gesehen. Praktisch alle, die ich kenne, und eine Menge Leute, die ich nicht kenne, warten darauf, dass ich aus dieser Tür raustrete. Ich blinzele wie verrückt. Ich. Kann. Nicht. Da. Raus.

Jessa beißt sich auf die Unterlippe. »Äh, kannst du dich bewegen?«

Ich hebe langsam einen Arm. Ich hebe den anderen und all unser Mühe ist zunichtegemacht: Das Trikot wandert wieder nach oben. Sogar von hier aus kann ich die Menge hören.

»Was macht ihr hier unten?« Maggie steht plötzlich hinter mir im Spiegel. Jessas Trikot presst mir die obere Hälfte meiner Brüste zusammen, während die untere Hälfte auf meinen Bauch gequetscht wird, sozusagen ein umgekehrter Push-up-BH. Wie bei einer Comicfigur treten Maggies Augen hervor.

Das Komische ist: Anstatt entsetzt darüber zu sein, dass Maggie mich so sieht, muss ich lachen. Was soll ich sonst tun? Und als ich lache, wissen Mags und Jessa, dass auch sie lachen können. Und das tun sie. Wir lachen alle. Und wie. So sehr, dass ich mich auf die Bank setzen muss und Maggie Tränen in die Augen schießen. So sehr, dass Jessa kaum noch Luft bekommt, während sie wie ein Huhn gackert.

»Oh Gott, Greer, zieh dieses Ding aus, bevor es dich erwürgt.« Maggie kichert. Sie und Jessa nehmen jeweils eine Seite des Trikots in die Hand und ziehen es mir aus. Und schon bin ich wieder am Nackt-Punkt angelangt. Zwei von uns sitzen oben ohne da und ausnahmsweise versuche ich mal nicht, mich schnellstmöglich und so gut es geht zu bedecken.

»Das ist ein Sport-BH?« Irgendwie muss Max alle Gene, die sich auf Sport beziehen, abbekommen haben, bevor Maggie überhaupt gezeugt wurde.

»Der beste, den man kaufen kann.«

»Mensch. Und was machen wir jetzt?«

»Dein Trikot kann ich nicht tragen. Ich glaube, sie lassen mich nicht spielen.«

»Wovon redest du? Das können die nicht machen. Du probst doch seit Monaten.«

Jessa will sie korrigieren, aber ich unterbreche sie: »Sie macht das absichtlich. Sie weiß schon, wie es richtig heißt.« Ich erkläre ihr die Regeln zu den Trikots und erzähle ihr von dem widerlichen Trainer der anderen Mannschaft.

»Jessa, lauf und hol diesen Ordner«, sagt Maggie. Jessa ist schon halb zur Tür raus, als Mags sie anhält: »Willst du dir vielleicht vorher noch was anziehen?«

Als Jessa mit dem Ordner in der Hand wiederkommt, berichtet sie uns, dass Coach Reinhold dem Typen für weitere fünf Minuten all unsere Auszeiten angeboten hat.

»Ich weiß nicht, wie uns weitere fünf Minuten weiterhelfen werden«, sage ich.

Maggie fährt mit ihrem Finger die Seite mit den Trikot-Regeln runter. Nach jeder zweiten Zeile nimmt sie mein Trikot in die Hand und wendet es in ihren Händen.

»Es geht nur um diesen goldenen Stoff«, sagt sie schließlich.

»Wie schade, dass sie da keinen roten genommen hat«, sagt Jessa.

»Wie schade, dass die gute Hexe Glinda so protzig ist.«

»Wir nehmen den Teil einfach raus«, sagt Maggie.

»Das können wir nicht. Dann ist es durchsichtig. Deswegen hat sie den goldenen Stoff überhaupt da reingenäht«, erkläre ich.

»In den Regeln steht nichts von durchsichtig«, sagt Maggie und hält mir den Ordner hin.

»Muss es aber«, behaupte ich und überfliege die Stichpunkte. Aber es scheint tatsächlich nur um die Farben zu gehen, nicht um Nacktheit.

»Wenn wir den goldenen Teil rausschneiden, ist es ganz rot.«

»Aber es wäre nicht nur rot. Es wäre rot und ich.«

Ich starre sie beide wütend an. Sie verstehen das Problem nicht.

»Es ist ja nur am Rücken«, sagt Maggie.

»Ja, aber alle könnten ihn sehen.«

»Was sehen?«

»Den Stabilisator.«

»Den was?«

»Meinen BH.«

»Nimm es mir nicht übel, Greer, aber die Leute wissen auch so, dass du einen BH trägst.«

»Ja, aber ich will nicht, dass jemand ihn sieht.« Nur sage ich nicht »ihn«. Ich will »ihn« sagen, aber was ich sage, ist: »mich«. Ich sage: »Ich will nicht, dass jemand mich sieht.«

Jessa und Maggie schauen sich an. Diesmal spricht Jessa.

»Tut mir leid, Walsh. Du kannst das Spiel nicht nur in deinem Kopf spielen.«

Maggie steht der Mund offen und sie zeigt auf Jessa: »ICH LIE-BE DIE DA!« Zu Jessa sagt sie: »Genau das habe ich ihr auch gesagt.«

Jessa redet weiter: »Außerdem, was willst du machen? Dich hier unten verstecken? Wir brauchen dich.«

Inzwischen müsste sie wissen, dass das für mich so eine Art Himmelfahrtskommando ist, wahrscheinlich das schwerste, um das sie mich je gebeten hat, und sie tut es trotzdem. Aber das ist es nicht. Es ist dieses Wort. Warum denken alle, dass ich mich verstecke?

Ist es wirklich das, was ich tue? Das riesige Sweatshirt, die hängenden Schultern, die vor der Brust verschränkten Arme, jedes Mal, wenn ich ein Referat halte? Mit Jungs nur über Mathe zu reden? Jackson in der Annahme zu lassen, es sei mir egal, wenn er mit Holzschuhen in einen Kanal fällt und ertrinkt?

Oh mein Gott. Natürlich verstecke ich mich.

Was ist mit mir passiert? Was ist mit dem Kind passiert, das seine Wochentags-Unterhosen zeigen wollte, damit die Leute wissen, dass es lesen kann?

Ich möchte so stolz wie an jenen Tagen sein, jeden Tag. So zuversichtlich. So sicher. So entspannt. So … alles davon.

»Du kannst nicht beeinflussen, was die Leute denken, Greer.«

Maggie nimmt das Band, das sich gelockert hat, aus meinem Haar und zieht es wieder fest. »Manchmal gebe ich mich einfach damit zufrieden, allen Angst zu machen.« Das war witzig gemeint, aber es war kein Witz. So tritt Maggie der Welt gegenüber. Wild und entschlossen.

»Jaa! Die können uns mal!«, ergänzt Jessa. »Die Leute sind wie Volleybälle. Manchmal muss man sie einfach hüpfen lassen.«

So was Schönes habe ich, glaube ich, noch nie gehört.

So tritt Jessa der Welt gegenüber. Lass sie hüpfen.

Ich packe Maggie und Jessa und umarme sie ganz fest, obwohl ich oben ohne bin und lache. Sie fangen auch wieder an zu lachen, denn nicht zu lachen, wenn jemand seinen großen Busen an dich drückt und selbst ohne ersichtlichen Grund lacht – das geht nicht. Es ist die reinste Komödie.

Das soll auf meinem Grabstein stehen: *Ich war wild und entschlossen. Ich war stolz. Lass sie hüpfen.* Oder vielleicht nicht auf meinem Grabstein. Vielleicht als Zitat im Jahrbuch der Abschlussklasse. Oder auf einem T-Shirt.

Ja. Einem T-Shirt. Größe L, nicht XL.

In Kates Schließfach finde ich eine Schere zwischen all ihrem Tape, halte die Luft an und schneide. Ich gebe Maggie das Stück Goldstoff. Der hintere Teil meines Trikots ist nun so löchrig, dass man ein Buch da durch lesen könnte.

Aber im Regelwerk des Ausschusses für Sport an der Highschool steht nichts davon, dass man keine Gucklöcher im Trikot haben darf; nur die richtige Farbe muss es sein. Das zusammengestückelte Trikot ist nun ganz legal.

Ich ziehe es an. Es fühlt sich an wie immer, nur luftiger.

In einem lockeren Sweatshirt oder einem Parka aus der Männer- oder Sondergrößenabteilung oder einem Zirkuszelt fühle ich mich am wohlsten. An das Trikot habe ich mich gewöhnt, weil mir nichts anderes übrig blieb. Und ich habe mich selbst davon überzeugt, dass ich in der Mannschaft nicht auffalle. Aber heute hat ein Mann dafür gesorgt, dass ich auffalle. Er hat dafür gesorgt, dass jeder Einzelne da draußen, der sich ungeduldig auf der Tribüne drängt, darauf achten wird, wann und ob die Nummer 18 wieder auf dem Spielfeld auftaucht. Sie hätten genauso gut einen Scheinwerfer auf mich richten können.

Ich drehe mich vor dem Spiegel, damit ich über meine Schulter gucken kann. Vom Hals bis zu meinen Shorts ist mein gesamter Rücken zu sehen, einschließlich eines zehn Zentimeter breiten Elasthanbandes in Militärqualität. Ein bisschen zucke ich zusammen, sage mir aber, dass es jeder anderen Sportlerin egal wäre, wenn man ihren BH sehen könnte.

Ich habe mich gerade als Sportlerin bezeichnet. Zum Teufel noch mal, Ironwood. Ich komme.

»Bereit?«, fragt Jessa.

Sie schiebt die Tür der Umkleide auf, gerade als unsere Trainerin versucht, Kaia von der Bank zu locken. Niemand sieht glücklicher darüber aus, mich zu sehen, als Kaia. Sie zeigt auf mich und quietscht praktisch.

Als sie zurück auf die Tribüne geht, sagt Maggie noch: »Dieser BH sieht aus wie etwas, das ein Navy Seal tragen würde. Ist er kugelsicher?«

Jeder Einzelne in der Sporthalle sieht mir zu, wie ich auf meine Seite des Spielfeldes gehe. Meine Familie, meine Freunde, meine Lehrer, mein Mathekurs, Menschen, die mich lieben, Menschen, die das nicht tun. Menschen, die ich in den nächsten zwei Jahren jeden Tag in der Schule sehen werde. Menschen aus der anderen Schule, die mich nur jetzt, für diesen Moment sehen können. Dünne und kleine und pickelige Menschen und welche mit tollen Haaren. Schwere und knochige Menschen, Menschen, die sexy oder seltsam sind. Welche, die sich selbst hassen, und welche, die sich selbst lieben. Nette und verrückte und verwirrte. Keiner von ihnen ist vollkommen. Keiner von ihnen sieht »normal« aus. Falls es das überhaupt gibt.

Oder vielleicht sind sie es alle. Und irgendwie bin ich mitten unter ihnen, mitten im Licht. Ich verstecke mich nicht mehr, Jackson.

Die Trainerin ruft: »Unsere verfluchte Brandi Chastain!« Damit meint sie wohl mich, obwohl ich nicht Fußball spiele und nicht im schwarzen BH auf dem Spielfeld knie.

Nella stellt sich auf ihren Sitz, und weil sie das tut, machen es alle um sie herum auch. »*Juuuuuhuuuuuu! Das ist mein Frisur-Zwilling!*« Sie stampfen mit den Füßen, es klingt wie ein Trommelwirbel und fühlt sich an, als würde das Dach gleich wegfliegen.

Der Ironwood-Trainer dreht durch und ist kurz davor zu explodieren. Ich habe keine Ahnung, was seine Mannschaft gerade denkt oder unsere Mannschaft oder meine Eltern oder alle anderen, und mir wird klar, dass das egal ist.

Ich bin hier, um zu spielen.

Ja, Maggie, er ist kugelsicher.

Ich bringe den Lärm in meinem Kopf zum Schweigen, den Lärm all dieser Menschen, und nehme stattdessen ihre Energie auf. Ich spüre sie in meinem Körper. Ich spüre sie in meinen Knochen. Ich spüre ein schwaches Flattern tief in meinem Inneren, wie ein winziger Flügel, der aus den Trümmern hervorschaut. Und das Letzte, was ich höre, bevor der Schiedsrichter zum Anpfiff pfeift, ist die zarte Stimme des Schmetterlings, die ganz klar sagt: »Na dann los, ihr Arschlöcher.«

Die Vertretung, die so gerne auf ihrem Handy spielt, sitzt wieder an Ms Tanners Schreibtisch. Auf der Tafel hinter ihr steht: *FREITAG: WEITERE VORBEREITUNGEN FÜR DIE ABSCHLUSSPRÜFUNG. LEISE GRUPPENARBEIT ODER EINZELARBEIT.*

Kurtis und Omar haben meinen Tisch schon zu ihren gestellt. Kurtis markiert die Stellen im Arbeitsbuch und Omar listet die Formeln auf, die wir auswendig können müssen.

»Und, Greer, gehst du am Wochenende zum Winterball?«, fragt Kurtis und schlägt die Zusammenfassung am Ende der ersten Einheit auf.

»Ja, sie geht doch mit dem Neuen, stimmt's?«, wirft Omar ein.

»Ähm, nein, nicht mehr.« Sie gucken mich beide an, als hätte ich gesagt, ich würde meinen Hund einschläfern lassen. Omar seufzt tatsächlich.

»Tut mir leid. Ich würde ja mit dir gehen, aber ich muss zu einem Quinceañera-Fest. Das war schon vor dem Winterball geplant.«

»Danke, Omar. Alles gut.« Er runzelt die Stirn, wie er das auch tut, wenn er eine sinusförmige Regression durchführt. Überlegt er gerade, wie er sich vor dem Quinceañera-Fest drücken kann?

»Ich bin einer der Ehrenherren«, sagt er zu sich selbst. Er sieht uns an. »Ich begleite sie? Meine Cousine? Das ist eine große Ehre. Ich muss wirklich dahin gehen.«

»Oh, Omar. Sie kann sich glücklich schätzen, dass sie dich hat.« Er hat noch immer einen gequälten Gesichtsausdruck, als würde er mich irgendwie im Stich lassen. Ich sollte besser schnell das Thema wechseln, bevor Omar Schande über seine Familie bringt, weil er mir helfen will. »Was ist mit dir, Kurtis?«

Kurtis ist sofort peinlich berührt. »Tut mir leid, Greer, ich gehe schon mit jemandem.«

»Nein! Ich meinte nicht, dass du mit mir gehen sollst, ich habe mich nur gefragt … warte mal. Du hast eine Verabredung?«

»Natürlich. Ich gehe mit meiner Freundin.«

»Du hast eine Freundin?«

»Ja. Paige Polasky? Sie ist in der Elften.«

»Ich kenne Paige. Sie ist sehr nett und echt hübsch.« Ich versuche, nicht überrascht zu klingen. »Ich wusste nicht, dass ihr beiden zusammen seid.«

»Tja, Greer, du redest auch immer nur über Mathe.«

Es klingelt und die Vertretung sagt: »An die Arbeit, Leute.« Omar und Kurtis fangen an darüber zu diskutieren, mit welcher Aufgabe wir anfangen sollen. Und da dachte ich das ganze Schuljahr lang, die beiden wären zwei Mathe-Nerds, die keine Ahnung von Mädchen hätten, während sie gedacht haben, ich bin ein Mathe-Nerd, das keine Ahnung von Jungs hat. (Und es scheint so, als hätten sie recht.)

Es dauert nicht lange, da fängt die Deppen-Gruppe um Kyle Tuck an zu grunzen und zu kichern. Heute Morgen habe ich einen kragenlosen, gestreiften Pullover an, den ich eigentlich aussortiert hatte. Er ist nicht eng, aber auch nicht so weit wie das, was ich sonst trage, besonders nicht wie die Winterjacke, die ich gestern im Unterricht getragen habe. In anderen Worten: Er passt. In anderen Worten: Meine Brüste haben ihr Coming-out. Ich habe heute Morgen sogar überlegt, den süßen karierten BH mit dem passenden Slip anzuziehen. Aber so süß er auch ist, stützt der BH weniger als ein Stück Tesafilm, deswegen habe ich oben das Übliche und nur unten neue Unterwäsche angezogen.

Kyle tut so, als würde er husten, und sagt gleichzeitig »Hupen« und die Gruppe explodiert vor Lachen.

Die Vertretungslehrerin schaut hoch und sagt »Ruhe« in ihre Richtung.

Eigentlich will ich sofort die Schultern hängen lassen, auf meinem Stuhl nach unten rutschen und meine Jacke aus meinem Spind holen. Stattdessen balle ich meine Hände zu Fäusten und spüre einen stechenden Schmerz an meinem kleinen Finger, den ich mir gestern bei einem Angriff eingeklemmt habe.

Wir haben noch nie so gut gespielt. Alle waren in Bestform. Und dieser Trainer, dem mein Trikot nicht gefiel, hat es mit seinem Verhalten letztlich sogar geschafft, rausgeschmissen zu werden. (Hoffentlich wurde er auf dem Weg nach Hause von seiner Mannschaft zerfleischt.) Als Coach Reinhold irgendwann auch Kaia ins Spiel brachte, haben unsere Gegner Blut gerochen. Sie haben sie zugeballert, so oft sie nur konnten, und Kaia ist es nicht gelungen, irgendwas zu blocken. Sie wollte unbedingt, dass die Trainerin sie wieder rausnimmt, aber die sagte einfach: »Du machst das schon, Beaumont. Bleib dran.« Schließlich hat so ein riesiges Mädchen von Ironwood den Ball wie ein Raketengeschoss gefeuert, ein Wurf, den wir »töten oder getötet werden« nennen.

Und irgendwie hat Kaia ihn geblockt. Sie sprang hoch, ein perfektes Spiegelbild des Mädchens auf der anderen Seite des Netzes, ihre Hände und Oberarme schossen nach oben und der Ball landete wieder bei ihnen. Da sind wir alle völlig ausgeflippt. Kaia stand da, mit offenem Mund, als hätte sie gerade eine Wolke glitzernder, bunter Glühwürmchen ausgerülpst. Die gegnerische Mannschaft hat den Ball gleich wieder zurück übers Netz gespielt und wir haben es gar nicht mitbekommen, weil wir so sehr damit beschäftigt waren, Kaia abzuklatschen. Jessa ist von der Seitenlinie aufs Spielfeld gerannt und hat sie hochgehoben.

Und das hat den Trainer von Ironwood irgendwie um den Verstand gebracht. Er stand an der Seitenlinie und brüllte: »Was macht ihr da? Warum jubelt ihr? Den Punkt habt ihr verloren! Wisst ihr

Idioten noch nicht einmal, dass ihr gerade einen Punkt verloren habt?«

Nasrah, die eigentlich immer sehr höflich ist, hat sich vor ihn gestellt, von Angesicht zu beginnender Glatze, und hat gesagt: »Aber eigentlich haben *Sie* den Punkt verloren.« Alle, die das gehört haben, sind durchgedreht, und alle, die es nicht gehört haben, sind davon ausgegangen, dass sie was Großartiges gesagt hat, und sind auch durchgedreht. Der Typ ist in Flammen aufgegangen und hat ein paar Dinge von sich gegeben, die meine Großmutter »gar nicht nett« nennen würde. Da hat der Schiedsrichter sich eingemischt und ihn gewarnt, er solle sich entweder auf die Tribüne setzen und still sein oder das Spiel verloren geben. Er hat sich für Nummer drei entschieden, nämlich aus der Sporthalle zu stürmen.

Nach dem Spiel ist ein Mädchen aus der Ironwood-Mannschaft zu mir gekommen. Wegen des Stabilisators. Sie hat mir gesagt, dass es ihn jetzt auch in anderen Farben gibt, und hat den Ausschnitt ihres Trikots runtergezogen, damit ich ihre lila Träger sehen kann. Sie erzählte mir, dass sie schon über eine Brustverkleinerung nachgedacht habe, sich aber noch unsicher sei. Ihre Mutter will, dass sie damit wartet, bis sie auf dem College ist, falls sie sich dann anders fühlt. Aber das würde bedeuten, noch zwei Jahre zu warten, und sie plagt sich schon seit der siebten Klasse mit ihren großen Brüsten herum. Wir haben Nummern ausgetauscht, und falls sie sich für die OP entscheidet, gibt sie mir Bescheid.

Das Spiel hat damit angefangen, dass ich in Jessas Trikot gefesselt war, und hat damit aufgehört, dass ich mich mit einer Spielerin aus der gegnerischen Mannschaft über BHs in Übergrößen und Brustverkleinerung unterhalten habe. Ich habe sogar mein Sweatshirt erst zu Hause wieder angezogen, nachdem ich geduscht habe.

Aber heute ist ein neuer Tag und das hier ist Mathe und nicht Volleyball. Gestern war ich Teil einer Mannschaft. Heute bin es nur ich. Ich kneife meinen geschwollenen Finger. Ganz fest. Es ist eine typische Volleyballverletzung – solange der Knochen nicht durch die Haut kommt, gibt es nichts zu jammern –, aber es tut trotzdem weh. Ich erinnere mich an das, was ich von den Mädchen aus der Mannschaft gelernt habe: Man muss durch den Schmerz durchspielen. Das muss man, denn sonst spielt man nie.

Mit geballter Faust schlucke ich schwer und gehe zu Kyle. Sogar Asher und Anitha gucken hoch. Die Gruppe um Kyle sieht mich fassungslos an, so als hätte Dwayne, auch bekannt als »The Rock«, sie dabei erwischt, wie sie sich über ihn lustig machen. »Brauchst du etwas?«, fragt mich die Vertretung von ihrem Schreibtisch aus.

»Nur Kyle. Ich gebe ihm freitags Nachhilfe. Ms Tanner erlaubt uns, in den Flur zu gehen, wo es leiser ist.« Keiner widerspricht mir, weil alle zu neugierig sind.

Die Vertretung zuckt mit den Achseln, Kyles Jungs kichern.

»Na los.«

Er bleibt sitzen.

»Na los, Kyle«, sage ich nachdrücklich. Kyle guckt so, als wäre er dem Tode geweiht. *Rat mal was, Arschloch? Das bist du.*

Er folgt mir nach draußen und ich schließe die Tür hinter uns.

»Was machen wir hier?«

Ich gehe so lange auf ihn zu, bis er mit dem Rücken an einem Spind steht. Meine Brüste – das einzige Thema dieses Treffens – sind nur Millimeter von ihm entfernt. Wir stehen so nah beieinander, dass ich die Pickelcreme auf seiner Stirn riechen kann. Wie sich herausstellt, ist er ohne seine Freunde nicht besonders mutig. Wie sich herausstellt (und auch das ist eine Überraschung), bin ich es schon. Er stottert: »W-was? Was willst du von mir?«

»Deine komische Besessenheit von meinen Brüsten hört sofort auf.«

Er wird rot. Ich nicht.

»Wovon redest du überhaupt?«

»Die Gleichungen, die Taschenrechner, der Wortfinder, die Zeichnungen. Das hört jetzt auf. Es lässt dich noch dümmer erscheinen, als du sowieso schon bist, und es ist richtig gemein.«

Er sieht aus, als wolle er alles abstreiten, aber er weiß, dass er bei einer Auseinandersetzung mit mir den Kürzeren zieht. »Ich bin nicht besessen. Vielleicht bist du ja besessen.«

»Das stimmt wahrscheinlich. Ich bin irgendwie besessen. Aber es sind ja auch meine.«

»Wir machen doch nur Spaß.«

»Ach, nur Spaß? Du findest das witzig?«

»Ja«, sagt er und windet sich.

»Soll ich das auch witzig finden? Hast du mich je lachen sehen?«

Er schluckt. »Wir meinen das doch nicht böse. Ich dachte, es wäre dir egal. Du machst ja immer mit.«

»Was soll ich denn sonst tun? Weißt du, ich wünschte, es wäre mir egal, ist es aber nicht. Es fühlt sich beschissen an.«

Und da verändert sich Kyles Gesicht. Sein Ausdruck verändert sich von abwehrend und gemein zu überrascht. Weil er so lange so ein Arschloch war, erlaube ich mir, es noch immer ziemlich hässlich zu finden, aber vielleicht etwas menschlicher. »Mir, äh, tut es leid?«

»Ist das eine Frage?«

»Nein? Tut mir leid. Ich meine, es tut mir leid. Ich wusste nicht, dass es dich stört.«

Ich beschließe, ihn nicht darauf hinzuweisen, wie lächerlich das ist. Dann kann er gleich jemandem das Auge ausstechen und behaupten, nicht zu wissen, dass das wehtut. Unwissen ist vielleicht gerade noch so eine gute Entschuldigung, wenn man einen Joghurtbecher in den Restmüll wirft. Aber eine ziemlich lahme Entschuldigung, wenn man Witze über den Körper eines anderen macht. Ich sage einfach: »Jetzt weißt du es.«

Ich weiß nicht, ob das was verändern wird. Und selbst wenn, es gibt noch viele Kyles auf dieser Welt. Manche werden nicht so einfach einzuschüchtern sein. Manche werden mich einschüchtern. Manche werden Schlimmeres tun, als *BOOBS* auf einem Taschenrechner zu buchstabieren. Aber der hier kennt jetzt wenigstens meinen Standpunkt. Er kann nicht mehr so tun, als wäre es nicht so, und ich kann nicht so tun, als wäre es mir egal. »Nie wieder, Kyle.« Ich mache mich auf den Weg zurück in die Klasse.

»Hey, Greer?« Kyle sieht hoffnungsvoll aus. »Da wir ja sowieso so tun, als würdest du mir Nachhilfe geben, hilfst du mir mit dem binomischen Lehrsatz?« Er hält sein Heft hoch und lächelt verlegen.

Ich lächele zurück. »Oh nein, Kyle, verdammt noch mal, nein.«

67

»*MEIN LIEBER SCHWAN!*« Theresa Kershaw-Bend verschüttet ihren halben Milchkaffee. »Ich wusste nicht, dass jemand hier ist.«

»Tut mir leid! Der Hausmeister hat gesagt, es wäre okay, wenn ich hier drinnen auf Sie warte.«

Sie stellt ihre Sachen ab und trinkt einen großen Schluck Kaffee. Auf ihrem Becher ist ein Kaffeebecher abgebildet, um den ein Auto, ein Hund und eine Aktentasche kreisen. Ich beschließe, das als gutes Zeichen zu sehen. »Schwester Greer aus der Volleyballmannschaft!«

»Das bin ich.«

»Wie Greer Garson – der alte Filmstar. Bist du nach ihr benannt?«

»Nach Dads Tante Gertrude. Aber sie fanden, Greer klingt besser als Gerti.«

»Das finde ich auch!« Sie lacht. »Weißt du denn, wer Greer Garson war?«

»Ich habe von ihr gehört.«

»Sie hat ganz viele Filme in den Vierzigerjahren gedreht. Sie hat Marie Curie gespielt.«

»Wirklich?«

»Weißt du, wer das ist?«

»Curie? Sie hat Radium entdeckt. Und sie ist gestorben, weil sie immer radioaktives Material in ihrer Tasche mit sich rumgetragen hat.«

Ms Kershaw-Bend lacht wieder. »Manchmal sind die Menschen, die man für besonders klug hält, die dümmsten.« Das ist wohl wahr.

Sie trinkt ihren Milchkaffee aus und wirft den Becher in den Müll. »Ich habe gehört, dass du beim gestrigen Spiel noch ein paar Änderungen an deinem Trikot vornehmen musstest.«

»Das wissen Sie?«

»Kristine – Trainerin Reinhold – und ich haben heute zusammen mittaggegessen. Tut mir leid, dass ich die Regeln mit den Farben nicht kannte. Ich fand einfach, dass es mit dem Gold cool aussah.«

»Das hat es! Und es war die ganze Saison lang ja für niemanden ein Problem – bis auf den Trainer gestern. Der war einfach ein, äh…« Ich verkneife mir ein Schimpfwort, weil ich mit einer Lehrerin spreche, aber das ist egal, denn sie ergänzt für mich:

»Arschloch.«

»Total. Aber bis dahin war das Trikot perfekt. Und eigentlich war es ohne den Goldstoff weniger warm, also war es letztlich noch perfekter. Vielen Dank noch mal.«

»Es war mir ein Vergnügen. Ich bin froh, dass du etwas Passendes hattest, in dem du spielen konntest.«

»Ich habe meistens Probleme mit all den Einheitsgrößen.«

»Wem sagst du das! Warum, glaubst du, habe ich nähen gelernt? Guck dir mal meine Beine an.« Ms K-B ist über zwei Meter groß. Ihre Taille reicht anderen oft bis zum Hals. »Als ich zur Schule ging, waren Steghosen in Mode – weißt du, mit so einem Steg, der um den Fuß herum verläuft? Nein? Nun, glaub mir, die machen sie nicht für Leute in meiner Größe. Ich war daran gewöhnt, dass meine Hosen nur bis zum Schienbein gingen, aber mit dem Steg waren sie andersherum zu kurz. Ich konnte sie nicht bis oben hochziehen. Meine Poritze guckte über meinen Hosenbund wie die aufgehende Sonne.«

Ob die junge Theresa Kershaw sich überlegt hat, ein besonders langes Sweatshirt darüberzuziehen? Manche sind ja sehr lang.

»Das war es also. Wenn ich nichts Passendes gefunden habe, habe ich es mir eben selbst genäht.«

»Sie können das sehr gut.«

»Ich mache es auch schon sehr lange.«

»Trotzdem, Sie sind wirklich großartig.«

»Vielen Dank.«

»Sie könnten Modedesignerin sein. Sie könnten bei *Project Runway* mitmachen.«

Sie legt den Kopf zur Seite und lächelt. »Okay, Madame Curie. Sag mir, was du brauchst.«

Zuerst guckt sie so, als hätte man die Erbauer des Eiffelturms gebeten, es noch mal zu versuchen, aber diesmal mit der Turmspitze nach unten. Als ich ihr aber erkläre, was ich will, heben sich ihre Mundwinkel und ihr Gesicht leuchtet, als wäre sie der Maler Bob Ross und wäre gebeten worden, die Sixtinische Kapelle nachzubessern.

Sie zeichnet einen Entwurf auf die Rückseite von irgendeiner Klausur.

»Ich weiß, dass Sie mir einen riesigen Gefallen tun. Ich kann Sie bezahlen oder für Sie babysitten oder …«

»Du bist sicher, dass du es so willst?«, fragt sie und hält mir die Zeichnung hin.

»Ziemlich sicher.« Ich bin mir nicht sicher, überhaupt nicht, aber es ist fast so, als könnte ich hören, wie Donna und Doria sich gegenseitig zuflüstern: *Hat sie Ja gesagt? Können wir?*

»Ich werde es morgen fertig haben.« Als ich gehe, öffnet sie die Plastiktüte, die ich ihr gegeben habe, und sagt: »Mann, Greer. Du hättest es mal waschen können.«

68

»Du bist dir sicher, dass du nicht lieber einen Pferdeschwanz und ein Stirnband haben willst?«

Ich gebe ihr die nächste Haarklammer.

Mom ist nicht begeistert. Als sie das Kleid vorhin auf dem Bügel gesehen hat, hat sie genauso nach Luft geschnappt wie in dem Moment, in dem Tyler ihr seine entzündete Lippe gezeigt hat. »*Das* willst du anziehen? Hat Maggie dich dazu überredet?«

Oh nein. Das wird sie merken, wenn Maggie und Rafa mich abholen kommen. Maggies Protestkleid ist bezaubernd. Retro, aber bezaubernd. Das Kleid sagt nichts über Geschlechtstypisierung oder wirtschaftliche Ungleichheit oder unzeitgemäße Rituale aus. Das Kleid sagt aus: Ich bin bezaubernd. (Das habe ich Maggie nicht gesagt, sie wäre sehr enttäuscht.)

Mom dreht eine weitere Haarsträhne und steckt sie in meinen Knoten und dann steckt sie mir eine Haarklammer direkt ins Gehirn.

»Aua!« Sie ist aggressiver, als sie sein müsste.

»Ich hoffe, du hast dir wenigstens die Achseln rasiert.«

Habe ich, aber ich lasse sie erst einmal im Ungewissen. Gewachst habe ich nix.

Als Haare und Make-up fertig sind, verschwindet sie nach unten. Ich ziehe mich in ihrem Zimmer an, in meinem ist kein großer Spiegel. Ich habe gar keinen Spiegel in meinem Zimmer. Ich steige aus meiner Jogginghose und schäle mich vorsichtig aus meinem T-Shirt, um meine Frisur nicht durcheinanderzubringen. In

BH und Unterhose stehe ich vor dem Spiegel. Eine süße Unterhose, übersät mit kleinen Vögeln und mit einer gelben Borte. Oben trage ich meine übliche weiße Wucht von BH mit zwei Zentimeter breiten Trägern, die sich in meine Schultern einkerben. Nicht gerade süß. Zwischen dem BH und meinen Achseln und unter den schlecht sitzenden Körbchen quellen Fleischwülste hervor.

Ich weiß, dass ich mit ein wenig mehr Recherche bessere BHs für den Alltag finden kann.

Ich greife nach hinten und hake ihn auf. Das Ding fällt erschöpft seufzend nach vorne, müde von der Last der Brüste, die es den ganzen Tag lang zusammenhalten muss.

Ich mache das nie. Ich gucke nie hin.

Donna und Doria hängen runter, bis zu meinem Bauch. Das ganze Gewicht verlagert sich, als würde man Sand in eine Socke füllen. Die rosa Ringe um meine Brustwarzen zeigen fast direkt nach unten. Innerhalb von Sekunden sammelt sich Schweiß unter meinen Brüsten.

Aber ich gucke trotzdem. Ich massiere mir ganz fest die Einkerbungen auf meinen Schultern und meine Haut beruhigt sich wieder. Ich lasse den Kopf kreisen und merke, wie sich die Verspannungen im Nacken lösen.

Ich umschließe beide Brüste mit den Händen und hebe sie nach oben, dorthin, wo sie hingehören. Dahin, wo der Stabilisator sie sonst hält. Ich drücke sie zusammen und auseinander.

Wenn jetzt jemand ins Zimmer kommen würde, wäre ich für den Rest meines Lebens traumatisiert.

Wenn Tyler jetzt reinkommen würde, würde sein Kopf explodieren.

Ich lausche an der Tür, um sicherzugehen, dass niemand die Treppe hochkommt, und stelle mich wieder vor den Spiegel. Einen Moment lang stehe ich einfach da. Ich sehe überhaupt nicht so aus wie die Frauen auf den Plakaten. Ich sehe überhaupt nicht aus wie die Frauen in Internetwerbungen. Ich sehe überhaupt nicht so aus, wie Nella Woster ohne Kleider aussieht.

Aber Jessa auch nicht. Oder Mena. Oder Nasrah. Oder Maggie. Vielleicht sieht noch nicht einmal Nella aus wie die Nella, die ich mir vorstelle.

Ich sehe aus wie ich. Ich hätte es mir so nicht ausgesucht, aber das bin ich.

Ich wackele mit den Hüften und Donna und Doria wackeln mit, unbeholfen, wie zwei schwabbelige Aliens in einem Video von Ariana Grande. Ich höre auf, mich zu bewegen, und sie klatschen gegeneinander. Ich lache laut auf. Ich hebe die Arme über den Kopf und beobachte, wie meine Brüste mit nach oben gezogen werden. Als wollten sie mitmachen. Als wollten sie mich gar nicht runterziehen, sie können einfach nichts dafür. Fast sage ich: »Ach, ihr beiden!«

Ich weiß, dass das verrückt ist. Bestimmt, weil ich gestern Nacht nur vier Stunden geschlafen habe. Aber ich schaue sie an – und ja, es wäre toll, wenn ich sie jetzt plötzlich schön finden würde. Tue ich aber nicht. Ich finde, sie sehen nur irgendwie blöde und hilflos aus. Wie Blobfische. Doch obwohl ich sie nicht *mag*, kann ich sie auch nicht wirklich *hassen*. Sie sind ein Teil von mir, wie meine blauen Augen und meine Liebe zu Büchern und meine Angst vor Tausendfüßlern.

»Greer?«, ruft Mom von unten. »Maggie und Rafael sind da.«

Der Plan war eigentlich, mit Maggie und Rafa hinzufahren und uns dann mit Jessa und den anderen zusammenzutun, sobald wir da sind. Aber heute Morgen hat Maggie mich dazu überredet, auf dem Weg noch einen kleinen Halt einzulegen. Deswegen bin ich gerade so aufgeregt wie noch nie in meinem ganzen Leben zuvor. Aber falls ich die Sache gegen die Wand fahre und dabei selbst in Flammen aufgehe, wird wenigstens Maggie da sein, um Wasser über mich zu schütten.

Mom kommt rein, als ich das Kleid schon anhabe und gerade in ihre Schuhe steige.

»Schätzchen …«

Sie wirft einen Blick auf mich und ihr bleibt der Mund offen stehen. Eine Sekunde lang habe ich Angst, sie zieht jetzt so ein Aschenputtels-Stiefmutter-Ding ab und sagt, dass ich in so einem Aufzug nicht zum Ball gehen darf.

Aber es ist noch schlimmer. Sie fängt tatsächlich an zu weinen und schlägt sich die Hände vors Gesicht. Sehe ich so lächerlich aus, dass meine Mutter bei meinem Anblick in Tränen ausbricht? Wie konnte ich denken, dass das hier eine gute Idee ist?

Aber dann sagt sie das: »Oh mein Gott, Greer. Es ist perfekt. Es ist absolut perfekt.« Sie nimmt mich in die Arme und hält mich ganz fest, so wie als ich klein war. So wie sie es schon lange nicht mehr gemacht hat, weil ich es nicht zugelassen habe. »Es ist absolut perfekt, denn das bist genau du.«

Sie weint nicht, weil sie das Kleid furchtbar findet. Sie weint, weil sie es wunderbar findet.

Fangen wir mal von unten an.

Ich habe mir Moms schwarze Spangenschuhe ausgeliehen. Sie haben hohe Absätze (jedenfalls für mich), etwa fünf Zentimeter hoch, aber keine spitzen, sondern klobige, sodass ich nicht umkippe. Sie hat mir geschworen, dass sie bequem sind, und das sind sie tatsächlich.

Meine nackten Beine sehen stark aus, trainiert durch Kniebeugen, Liegestützsprünge und wo auch immer diese Sprints mich hin- und zurückgeführt haben.

Der blauschwarz schimmernde Rock ist aus dem unteren Teil des Kleides gemacht, das Mom mir damals für die Gala besorgt hat. Das zweitletzte Teil, in dem ich mich seit langer Zeit wohlgefühlt habe. Der Rock geht bis zur Mitte der Oberschenkel, er ist kurz, aber nicht extrem kurz. Und er ist »herumwirbelig«, was mir immer so gut gefallen hat, bevor die Welt mir zu verstehen gab, ich solle mich zwischen Herumwirbeln und Herumwerkeln entscheiden.

Das Oberteil meines Kleides besteht aus meinem Volleyballtrikot, das einzige andere Kleidungstück, in dem ich mich nach langer Zeit wieder wohlgefühlt habe. Eine abgewandelte Version der abgewandelten Version, aber trotzdem einfach ein Volleyballtrikot. Und zum Glück hat Theresa Kershaw-Bend es nach meinem letzten Spiel und bevor sie es an den Rock genäht hat, gewaschen. Es passt mir wie angegossen: eng, aber nicht zu eng. Es ist wie für mich gemacht und das ist es ja auch. Sie hat die Ärmel komplett entfernt, den Ausschnitt etwas tiefer versetzt und winzige goldene Saatperlen drum herum genäht. Sie hat sogar die Blumenstickerei des Rocks an den Seiten des Trikots nachgeahmt. Der Rücken ist noch immer durchsichtig, aber mein brandneuer Stabilisator hat fast genau das gleiche Dunkelrot. Mom wird wohl ausflippen, wenn sie die Rechnung sieht (inklusive Lieferung innerhalb eines Tages), aber sie hat ja lange Zeit auch fast nichts für meine Bekleidung ausgeben müssen.

Ich trage eine Collage, denn auch ich bin eine. Es passt zusammen, denn auch ich tue das. Das Kleid würde bei niemand anderem funktionieren, denn niemand anderes setzt sich so zusammen. Nicht nur, dass es zu meinem Nicht-Schema-F-Körper passt. Es passt zu *mir*, auf hundert verschiedene Arten. Mom hat recht. Ich fühle mich (fast) perfekt.

Mom legt die Kette mit dem Diamanten-Anhänger, die eigentlich nicht von Großmutter ist, um meinen Hals, lächelt und schüttelt mit dem Kopf.

»Möchtest du meine Ohrringe, die ich von Dad zum Hochzeitstag bekommen habe? Die Diamanten-Hänger? Die würden schön aussehen.«

»Nee. Die hier sind gut.« Ich trage die goldenen Sigma-Ohrstecker, die Maggie mir letztes Jahr zum Geburtstag geschenkt hat. Sie hat sie auf einer Website gefunden, die sich eigentlich an Verbindungsstudentinnen richtet, aber sie hat sie mir geschenkt, weil sie eine Funktion in der Analysis darstellen.

»Es tut mir leid, dass ich an dir gezweifelt habe.«

»Mir tut es auch leid, dass ich an mir gezweifelt habe.« Sie meint das Kleid. Ich meine alle möglichen Dinge.

Dad klopft an die Tür und ich ertrage seine Komplimente und die Fotos, die er von mir macht, bis Maggie reinkommt und sagt: »Oh mein Gott! Warum trage ich das nicht? Das ist ja so cool. So nonkonformistisch. Aber auch wunderschön.«

Sie sieht unglaublich fantastisch aus in ihrem Vintage-Kleid. Es ist strahlend blau mit Blumenmuster, hochtailliert und mit einem Unterrock, damit sich der Überrock aufbauscht. Dazu trägt sie passende blaue Pumps. Um nicht zu angepasst zu sein, hat sie sich die Haare rosa gefärbt, aber es ist ein hübsches Rosa, kein Tribute-von-Panem-Rosa.

Meine Eltern machen ein paar blöde Bemerkungen zu Rafael darüber, wie mutig er ist, mit uns beiden loszuziehen. Als wir gerade loswollen, wirft Mom mir noch einen Blick zu, der besagt, dass mein Volleyballtrikot-Kleid das eine ist, aber dass Maggie mit ihrer Haarfarbe zu weit gegangen ist. Das finde ich nicht. Ich finde, sie ist genau richtig weit gegangen.

Nachdem ich Ms K-B gebeten hatte, das Kleid zu machen, habe ich mich innerlich darauf vorbereitet (und damit meine ich, dass ich die halbe Nacht wach lag), Jackson beim Winterball zu begegnen.

Das sollte so laufen:

»Greer?«

»Oh, hallo, Jackson. Ich habe dich gar nicht gesehen.« (Das würde ich ganz beiläufig sagen und dann keinen Kommentar dazu abgeben, dass sein Anzug nicht richtig sitzt.)

»Wow, das ist ja ein geniales Kleid. Wenn ich mich hier umschaue und die konventionellen Kleider und die von der Stange sehe, die die anderen tragen, verstehe ich, warum du sie ablehnst, und auch ich lehne sie ab. Außerdem wird mir jetzt klar, dass du tatsächlich kein Feigling bist, der sich in seinem Sweatshirt versteckt. Und obendrein bist du nicht nur hochbegabt und wirst sportlich unterschätzt, du bist auch noch konventionell hübsch, wobei das für mich keine Priorität hat.«

»Tut mir leid, ich konnte dich nicht verstehen.« (Ich wäre umringt von der Volleyballmannschaft, dem Mathekurs, dem Ensemble der Musicalaufführung und vom Nella-Woster-Gefolge.)

»Möchtest du tanzen?«

»Ich habe Max Cleave versprochen, mit ihm zu tanzen.« Geheuchelt trauriger Gesichtsausdruck im richtigen Leben.

»Aber er tanzt mit der Rothaarigen aus meinem Deutschkurs.«

»Nicht mehr lange«, würde ich sagen. Dann würde ich zu Max und Rotschopf gehen und er würde sie wegen mir wie einen Stein

fallen lassen und ich könnte plötzlich richtig gut tanzen. Jackson würde in seinem hässlichen Anzug davonschlurfen, in ein Flugzeug steigen und auf dem ganzen Weg in die Niederlande heulen.

So weit also meine geistige Vorbereitung.

Aber das war, bevor ich das hier gefunden habe. Ich sitze auf dem Rücksitz hinter Rafa und falte das Stück Papier auf und wieder zusammen.

Ich habe es gefunden, als ich *Das Geheimnis von NIMH* wegräumen wollte. Es steckte zusammengefaltet wie ein Lesezeichen zwischen den Seiten. Kyle Tucks blödes Wortfinderspiel. Warum Jackson es hat, weiß ich nicht, aber da Quin sich alles von Jackson aneignet, gehörte es ihr, sobald es ihm gehörte.

Das Spiel ist ausgefüllt worden. Die dahingekritzelten Buchstaben sind rot eingekringelt und es stehen noch ein paar Sachen auf dem Blatt. Sobald ich nur einen Blick darauf geworfen habe, ist mein Herz in tausend scharfe Splitter zersprungen, Splitter, die mich von innen heraus verletzt haben. Es ist Jacksons Schrift. Seine Gs sacken vorne so ab wie eine Ziege mit einem Bart.

Jackson hat das gesehen? Jackson hat das gespielt? Jackson hat das behalten? Fast hätte ich es zerfetzt.

Aber dann habe ich erkannt, dass nicht die Wörter herausgekommen sind, die herauskommen sollten, nicht die Wörter, die Kyle versteckt hat. Jackson ist von Buchstabe zu Buchstabe gesprungen, um die Ecken gebogen, hat Pfeile gemalt, hat im Prinzip alle Regeln des Spiels gebrochen, damit da etwas anderes steht. Hat nicht das gefunden, was die anderen sehen würden. Er hat das B von *BOOBS* genommen und es quer mit *EGA* verbunden und dann einen Pfeil zu den Buchstaben *BT gemacht*. Statt die unübersehbaren *TITTEN* und *MÖPSE* und *GLUBSCHER* hat er Wörter gefunden, von denen Kyle und die anderen gar nicht wussten, dass sie auch darin stecken:

BEGABT

SCHÖN

VOLLEBALLERINA (Es herrscht ein Mangel an Ypsilons.)

LUSTIG

CLUG (Ein K gibt es auch nicht.)

COMISCH

COOL

GEISTREICH

GREER

Ich falte das Papier noch einmal und fahre mit dem Fingernagel an der Kante entlang.

Vorne reden Maggie und Rafa über einen Musikfilm, den sie gesehen haben. Alle Rollen waren mit Filmstars besetzt anstatt mit richtigen Sängern. Sie finden es ungerecht, »wie Hollywood klein beigibt, wenn es um landläufige Auffassungen darüber geht, was als wertvoll betrachtet wird, und außer Acht lässt, was eigentlich bemerkenswert ist«. Noch nie habe ich gesehen, dass Maggie es genießt, mit jemandem einer Meinung zu sein.

Ich habe keine Ahnung, was ich sagen werde. Ich habe auch keine Ahnung, was er sagen wird. Aber da ich diejenige bin, die ungebeten in einem Volleyballtrikot/Cocktail-Kleid bei ihm zu Hause auftaucht, muss ich wohl für die Gesprächsführung verantwortlich sein.

Die Fahrt ist gleichzeitig zu lang und zu kurz. Plötzlich stehe ich vor der Haustür der Oates ohne den geringsten Plan. Jackson öffnet die Tür und mir wird klar, dass jegliche gedankliche Vorbereitung mir sowieso nicht geholfen hätte, da sein Anzug nicht schlecht sitzt. Er sitzt sogar sehr, sehr gut. Er ist dunkel und schmal, nicht die Art schmal, die zu klein aussehen soll, nur schmal im Sinne von wie angegossen passen. Sein Hemd ist hellblau und seine Krawatte eine Explosion von winzigen Blumen. Und er sieht nicht so aus, als würde er allein davonschlurfen und auf dem ganzen Weg in die Niederlande heulen. Er sieht so aus, als würde ihm die ganze Schule auf dem Weg in die Niederlande folgen, wenn sie es denn auf einer Landkarte finden würden. Er könnte eine Million von diesen Anzügen verkaufen. Ich wette, sogar Ty würde einen Anzug tragen, wenn er ihn sehen könnte.

»Hast du einen Moment Zeit?«

»Äh, klar. Ja, komm rein«, sagt er und ich gehe unter seinem Arm durch und bin mir dabei sehr bewusst darüber, dass der Rücken meines Kleides durchsichtig ist. Der kleine Schmetterling ist ganz aufgeregt. Dieses Mal fühlt es sich an, als würde er gleich aus meinem Inneren ausbrechen, wie dieses Ding, das bei *Stranger Things* aus der Wand kommt. »Wer sitzt denn im Auto?«

»Maggie und Rafa. Es macht ihnen nichts aus zu warten.« Ich werfe einen Blick zu ihnen zurück. »Dann haben sie ein paar Minuten für sich. Ich habe mich sozusagen uneingeladen dazugesellt.«

Vier Sekunden lang ist die Situation unglaublich peinlich, bis Quin sich auf mich stürzt.

»*GREER!*« Sie wickelt ihre knochigen Arme um mich und drückt mich so fest, als wäre ich ein Rettungsring oder ein wiedergefundener Golden Retriever. Es ist eine nette Art, begrüßt zu werden.

Sie ist nicht glücklich darüber, dass Jackson und ich nach oben gehen und er sie nicht mit in sein Zimmer lässt, aber wir können auf keinen Fall dieses Gespräch führen, wenn sie mit dabei ist. Oder vielleicht können wir dieses Gespräch auch nicht führen, wenn ich mit dabei bin, denn ich stehe einfach vor ihm mit meinem gefalteten Papier, starre auf die Sammlung in seinem Bücherregel und überlege, wie ich anfangen soll.

Er sieht, wie ich sie anstarre, und seufzt. »Sind das die Sachen, die du mit meiner Sammlung von Andenken gemeint hast?«

Ich nicke.

»Willst du wissen, warum ich das alles aufhebe?«

»Klar«, bekomme ich heraus.

»Es ist ziemlich blöd«, sagt er und nimmt den Leguan runter.

»Als ich im Kindergarten war, haben wir in Sandy Springs, Georgia gelebt. Ich hatte zwei Freunde, Willem und Charlie. Draußen haben wir immer so ein Spiel gespielt, das wir Spring-Haufen genannt haben. Wir haben einen Haufen Sand aufgetürmt und sind dann draufgesprungen. Das war das ganze Spiel. Spring-Haufen.«

Es ist schwierig, nicht zu lächeln.

»Vor Jahresende sind wir wieder umgezogen, nach Maryland, aber in der zweiten Klasse wurde mein Dad wieder nach Georgia versetzt und ich bin auf dieselbe Schule gekommen wie Willem und Charlie. Ich war so froh, weil ich die beiden ja schon kannte. Ich dachte, sie und ich würden jetzt wieder Spring-Haufen spielen. Aber an meinem ersten Tag wurden mir Willem und Charlie wie alle anderen auch vorgestellt. Ich habe zu ihnen gesagt: ›Wisst ihr noch? Im Kindergarten? Als wir Spring-Haufen gespielt haben?‹ Sie konnten sich gar nicht an mich erinnern.«

»Autsch!«

»Es war nicht ihre Schuld. Für sie war ich nur vorübergehend da. So ist das für die meisten Leute, was meine Familie betrifft.«

Ich will widersprechen, aber er lässt mich nicht.

»Die Kinder waren immer nett. Ich bin zu Pyjamapartys und Geburtstagspartys gegangen. Aber sobald ich weg war, war ich weg. Das hat mir ein Gefühl der Bedeutungslosigkeit gegeben. Wenn man oft umzieht, dann ist es nicht so, dass man selbst vergisst. Aber man wird vergessen.«

Ich frage mich, ob das so sein wird, irgendwann. Vielleicht schlägt jemand beim zehnjährigen Klassentreffen das Jahrbuch auf und sagt: »An den Typen kann ich mich nicht erinnern. War das ein Austauschschüler oder so?«, und ich werde sagen: »Hieß er nicht Jacob oder Justin oder so? Ist nach Australien gezogen.«

Ich glaube es nicht.

»Deswegen wollte ich sichergehen, dass es in jedem Ort jemanden gibt, der sich an mich erinnert. Also habe ich angefangen zu sammeln.« Er hält den schmuddeligen Leguan hoch. »Stella Goodman. Arlington, Virginia. Dritte Klasse. Wir haben ein Tierheim in ihrer Garage eingerichtet, für verwahrloste Stofftiere. Alle anderen dachten, wir sammeln für den Flohmarkt. Legie ist als Letztes dazugestoßen. Selbst wenn sie sich nicht an mich erinnert, an den Leguan wird sie sich erinnern.«

Er nimmt das Batman-Lego-Boot in die Hand. »Tanner White. San José, Kalifornien. Fünfte Klasse. Wir haben einen Film gedreht – *Batman gegen Hai*. Und dann haben wir das iPad seiner Mutter in die Badewanne fallen lassen. Wir haben es abgetrocknet und es hat noch funktioniert. Also haben wir gedacht, es ist wasserdicht, und haben eine Unterwasser-Szene gedreht. Tanner wird sich an mich erinnern. Und auch an *Batman gegen Hai gegen Mom*.*« Stück für Stück geht er durch die Sammlung – der Tennis-Pokal war Kai Dalins erster Sieg und Jacksons erstes Turnier. In einer Blechdose ist ein Hundekuchen, von einem Nachbarshund in Cleveland. Ruffles hat jeden Tag nach der Schule am Gartentor auf Jackson gewartet.

Während er jeden Gegenstand erklärt, beginne ich zu verstehen. Das sind keine Andenken, wie man sie aus dem Urlaub mitbringt. Die stehen nicht da, damit er sagen kann: »Da war ich/Da habe ich gelebt«, oder um ihn an ein Wahrzeichen zu erinnern. Die Sammlung bezieht sich gar nicht auf Orte. Sie bezieht sich auf Menschen. Das ist seine Art zu beweisen, dass die Beziehungen, die ihm wichtig waren, den anderen auch wichtig waren. Wie eine Garantie, dass jeder Teil seines Lebens auch von einer anderen Quelle bestätigt werden kann. Er war wirklich da. Er hat etwas bedeutet. Das ist eine Sammlung von Krimskrams und Spielzeug und Hundekuchen, die ein kleiner Junge begonnen hat, ohne zu wissen, was er da tut und warum er das tut. Ich bin mir noch nicht einmal sicher, ob er das heute weiß. Aber er weiß, dass das keine Andenken sind. Und er möchte, dass ich das auch weiß.

Und dann ist da der Kopernikus-Becher. Über den sagt er lange Zeit nichts. Hält ihn einfach fest und sieht mich nicht an. Er schließt die Augen und seine Wimpern sind feucht. Mir wird schlecht.

»Du bist dabei erwischt worden, wie du einen Becher geklaut hast? Und der nette Barista hat dir erlaubt, ihn zu behalten?«

Er beachtet mich nicht. Steht noch einen Moment lang da, holt Luft.

»Greer Walsh. Illinois. Zehnte Klasse.« Will ich, dass er weiterredet? Will ich in dieser Sammlung sein? Denn dies ist eine Sammlung von Menschen, die Jackson wichtig sind, für den wahrscheinlichen Fall, dass er weiterzieht. »Das klügste, lustigste, seltsamste Mädchen, das mir je begegnet ist, mit unglaublich leuchtenden Augen. Hat von nix eine Ahnung, was nicht die Schule betrifft. Außer Volleyball. Volleyball spielt sie ganz okay.«

»Ich bin besser als okay beim Volleyball«, flüstere ich.

»Den hier hätte ich fast nicht behalten. Ich dachte nämlich, es wäre der Anfang von etwas, an das ich mich gar nicht erinnern müsste, weil es von Bestand sein würde.«

Ich kann nichts sagen. Nur schlucken.

»Aber ich habe deine Gefühle missverstanden. Es tut mir leid«, ergänzt er. »Ich wollte dich nicht erschrecken.« Er reicht mir den Becher. Er will ihn mir geben. Er entlässt mich aus seiner Sammlung.

Ich nehme den Becher. Ich hole Luft. Ich frage.

»Was hast du gesehen, als du mich das erste Mal getroffen hast?«

»Wie meinst du das?«

»Du weißt, was ich meine. Was ist dir an mir aufgefallen?«

Er sieht weg. Er beißt sich auf die Unterlippe.

»Viele Sachen, Greer. Alles.«

Ich warte und versuche, nicht herumzuzappeln. Vor ein paar Monaten hätte ich alles getan, um so einem Gespräch aus dem Weg zu gehen, aber jetzt will ich es wissen. Glaube ich zumindest. Er guckt sein Regal an, nicht mich. »Willst du, dass ich sage, es ist mir nicht aufgefallen? Willst du, dass ich sage, mir war immer nur wichtig, wie klug du bist? Willst du, dass ich sage, ich wäre nicht, ich weiß nicht … überrascht gewesen bei diesem ersten Volleyballspiel, als ich dich endlich in etwas anderem gesehen habe als in den Klamotten deines Vaters? Das kann ich nicht sagen, Greer, tut mir leid. Deine Brüste sind mir aufgefallen.«

Ich weiß nicht, worauf ich gehofft habe, aber wenigstens ist der Typ ehrlich. »Immerhin weiß ich jetzt, dass du nicht blind bist.«

Er seufzt. »Guck mal, ich werde nicht behaupten, ich hätte nicht über deinen Körper nachgedacht. Über deine Brüste, okay? Ich kann dir nicht sagen, dass ich nicht über sie nachdenke.«

Jackson tritt einen Schritt näher und jetzt guckt er mich an anstatt das Regal. Guckt mich richtig an. Das ist mir unangenehm und ich sehe nach unten. Oder vielleicht doch nicht unangenehm?

Gibt es eine gute Art von unangenehm?

Und dann sagt er: »Ich denke an deine Brüste. Oft. Und an deine Beine. Oft. Und an deine Hüften. Und an deinen Nacken. Die ganze Zeit. Und an deinen Hals. Und an deine Oberschenkel. Und sag mir nicht, das ist dasselbe wie deine Beine, denn so, wie ich an sie denke, sind sie es nicht.« Seine Stimme ist leise und ganz nah.

Und plötzlich ist es sehr, sehr heiß in dem Kleid, obwohl der Rücken offen ist. Dem kleinen Schmetterling hängt die Kinnlade runter. Und auf einmal wünsche ich mir, ich hätte besser zugehört, als Maggie über Wachs gesprochen hat.

»Ich denke an jeden. Teil. Von. Dir.«

Ich schaue auf und er blinzelt noch nicht einmal.

»Auch an meinen Kopf, stimmt's?«, sage ich, aber ehrlich gesagt ist mein Kopf das Letzte, was ich gerade im Kopf habe.

»Manchmal. Nicht immer. Nicht nur.« In seinen Augen stehen Tränen und seine Wangen sind gerötet. Er sieht nicht so selbstsicher aus wie an dem Tag, als ich ihn kennengelernt habe, aber dennoch so, als wäre er genau da, wo er sein will.

Und endlich sehe ich es. Auf wie viele Arten er sich öffnet und auf wie viele Arten ich das nicht tue. Wie ich ausweiche und die Schultern hängen lasse und vermeide und, ja, mich vielleicht sogar verstecke. Sogar jetzt habe ich den Impuls, etwas Sarkastisches von mir zu geben. Die Arme über der Brust zu verschränken und aus seinem Zimmer zu verschwinden. »Toedeledoki« zu sagen, was Tschüss auf Niederländisch heißt. So stand es jedenfalls in »Zehn Arten, sich auf Niederländisch zu verabschieden«, einer der Billionen blöden Artikel, die ich gestern auf meinem Handy gefunden habe.

Aber ich sehe Jackson an und er ist freundlich und ehrlich und wohl der attraktivste Junge, der mir im wirklichen Leben je begegnet ist, und er starrt mich an. Er ist mutig genug, immer wieder von vorne anzufangen, auch mit Menschen, die sich wahrscheinlich nicht daran erinnern werden, mit ihm in einen Haufen Sand gesprungen zu sein. Sich für ein Mädchen zu interessieren, das dafür nicht bereit war. Sollte er nach Amsterdam ziehen, wird es ohne etwas Neues für seine Sammlung sein. Denn die, auf die er gezählt hat, konnte nicht glauben, dass er wirklich auf sie gezählt hat.

Ich halte den Kopernikus-Becher noch immer umklammert – ganz, ganz fest. Der kleine Schmetterling ist auf die Knie gesunken und hat die Hände gefaltet – fleht mich an, das hier nicht zu vermasseln.

Ich stelle den Becher auf den Schreibtisch und ausnahmsweise weiß ich mal, was ich sagen soll.

Nichts.

Ich küsse ihn so plötzlich und so stürmisch, dass er nach hinten stolpert, auf sein Bett fällt und sich auf den Leguan setzt. Er sieht mich überrascht an, zieht mich zu sich und dann küsst er mich zurück und er schmeckt nach Zahnpasta und Lippen. Ich kann nicht fassen, wie weich sein Gesicht ist. Seine Hände liegen um meine Taille und meine sind in seinen Haaren. Meine Brüste sind an ihn gedrückt, es bleibt ihnen nichts anderes übrig, sonst müssten wir drei Meter voneinander entfernt stehen. Aber es fühlt sich nicht komisch an. Es fühlt sich einfach so an, als wären wir eng zusammengequetscht – wir alle –, und jeder Teil von mir will so nah bei ihm sein wie Donna und Doria.

Es gibt noch so viel, über das wir reden müssen, über den Wortfinder und über die Tatsache, dass er ein Stofftier acht Jahre lang aufgehoben hat, darüber, dass er ein Waschlappen ist, weil er sich noch immer nicht weigert umzuziehen, und darüber, was für eine Idiotin ich bin, weil ich ihm das vorwerfe, darüber, wie es weitergeht und ob Quinlan mir meine restlichen Bücher zurückgeben wird, und über lauter andere Sachen, aber nichts davon ist so wichtig wie das, was wir gerade tun.

Diesmal aber bin ich nicht in meinem Kopf gefangen. Und ich glaube, mir gefällt es hier draußen.

Und dann vibriert mein Handy zum neununddreißigsten Mal und mir fällt ein, dass Maggie und Rafael ja draußen im Auto warten.

Alles okay? Hat die Schwester
dich umgebracht?

Nicht umgebracht. Alles gut.

Ich ergänze ein zwinkerndes Emoji.

Sollen wir auf dich warten?

»Äh, Jackson? Würdest du mit mir zum Winterball gehen?«
»Ich habe mich schon gefragt, warum du in diesem Aufzug hier aufgetaucht bist.«
»Und?«

»Nur als Freunde?«

»Nö.«

»Dann ja. Oder …« Er setzt sich auf und runzelt die Stirn. »Ja, das könnten wir machen. Oder wir könnten einfach hierbleiben und nicht zum Winterball gehen.«

Er guckt seitwärts aufs Bett, seine Hand auf meinem Bein ist warm und schwer und ich denke gerade, dass ich ziemlich neugierig bin, ob ich bei ihm peinliche Muttermale finden würde. Vielleicht wird der Winterball überschätzt. Ich meine, er steht noch nicht einmal im Ordner. Und für den Rest des Abends hier bei Jackson zu bleiben und über meine Körperteile zu sprechen, klingt auf einmal nicht wie die schlechteste Idee der Welt.

Aber dann denke ich daran, wie viel Mühe sich Ms Kershaw-Bend gemacht hat, indem sie mir über Nacht mein Kleid genäht hat. Und ich habe mir ziemlich viel Mühe gegeben, zu lernen, wie man es trägt. Dieses Flickwerk an Teilen. Dieses Mädchen zu tragen, das wirbelig und klug und lustig und stark ist, alles auf einmal.

Diesen Körper zu tragen.

Ich gehe zu diesem Winterball. Ich werde tanzen und herumwirbeln und lachen und mich lächerlich machen, und zwar mittendrin unter all den Leuten. Meine Brüste werden riesig aussehen. Ich werde nicht wissen, wie man tanzt. Die Leute werden sehen, dass das dann auch ich bin. Ich werde mich an Jackson festhalten und er wird sich an mir festhalten. Das Einzige, was es noch besser machen würde, wäre, wenn ich uns in meinem selbst gebauten Raketen-Boot hinfahren könnte.

Aber ich kann nicht fahren und Jackson auch nicht, also muss Rafael wirklich auf uns warten.

Eine Sekunde! J. kommt auch.

Es wird heftig gegen die Tür getreten und Quinlan stürzt herein.

»Das ist für dich.«

Sie lässt eine Schnur vor meiner Nase baumeln. Tonperlen, die als Armband aufgezogen sind. Die Kugeln leuchten, wie man das von Perlen erwartet, hauptsächlich pink und grün, da Quin Pink mit Grün in letzter Zeit besonders liebt. Ein paar von ihnen sind aber Rechtecke, und als ich sie näher betrachte, erkenne ich, dass es Bücher sein sollen: in eine ist AF für Artemis Fowl reingekratzt, eine Maus erkenne ich als Despereaux, das Gesicht von Clarice Bean und natürlich *Das Geheimnis von NIMH*, aber sie hat nur *NIM* reingekratzt, weil ihr der Platz ausgegangen ist.

»Das sind deine Bücher.«

»Das sehe ich.«

»Du hast gesagt, du willst ein Perlenarmband. Du hast versucht, eins zu machen.«

»Das habe ich. Aber es ist mir nicht wirklich gelungen.«

»Mir aber schon. Ich kann richtig gut Sachen machen.«

»Das kannst du. Danke, dass du das für mich gemacht hast. Ich liebe es.«

Neugierig und verwirrt hört Jackson diesem Gespräch zu, als wüsste er nicht so recht, was er davon halten soll: Monster-Mädchen und Mathe-Mädchen tauschen Armbänder und Geheimcodes aus.

»Mom sagt, du musst es heute Abend nicht tragen. Es passt nicht so richtig zu schicken Sachen.«

»Tja, Quin, es ist so: Ich passe auch nicht so richtig zu schicken Sachen.« Ich halte ihr meinen Arm hin, damit sie es an meinem Handgelenk zusammenbinden kann. Sie strahlt und zieht den Faden so straff, dass ich wahrscheinlich ein paar Finger verlieren werde. Ich finde nicht mehr, dass sie verrückt ist. Sie zeigt ihre Gefühle nur deutlicher als wir anderen. Vielleicht ist sie deswegen weniger verrückt.

»Mom! Ich hab doch gesagt, Greer wird es tragen!« Sie rennt nach unten, um Mrs Oates entgegenzuschreien, dass sie recht hatte.

Ich halte Jackson meinen Arm unter die Nase. »Da du mir ganz offensichtlich kein Ansteckbukett besorgt hast.«

»Hätte ich gewusst, dass du kommst, hätte ich dir einen ganzen Baum besorgt.«

Er küsst das Handgelenk mit dem Armband, dann das andere. Seltsam, wie man seine Handgelenke bis in den Nacken spüren kann.

»Kann ich dich was fragen?«, fragt er. Ich vermute, jetzt will er wissen, warum ich hierhergekommen bin oder was als Nächstes passiert oder irgendetwas anderes, das ich nicht beantworten kann.

»Was denn?«

»Hat der Ausschuss für Sport an der Highschool dieses Trikot abgenickt?«

Ich schaue auf mein Kleid runter. »Für die nächste Saison brauche ich wohl ein neues.«

»Spielst du in der nächsten Saison?«

»Natürlich! Und Jessa will, dass ich mich in ein paar Wochen mal an Softball versuche.«

»Eine Softballerina bist du jetzt also auch?«

»Wir werden sehen. Erst muss ich lernen, den Ball zu schlagen.«

»Ich kenne einen guten Lehrer.«

»Max Cleave wird keine Lust haben, mir beizubringen, wie ich mit einem Schläger umgehe.«

»Ich meinte mich! Warum bist du so besessen von Max Cleave?«

»Bist du denn gut?«

»Autsch?« Er legt eine Hand auf sein Herz und ich falle lachend gegen ihn.

»Nein, nein, nein! Ich meine nur, dass ich wirklich Unterstützung brauche, wenn ich es in die Mannschaft schaffen will.«

»Sprich mir nach.« Er nimmt meine Hand in seine und legt sie auf mein Herz, als würde ich einen feierlichen Eid schwören. Wo der kleine Schmetterling wohl einen Elektroschocker herbekommen hat? »Ich bin.«

»Ich bin.«

»Die beste.«

»Die beste.«

»Klügste.«

»Klügste.«

»Allerschönste.«

Ich schnaube.

»Sag es: allerschönste.«

»Heißeste, gnadenlos schönste, attraktivste ...«

Er lächelt. »Softballerina, Einserschülerin, Freundin, Kleider-Designerin, Relocation-Spezialistin ...«

Lepidopterologin, piepst der kleine Schmetterling.

»Wow«, sage ich und lache. »Das ist eine ganz schöne Menge.«

Er wickelt die Arme um mich und ich spüre seine warmen Hände durch mein Kleid und seine warme Brust an meiner.

»Du bist eine ganz schöne Menge.«

»Ganz schön«, flüstere ich und küsse ihn noch einmal.

Maggie steigt aus dem Auto, um uns zu begrüßen, Jackson zu umarmen und mich auf die Wange zu küssen. »Hat ja lang genug gedauert«, sagt sie und drückt mich fest. »Mensch, bist du gewachsen?«

Als ich gerade ins Auto steigen will, ruft mir Jacksons Mom hinterher und hält ein cremefarbenes Tuch hoch. »Greer, Schätzchen, es ist eiskalt. Willst du etwas mitnehmen, um dich zu bedecken?«

Maggie und Jackson sehen mich an und warten. Sie würden mir, glaube ich, sagen, dass es völlig okay wäre.

»Nein, danke!«, rufe ich zurück. »Alles gut.«

Und das ist es.

Danksagung

Vielen Dank, dass du dieses Buch gelesen hast. Hoffentlich hast du es genauso gerne gelesen, wie ich es geschrieben habe.

Wäre ich Relocation-Spezialistin, dann würde ich im Ordner einen Abschnitt anlegen, den ich »Unterstützung für Autor*innen von Jugendbüchern mit klugen/sportlichen Protagonistinnen mit einem imaginären Schmetterling an ihrer Seite« nennen würde (auch wenn die Autor*innen gar nicht umziehen würden), und darin würde ich dann folgende Personen aufführen:

Meinen Lektor Andrew Karre, der hauptberuflich eigentlich Fragen stellen sollte. Vielleicht tut er das bereits. Nicht nur weiß Andrew instinktiv, an welcher Stelle eine Geschichte etwas mehr und wann sie etwas weniger braucht, er zeichnet sich auch durch seine ganz besondere Nerdigkeit aus. Durch ihn ist dieses Buch um ein Hundertfaches besser geworden – und etwa fünfzehn Prozent länger.

Meine Agentin Tina Dubois, die hauptberuflich eigentlich Fragen beantworten sollte. Wobei, eigentlich tut sie das bereits. Sie weiß alles, auch, wann sie sich zurücknehmen muss, damit ich selbst die Antworten finde, die sie schon kennt.

Erin Downing, ohne die ich noch immer ungeduldig auf Rückmeldungen zu meinen Anfragen warten würde; Gae Polisner, die immer großzügig und freimütig Ratschläge erteilt; und Jeff Shotts –

wenn ich sage, dass in mir auch ein Mann steckt, dann denke ich an ihn. Wenn ihr nicht all die Bücher gelesen habt, die diese Menschen gemacht haben, weiß ich nicht, warum ihr eure Zeit stattdessen mit dieser Danksagung verschwendet.

Julie Strauss-Gabel, Melissa Faulner, Natalie Vielkind, Anna Booth, Rob Farren, Anne Heausler, Maggie Edkins, Jennifer Dee, Chloe Goodhart und ihre Kolleginnen bei Dutton und Penguin Random House, die auf diese Geschichte gesetzt, sich für sie eingesetzt und sie durchgesetzt haben. Ohne ihre Arbeit wäre meine Arbeit nichts. Ana Hard, die einen so wunderschönen geflochtenen Zopf gemalt hat, dass ich mir die Haare wachsen lassen wollte. Und die einzige Art, Caitlin Whalen zu danken, ist, ihrem Erstgeborenen eines Tages einen Namen zu geben. Snapdragon? Carlsbad? Prunilda? Ich denke weiter darüber nach.

Tamara Kawar, Roxane Edouard, Savanna Wicks, Lia Chan, Randie Adler und ihre Kolleginnen bei ICM Partners und Curtis Brown UK, die sich so gut um Greer und um mich gekümmert haben, auch auf anderen Kontinenten und in anderen Sprachen. Ich wünsche ihnen zwanzig Apfelkuchen und einen BMW. Mindestens.

Leona Pfeiffer und das gesamte Arctis-Team waren großartig. Sie haben dafür gesorgt, dass Greer (und ich) uns in Deutschland wie zu Hause fühlen. Ich wünschte, die Superübersetzerin Barbara König könnte Jackson Oates bei seinen Hausaufgaben helfen.

Kris Causton, Mark Zukor, Jen Aspengren, Mike Smith, Tracy Kollin Smith, Heather Eisenmenger, Sharon DeMark und Lisa Von Drasek, die dieses Buch gelesen haben, bevor es ein richtiges Buch war. Und die mir hervorragendes und kritisches Feedback gegeben haben. Ihre Unterstützung entspricht geistig einer ganzen

Kiste voller Lärabar-Riegeln. Rose Eisenmenger und Becca Smith, ausgezeichnete Mathematikerinnen/Volleyballspielerinnen, haben mich sogar in Prüfungszeiten inhaltlich beraten.

Und die Menschen, für die ich auf dieser Welt am dankbarsten bin: Lee, die nicht nur den Weg frei gemacht hat, sondern auch für Licht, Halt, Essen und beste Gesellschaft gesorgt hat. Und Eli und Davie, für die sich jede Mühe lohnt.

Wenn **Laura Zimmermann** nicht gerade schreibt, liest oder Käsekuchen backt, dann findet man sie erzählend auf Bühnen, bei gemeinnützigen Veranstaltungen oder beim Anfeuern von Softballspielen und Jazzkonzerten. Sie lebt mit ihren drei Lieblingsmenschen, die immer in ihren Geschichten auftauchen – ob sie es wollen oder nicht –, in Minneapolis. *Meine Augen sind hier oben* ist ihr Jugendbuchdebüt.

Barbara König, aufgewachsen in Asien, Irland und den USA, studierte Slavistik, Politik und Geschichte in Bonn und Moskau. Bücher begleiten sie schon ihr ganzes Leben lang, erst als Leserin, dann als Lektorin, Programmleiterin und Verlagsleiterin. Heute lebt sie als Literaturübersetzerin und Lektorin in Hamburg.